올해의 판결 2014~2017년 64선
: 박근혜 정부 3년과 문재인 정부 7개월

※ 이 도서의 국립중앙도서관 출판예정도서목록(CIP)은
서지정보유통지원시스템 홈페이지(http://seoji.nl.go.kr)와
국가자료공동목록시스템(http://www.nl.go.kr/kolisnet)에서 이용하실 수 있습니다.
(CIP제어번호: CIP2018009836)

올해의 판결

2014~2017년 64선

박근혜 정부 3년과

문재인 정부 7개월

한겨레21 지음

북콤마

양 승 태 대 법 원 최 악 의 판 결 8선

2016년, 올 해 의 판 결

| 2015년, 올 해 의 판 결 |

| 2014년, 올해의 판결 |

*일러두기

- 심사할 때 같은 사건에 대해 하급심 판결과 상급심 판결을 공동 선정한 경우 1개 판결로 간주했다.
- 고유명사의 직책과 직장, 소속 사항 등은 선정 당시를 기준으로 했다. 나이 또한 선정 당시의 것이다.
- 선정 이후 상급심에서 판결의 내용이 달라졌거나 현재 시점에서 바뀐 인식과 함께 돌이켜볼 필요가 있을 때는 사건과 판결 소개 끝부분에 '판결 이후'를 만들어 현재(2018년 3월)의 상황 변화를 적시했다.
- 법조계에서 사용되는 용어는 그 실태를 반영하느라 일상 문법에 적용되는 띄어쓰기를 따르지 않은 경우가 많았다.
- 대한민국 법원 홈페이지의 종합법률정보와 대국민서비스, 헌법재판소의 홈페이지에서 사건번호와 사건명으로 검색하면 판결의 내용과 결정 요지, 판례에 대해 상세히 알 수 있다. 각 법원 민원실에 설치된 사건 검색 컴퓨터에서 이용해도 된다.

박근혜 정부 4년과
양승태 대법원을 돌아본다

"우리나라 국가권력의 세 축인 입법·행정·사법부 가운데 국민들이 가장 멀다고 느끼는 건 어디일까?"

이와 같은 도발적인 질문으로 2008년 12월 26일(제741호) 첫 여정을 시작한 〈한겨레21〉의 '올해의 판결'이 올해로 10년째를 맞았다. 〈한겨레21〉의 올해의 판결 기획이 시작되기 전까지 한국 사회에는 법원 판결, 특히 대법원 판결에 대해선 좋든 싫든 어찌됐든 따라야 한다는 보수적인 시각이 대세를 점하고 있었다. 실제로 대한민국 헌법이 정한 최고법원의 판결은 호오의 대상일 순 있어도, 좋다고 받아들이고 싫다고 거부할 수 있는 '선택'의 대상이 될 순 없다. 그래서 법원 판결에 '감히' 비판의 칼날을 들이대는 이들에겐 법치주의를 부정하려는 불평불만 세력이라는 딱지가 붙곤 했다.

문득, 난생처음 일본 땅을 밟아봤던 2005년 10월의 기억이 떠오른다. 당시 난 〈한겨레21〉의 사회팀 막내 기자로 일제강점기 소록도에 강제 격리돼 인권 침해를 당했던 한국인 한센인들이 일본 정부를 상대로 낸 보상 소송을 취재하고 있었다. 이 소송의 1심 판결을 취재하기 위해 처음으로 도쿄 지방재판소를 방문했다. 그리고 일본 법원 앞에서 매우 흥미로운 장면을 목격했다.

일본에서 사회 이목을 끄는 주요 판결이 내려지는 날이면 법원 앞에는 취재진이 몰려들어 장사진을 이룬다. 그런데 취재진에게 판결 결과를 전하는 방식이 재미있었다. 특히 국가를 상대로 벌이는 중요 재판일 경우 해당 재판에 참여한 막내 변호사가 판결 직후 쏜살같이 재판정을 밖으로 뛰어나와 긴 종이 두루마리를 펼쳐 판결 결과를 전한다. 승소할 경우 두루마리 안에는 '승소勝訴'라는 두 글자가 나타나고 패소할 경우엔 '패소敗訴'라는 말 대신 '부당판결不當判決'이라는 용어를 사용한다.

부당판결! 그 용어의 묘한 청량감에 '매우 신선하다'는 느낌을 받고 귀국했다. 일본 변호인단은 주요 판결이 나오면 그로부터 1~2시간 뒤 사법기자클럽이나 변호사 회관에서 기자회견을 여는데, 여기서 한번 판결에 대한 가차 없는 비판과 칭찬이 이어진다.

판결에 대한 비평에선 일본이 앞서지만, 이후 실질적인 변화를 이끌어낸 쪽은 한국이었다. 대표적인 것이 국민참여재판제도다. 2008년 1월 시작된 이 제도의 정신은 사회에서 벌어진 어떤 사건에 대해 사법부가 주권자인 국민의 의사를 확인하고 그 판단에 따르는 것이라고 믿는다. 판결은 법률에 해박한 소수 전문가들이 명확히 정해진 하나의 '법리적 정답'을 찾아나가는 과정이 아니라, 국민의 건전한 법 감정과 호흡하며 다양한 가능성 사이에서 합리적인 결론을 도출해가는 '사회적 합의' 과정이다. 그러니 인권과 정의의 관점에서 시대 변화를 적극 반영하거나 때로 선도하는 판결에 대해선 '좋은 판결'이라 칭찬하고, 이에 맞서려는 퇴행적인 판결에 대해선 '나쁜 판결'이라 지적하는 것은 주권자인 국민의 권리이자 신성한 의무가 된다.

〈한겨레21〉이 처음 시작한 '올해의 판결' 10년 역사는 그 자체로 지난 한국 현대사 10년을 압축해 놓았다고 해도 과언이 아니다. 2008년 말 선정한 1회 '올해의 판결'의 주인공은 "불법파견도 2년 이상 근무했으면 직접고용 대상"이라는 대법원 판결이었다. 2회 (2009년) 판결은 야간 옥외집회 참가자에게 무죄를 선고한 서울중앙지방법원의 판결, 4회(2011년)는 한-일 위안부 청구권 협정을 이유로 일본군 '위안부' 할머니들의 문제 해결을 위해 정부가 외교적 노력을 하지 않는 것은 위헌이라는 헌법재판소의 위헌 결정, 5회(2012년)는 부부 사이의 강간을 처음 인정한 대법원 판결, 8회(2015년)는 대형마트의 영업시간을 제한한 대법원 판결이었다. 그리고 2017년 12월 〈한겨레21〉이 뽑은 '올해의 판결'은 최초로 삼성 노동자의 직업병을 인정한 대법원 판결과 박근혜 대통령을 만장일치 의견으로 파면한 헌법재판소 결정이었다.

10년 전 이 기획을 처음 시작하며 〈한겨레21〉은 "올 한 해 우리 사회는 이 판결의 보폭만큼 진전한 셈"이라고 밝혔다. 옳은 말이다. 지난 10년 동안 한국 사회는 〈한겨레21〉이 10회에 걸쳐 선정한 올해의 판결만큼 전진했다. 물론 이명박-박근혜 정부를 겪으며 한국 사회는 도무지 납득할 수 없는 불의, 반칙, 몰상식과 싸워야 했다. 그리고 마침내 지난겨울 촛불을 통해 거대한 승리를 이뤄냈다. 진실은 전진한다! 〈한겨레21〉은 이 간절한 명제가 한국 사회에서 당연한 상식으로 뿌리내리도록 앞으로도 최선을 다할 것이다.

2017년 12월 만리재에서
〈한겨레21〉 편집장 길윤형

2017년

올해의 판결

다가올 봄을 기다리는 마음으로

〈한겨레21〉은 매해 말 그해 주목해봐야 할 '올해의 판결'을 선정해 기본권과 인권을 용기 있게 옹호하는 판결을 내린 판사(재판관)들을 응원하고, 그 반대편에 선 판결에 대해 경고하고 비판해왔다. 2008년 시작된 '올해의 판결'은 올해로 벌써 10회째를 맞았다. 그동안 '올해의 판결'이 축적해온 기록은 한국 사법 정의의 현재를 가늠하는 흔들림 없는 지표로 자리 잡았다.

2017년 올해의 판결 후보로 오른 판결은 각급 법원의 판결과 헌법재판소 결정을 합친 총 79건이었다. 공익법센터 어필, 공익인권법재단 공감, 공익인권변호사모임 '희망을만드는법', 대한변호사협회, 민주노총 법률원, 민주사회를위한변호사모임, 서울지방변호사회 7개 기관(가나다순)과 올해의 판결 심사위원단(7명)이 판결을 추천했다. 대법원과 헌법재판소도 추천 과정에 도움을 줬다.

올해 심사위원단은 노희범 변호사(법무법인 우면·심사위원장), 김태욱 변호사(금속노조 법률원), 김한규 변호사(법무법인 공간·전 서울지방변호사회 회장), 박한희 변호사(공익인권변호사모임 희망을 만드는 법), 안진걸 참여연대 사무처장, 오지원 변호사(법률사무소 나란·전 세월호특조위 과장), 이석배 단국대 법학과 교수(위원장 이하 가나다순) 등으로 구성했다.

2017년 '최고의 판결'은 예년과 달리 2건을 선정했다. 첫째는 한국 산업재해 소송에 새 이정표를 제시했다고 평가받은 '삼성 직업병'에 대한 첫 대법원 판결, 둘째는 한국 헌정 사상 처음 대통령을 파면한 헌법재판소 결정이었다. 두 판결의 의미를 양적으로 저울질하

기는 어려워 심사위원 만장일치로 두 판결을 공동 선정했다.

'최악의 판결'에는 별 이견 없이, 동료들의 파업을 지지하는 발언을 한 노동자에게 20억 원의 손해배상 책임을 분담하게 한 부산고등법원의 판결이 뽑혔다.

긍정적 판결

- 삼성 직업병 인정 대법원 판결(최고의 판결)
- 대통령 파면 헌법재판소 결정(최고의 판결)

소수자 인권

- 남성에서 여성으로 성기 수술 안 한 트랜스젠더에게 성별 정정 허가한 결정
- 난민 자녀는 장애인으로 등록할 수 없다는 처분 취소하라는 판결
- 시각·청각 장애인에게 영화 자막과 화면 해설을 제공하라는 판결

국가기관 권한 남용

- '파업 노동자' 변호인 접견권 침해한 경찰관 위법 판결
- 과거사 재심 사건에서 무죄 구형한 검사에게 내린 징계 취소하라는 판결

노동권

- 현대차·기아차 2차하청과 간접공정 노동자에 불법파견 인정 판결
- 2013년 철도노조 파업에 업무방해 무죄 판결

적폐 청산

- 세월호특조위 공무원 보수 지급 판결
- 원세훈 전 국정원장 공직선거법 위반 유죄 판결

알 권리와 정보 인권

- 로스쿨별 변호사시험 합격률 공개 판결
- 홈플러스 고객 개인정보 매매 손해배상 판결

부정적 판결

- 현대차 파업 지지 발언에 20억 원 연대 손해배상 판결(최악의 판결)
- 2400원 횡령한 버스기사 해고 유효 판결
- 성소수자 이집트인 난민 불인정 판결
- 유서 대필 조작 사건의 수사 검사 상대 손해배상 청구 기각한 판결
- 총선시민네트워크 낙선운동 선거법 위반 유죄 판결

• 삼성전자서비스 기사 불법파견 불인정 판결

2017년 사법부 20자 총평

김태욱 │ 사법부는 아직 밤이다. 소수 판사들의 몇몇 판결이 빛날 뿐이다

김한규 │ 국민의 목소리도 듣는 사법 개혁을 원한다

노희범 │ 사법부, 대한민국의 개혁과 변화에 동참하다

박한희 │ 다사다난했던 질적·양적 변화, 소수자 인권 보장으로 이어지길!

안진걸 │ 김명수 대법원장 취임은 희망적, 그러나 국민을 위한 사법부는
　　　　　　　아직 멀었네요!

오지원 │ 적폐 청산과 과감한 개혁, 사법부도 예외일 수 없다

이석배 │ 법원은 언제까지 강자 편에 서서 형식적 법해석만 할 것인가

산재를 산재라 부르는 데
10년이 걸렸다

—

• 대법원, 1심·2심 판결 뒤엎고 '삼성 직업병'을 산재로 첫 인정…
• LCD 공장서 일하다 희귀병 걸린 이희진 씨,
• 2007년 퇴사 뒤 10년 만에 대법원 승소

10년을 기다려 승소 판결문을 손에 쥐었다. 대법원 판결문은 단 한 번 읽는 것으로 족했다.

"무슨 말인지 어려워서 잘은 모르겠지만 산업재해 인정에 좀 더 가까이 갔다는 건 알 수 있었다. 그것만 알아도 좋았다."

삼성 직업병 첫 대법원 승소 판결이었다. 〈한겨레21〉이 2017년 올해 최고의 판결로 뽑은 판결이다.

열여덟에 삼성전자 입사, 불행의 씨앗

주인공은 이희진(33세) 씨. 이씨는 열여덟 나이에 삼성전자에 입사했다. LCD 사업부(현 삼성디스플레이) 천안공장에서 꼬박 4년 3개월을 일하고 건강이 나빠져 퇴사했다. 그로부터 1년 4개월이 흐른 뒤 희귀 난치성 질환인 '다발성경화증' 확진 판정을 받았다. 처음엔 당황했고, 나중엔 황당했다. 근로복지공단은 이씨의 산업재해(산재)를 인정하지 않았다. 1심과 2심 법원도 마찬가지였다. 그러나 퇴사한 지 10년 만인 2017년 8월 대법원이 그녀의 손을 들어줬다.

대법원은 원심을 깨고 원고 승소 취지로 사건을 서울고등법원으로 돌려보냈다. 판결문에서는 "이씨의 업무와 다발성경화증의 발병·악화 사이에 인과관계를 긍정할 여지가 있다"고 밝혔다. 승소 소식을 전한 이종란 노무사가 그녀에게 말했다.

"아직 산재라고 결론이 난 건 아니다. 대법원 판결을 무시하진 못하겠지만 시간이 좀 더 걸릴 거다."

그녀는 기쁨에 들떠 답했다.

"지금까지 10년을 기다렸는데, 언제까지 기다리더라도 상관없어요."

그로부터 4개월이 지난 12월 14일 낮 2시, 부산 부산진구 백병원 앞에서 이씨를 만났다. 그녀에게 지난 10년 동안 있었던 일과 판결의 의미에 대해 물었다.

이씨가 삼성전자에 입사한 것은 15년 전인 2002년 11월 18일이었다. 열아홉 번째 생일을 보낸 다음날이었다. 실업계 고등학교 3학년 재학생이던 그녀에게 삼성은 "크고 좋은 기업"이었다. 입사할 때 "우리 집이 잘사는 것도 아니고 어머니도 고생을 많이 하셔서 힘이 되어드리고 싶다"고 생각했다.

LCD 사업부 천안공장에서 일하는 동안엔 근처 회사 기숙사에서 잠을 잤다. 중간에 퇴사하는 동료가 종종 있었지만, 이씨는 그저 열심히 일하겠다고 생각했다. 이씨의 업무는 노트북과 피시에 들어갈 15~19인치 LCD 패널 화면을 검사하는 일이었다. 1시간에 70~80개 패널 화면을 하루 12시간 동안 들여다보며 색상과 패턴에 이상이 없는지 확인했다. 4년 3개월 동안 보통 주야 2교대로 근무했다.

그녀가 담당한 패널 화면 검사라는 것은, 오른손으로 패널을 눈앞 20센티미터 정도까지 당겨 놓고 수십 초 동안 들여다보는 일이었다. 화면에 이물질이나 얼룩, 떨림 등이 없는지 확인했다. 점 하나도 놓치면 안 되는 "엄청 타이트한" 작업이었다. 하루에 서너 번은 거즈에 이소프로필알코올을 묻혀 패널에 묻은 먼지를 닦아냈다.

"일회용 마스크를 착용했지만 냄새가 코를 찔렀다."

그녀는 당시 일을 회상한다. 불량을 잡아내지 못한 날은 두세 시간 동안 추가로 재검사를 했다. 퇴사할 때까지 똑같은 일과가 반복됐다.

일터엔 햇볕이 들지 않았다. 창문이 없었다는 뜻이다. 이씨의 작업 공간 3~4미터 앞에 에이징 공정(패널을 가열해 성능과 내구성을 검사하는 작업)이 있었다.

"패널이 내가 있는 쪽으로 빠져나오며 뜨거운 열기와 좋지 않은 공기도 같이 나왔다."

같은 작업장 부품 조립 공정에선 납땜 작업도 했다.

1심과 2심 판결 뒤엎은 대법원

이소프로필알코올 같은 유기 용제에 노출, 주야 교대 근무, 업무상

스트레스, 햇빛을 너무 받지 않는 상태. 이씨가 앓는 다발성경화증을 촉발한다고 알려진 요인들이다. 1심 법원인 서울행정법원은 2014년 9월 4일 "(이씨가) 전자파와 이소프로필알코올 등 화학물질에 일부 노출됐을 것으로 보이나, 그 정도가 다발성경화증을 유발하거나 악화할 수준이었다고 볼 만한 자료가 없다"며 원고 패소 판결했다. 2심 법원인 서울고등법원 역시 2015년 10월 21일 단정적 해석을 보태며 이씨의 항소를 기각했다.

"이소프로필알코올에 대한 노출 정도는 그다지 심하지 않았던 것으로 보인다. (…) (이씨는) 발병 원인 물질에 일정 기간 노출되었을 수도 있다는 막연한 개연성만을 주장하고 있을 뿐이다."

대법원 3부(주심 김재형)는 2017년 8월 29일 다른 결론을 냈다. 대법원은 근로복지공단이 이씨의 작업환경과 그녀에게 발생한 병 사이의 인과관계를 확인하려는 최소한 노력조차 하지 않았다고 지적했다. 근로복지공단은 2010년 8월 4일 이씨의 산재 신청을 심사하는 과정에서 산업안전보건연구원에 작업환경 조사를 의뢰했다. 하지만 조사는 부실했다.

대법원은 이렇게 밝혔다.

"역학조사에선 작업 과정에서 이소프로필알코올이나 그 밖의 유해 화학물질에 노출된 수준을 객관적으로 확인·측정하려는 노력조차 하지 않은 것으로 보인다. 사업주의 협조 거부나 행정청의 조사 거부, 지연 등으로 유해 요소 종류와 노출 정도를 특정할 수 없었다면 근로자에게 유리한 간접사실로 고려할 수 있다."

현행법을 보면, 산재를 입증할 책임은 원칙적으로 피해자(신청자)

에게 있다(산재보험법 제37조 1항 2호). 하지만 산재 신청자로선 회사가 자료를 제공하지도, 조사에 협조하지도 않으면 작업환경 유해 요소들을 객관적으로 입증하기가 불가능하다. 대법원은 이런 사정을 살펴, 사업주가 정보를 제공하지 않고 모르쇠로 일관하는 행태에 경종을 울렸다. 이번 소송에서 고용노동부와 삼성이 자료 공개를 거부한 사례를 지적한 것이다.

대전지방고용노동청 천안지청은 1심 소송에서 판사가 요청한 '삼성디스플레이 천안·아산공장 산업안전·보건진단 결과보고서' (2013년 4월·대한산업보건협회)를 한 달쯤 만에 제출하면서, 삼성의 영업 비밀이라는 이유로 주요 내용을 삭제했다. 삭제한 내용에는 '공정별 취급 유해 화학물질 현황 및 개선 방안' 등 이씨의 병과 작업 사이의 인과관계를 입증할 만한 주요 내용이 포함돼 있었다.

이씨를 대리한 조지훈 변호사(법무법인 다산)는 〈한겨레21〉과 한 통화에서 자초지종을 말했다.

"몇몇 단어를 삭제한 정도가 아니라, 일부 페이지와 표 전체를 삭제한 보고서였다. 소송 쟁점에서 의미 있는 내용은 모두 삭제돼 있었다. 나중에 삼성이 요구해 노동청이 삭제한 것으로 파악됐다."

근로복지공단은 이씨의 작업환경과 그에게 발생한 병의 인과관계를 확인하려는 최소한의 노력조차 하지 않았다.

대법원은 그 밖에 "여러 유해 화학물질에 복합적으로 노출되거나 주야 교대근무 등 작업환경 유해 요소까지 복합적으로 작용하면 질병 발생 위험이 높아질 수 있다"고 판단했다. 역학조사 결과의 부실함은 따지지 않고, 개별 유해 요인이 각각 질병에 미치는 영향만을 따진 1심, 2심과 판단이 갈린 지점이다. 대법원은 이어 화학물질의 복합적 사용에 대해 좀 더 설명했다.

"첨단산업은 발전 속도가 매우 빨라 작업장에서 사용되는 화학물질이 빈번히 바뀌고 화학물질과 작업 방식이 영업 비밀에 해당하는 경우가 많다. 이런 경우 산재 발생 원인을 찾아내기 쉽지 않다. (…) 근로자 보호 안전 대책이나 교육 역시 불충분할 수 있다."

조지훈 변호사는 이와 관련해 이번 판결의 의미를 평가했다.

"이번 대법원 판결은 첨단 전자산업의 특수성과 함께 유해 화학물질들의 누적적·복합적 작용 가능성을 지적함으로써 앞으로 해당 업종 질병들의 업무 연관성을 폭넓게 인정할 수 있는 길을 열어줬다."

이씨가 오른쪽 손과 다리가 저리는 느낌을 받은 것은 입사 3년 반만인 2006년 5월 무렵이었다. "마비가 와서 손이 잘 안 움직이고 뭔가 다리를 잡고 있는 느낌"이었다. 처음엔 물리치료를 받으러 다녔다.

"매일 같은 자세로 12시간씩 일해서 단순히 근육에 문제가 생긴 줄 알았다. 그런데 물리치료를 받아도 전혀 낫지를 않았다."

2006년 여름 정기 휴가 기간에 고향 부산에 내려가 MRI를 찍었다. 목과 허리만 찍었는데 문제가 없었다. 그땐 머리 쪽에 문제가 생긴 걸 몰랐다. 아픈 몸으로 퇴사할 때까지 9개월을 더 일했다. "버틸 수 있을 때까지 다니다 퇴사하자"고 생각했다. 그녀는 그때 판단을 후회한다.

"그때 병가를 냈으면 좀 더 빨리 진단받지 않았을까."

우연히 만난 '반올림' 그리고 시작된 싸움

일할 수 없을 만큼 증상이 심해진 것은 2007년에 접어든 뒤였다. 그녀는 2월 15일 퇴사했다. 부산에 내려와 뇌경색 진단을 받았다. 나중에 알고 보니, 잘못된 진단이었다. 마비 증상은 낫지를 않았다. 1년간 그녀는 집에 머물렀다.

"집안 사정상 계속 놀고만 있을 수 없어 일을 해야겠다는 생각이 들었다."

2008년 5월, 치과에 일자리를 구했다. 몸도 힘들었고 스트레스도 심했다. 병이 재발했다. 왼쪽 눈이 잘 안 보이기 시작했다.

"(오른쪽 눈을 가리면) 지금도 비 오는 날 서리가 낀 창문 밖을 볼 때처럼 뿌연 형태만 보인다."

한 달을 채우지 못하고 일을 그만뒀다. 결국 2008년 6월 30일 부산의 대형 병원인 백병원에서 다발성경화증 확진 판정을 받았다. 다발성경화증은 시신경이나 척수, 뇌에 있는 신경섬유가 국소적으로 파괴되고 혈관 주위에 염증이 나타나는 중추신경계 질환이다. 이씨는 제대로 진단받은 뒤 지금까지 이틀에 한 번 '진행 억제제' 주사를 맞고 있다.

"처음엔 너무 힘들었다. 지금도 주사를 맞으면 '주사 몸살'로 온몸이 찢어질 것 같다."

확진 판정을 받은 뒤 2~3년간 우울증이 그녀를 덮쳤다. '나만 왜 이런 병에 걸렸지? 왜 나한테만 이러지? 난 돈을 벌기 위해 일하러 갔을 뿐인데? 내가 왜 아파야 하지?' 같은 생각이 멈추지 않았다.

다발성경화증은 국내 유병률이 인구 10만 명당 3.5명인 희귀 난치성 질환이다. '반도체 노동자의 건강과 인권 지킴이, 반올림'이 확인한 삼성전자 반도체·LCD 생산 라인 출신 다발성경화증 환자만 4명이다. 이씨를 포함해 3명이 법원에서 산재를 인정받았다(이씨 외 2명은 2심에서 승소한 뒤 근로복지공단이 상고를 포기하면서 확정됨). 나머지 1명은 2017년 10월 31일 근로복지공단에 산재보험 요양급여를 신청했다.

이씨는 2007년 퇴사한 직후, 혼자 두 차례 근로복지공단에 산재보험 요양급여를 신청했다. 결과는 '불승인'이었다. 2008년 6월 다발성경화증 확진 판정을 받은 뒤 우연히 반올림을 만났다. 친구와 부산 서면 지하상가를 걸어가다가 '삼성 백혈병' 문제 해결을 요구하는 서명 운동을 하는 사람들이 보였다. 찾아가 서명하고, 반올림 연락처를 알게 됐다. 다음날 바로 전화했다. 며칠 뒤, 이종란 노무사가 부산에 찾아왔다.

그렇게 다시 다발성경화증으로 산재보험 요양급여 신청을 했다. 그녀는 "진짜 우연히 그 장소를 지나가면서 반올림을 알게 된 건 정말 감사한 일이라고 생각한다"고 말했다.

세 번째 산재보험 요양급여 신청도 2011년 2월 7일 불승인 처분을 받았다. 이씨는 당시 심정을 토로했다.

"그 많은 사람이 삼성을 다니다가 병을 얻었는데 산재가 아니라고만 하니, 일하는 사람을 사람 취급도 안 한다는 생각이 들었다."

결국 근로복지공단을 상대로 소송을 냈다. 그때만 해도 "반신반의했다". 1심도, 2심도 패소했다. 그때마다 이노무사는 "다시 또 할 거다. 기다려달라"고 말했다.

"그렇게 말해줘서 고마웠다. 갈 때까지 가보자고 생각했다."

이씨는 10년 동안 싸워 산재 인정을 받은 것이 무엇을 의미하냐는 질문에 "내 몸은 원래 건강했는데 삼성에서 일하면서 삼성 때문에 병 걸린 걸 인정받은 것. 그리고 왜 우리가 병에 걸렸는지 당신들이 직접 알아보라는 것"이라고 답했다.

이씨는 처음 산재보험 요양급여 신청을 한 지 10년, 대법원 판결이 나온 지 두 달 만인 10월 23일 산재 인정을 받았다. 대법원 판결이 나온 뒤 진행된 파기환송심은 이미 산재를 인정받은 이씨가 소를 취하하면서 11월 8일 끝났다.

산재 인정을 받고 나서, 이씨는 2010년 다발성경화증에 대한 산재보험 요양급여를 신청할 때 청구한 치료비를 제외하고, 나머지 비용을 증빙하는 서류들을 모아 근로복지공단에 제출했다. 확진 판정을 받은 뒤부터의 기간에 대한 휴업급여도 신청했다. 근로복지공단은 그녀에게 "청구 대상 기간이 길고 서류가 많아 검토에 시간이 오래 걸릴 것"이라고 답했다. 그녀는 앞으로 치료비 가운데 보험이 적용되지 않는 비급여 항목이 얼마나 될지는 예상하지 못했다.

1심도, 2심도 패소했다. 그때마다 이노무사는 "다시 또 할 거다. 기다려달라"고 말했다. "그렇게 말해줘서 고마웠다."

2007년 11월 20일 반올림이 결성된 뒤, 제보 등을 통해 확인한 반도체·전자업체 직업병 피해 제보자는 391명(사망자 143명·2017년

10월 31일 기준)이다. 그중 삼성 계열사 직업병 피해자만 320명(사망자 118명)이다. 전체 제보자 가운데 산재를 신청한 이들은 2017년 12월 15일 현재 94명이다. 그중 4분의 1인 24명만이 산재를 인정받았다(근로복지공단 승인 12명·승소 확정 12명). 반올림은 삼성 직업병 피해자 가족들과 함께 서울 서초구 삼성전자 사옥 앞에서 12월 15일 현재 801일째 농성 중이다. 이들이 요구하는 것은 '배제 없는 투명한 보상'과 '진정성 있는 사과'다.

"다른 사람들은 나처럼 10년씩 안 걸렸으면 좋겠다. 일하면서 아프게 된 거지, 아픈 몸으로 일하러 간 게 아니다. 삼성, 공단, 법원이 빨리 인정해주면 좋겠다. 힘들게 병원비 걱정하면서 아프지 않게 했으면 좋겠다. 아파도 편하게 아팠으면 좋겠다."

이씨는 아직도 '산재를 산재라 부르지 못하는' 다른 피해자들을 생각했다.

심사위원 20자평

김태욱 | 산재보험 제도의 존재 이유를 명확히 한 올해 최고의 판결
김한규 | 상당 인과관계는 더욱 폭넓게 인정돼야 한다
노희범 | 근로자를 위한 진정한 산재법, 법관이 제정하다
박한희 | 산업보험 제도는 이래서 필요하다. 업무상 질병 인정 확대하라
안진걸 | 산재 인정은 다행이지만 산재 자체가 안 일어나는 삼성 되어야!
오지원 | 가장 긴 시간을 보내는 사업장에서의 안전 문제에 경종
이석배 | 삼성은 책임을 인정하고 글로벌 기업으로서 노동환경 개선에 노력하길

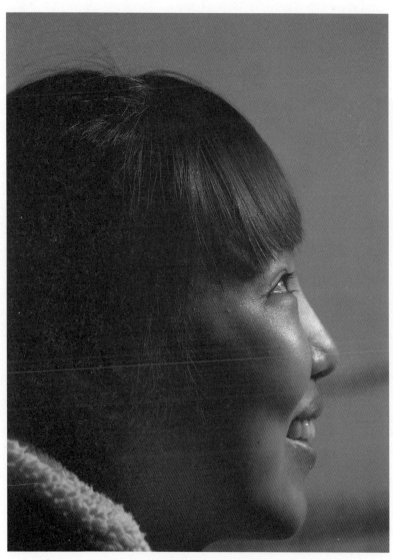

— 2017년 12월 14일 부산시 부산진구 백병원 앞 카페에서 만난 이희진 씨.
사진 김진수

− '반도체 노동자의 건강과 인권 지킴이, 반올림'이 2017년 11월 20일 경기도 수원 영통구 삼
성디지털시티 앞에서 10주기 기자회견을 하고 있다. 사진 박승화

대법원 2017.08.29. 선고 2015두3867 판결 [요양불승인처분 취소]

주심_김재형 대법관

: LCD 공장에서 근무한 노동자에게 다발성경화증이 발병하여 업무상

  재해인지가 다투어진 사례

판결 이후

반올림에 제보된 삼성반도체·LCD 공장에서의 직업병 피해자는 230여 명에 이르고 그중 2017년 현재 79명이 사망했다. 그동안 고 황유미 씨를 포함한 삼성반도체 노동자 11명이 백혈병, 악성림프종, 재생불량성빈혈, 유방암, 뇌종양, 난소암 등으로 법원과 근로복지공단에 의해 산재 인정을 받았다. 삼성전자 반도체 생산라인에서 일하다 백혈병으로 숨진 황유미 씨와 이숙영 씨는, 2014년 9월 11일 근로복지공단이 상고를 포기함으로써 원심대로 산업재해 인정이 최종 확정됐다. 삼성과의 7년 싸움이었다. 황유미 씨와 같은 일을 하다 숨진 김경미 씨도 이후 항소심에서 승소했다.

무엇보다 업무상 질병이라는 것을 입증할 책임이 사업자가 아니라 노동자에게 있다는 점이 논란이 되어왔다. 헌법재판소는 2015년 6월 25일 업무상 질병으로 인한 업무상 재해에서 업무와 재해 사이의 상당 인과관계에 대한 입증 책임을 노동자나 그 유족에게 부담시키는 산재보험법 제37조 1항 2호가 헌법에 위반되지 않는다고 결정했다

(2014헌바269).

고 김경미 씨 판결은 2013년 올해의 판결 '삼성전자 반도체 공장 노동자의 백혈병이 산업재해임을 또다시 인정한 판결', 고 이윤정 씨 판결은 2014년 올해의 판결 '반도체 노동자 '뇌종양' 사망 산재 첫 인 정' 참조.

반도체 노동자에게 발생한 뇌종양, 첫 산재 인정

줄줄이 이어지는 '삼성 직업병'

삼성에서 직업병이 발생했음을 최초로 인정한 대법원의 판결은 대한민국에서 하나의 '이정표'가 됐다. 12월 14일 부산에서 만난 판결 당사자(원고) 이희진 씨도 "내 판결이 하나의 기준점이 됐다"는 걸 알고 있었다. 이씨는 삼성전자 LCD 사업부 천안공장을 다니다 다발성 경화증이라는 희귀 난치성 질환 진단을 받았다. 그녀는 첫 산재 신청을 낸 뒤 10년 만에 대법원에서 산재 인정 취지의 승소 판결을 거머쥐었다.

그로부터 석 달 뒤, 또 다른 기념비적인 판결이 나왔다. 삼성전자 반도체 노동자에게서 발생한 뇌종양을 처음 산재로 인정한 대법원 판결이 나온 것이다. 대법원 3부(주심 박보영)는 2017년 11월 14일 삼성전자를 퇴사한 뒤 뇌종양(교모세포종) 판정을 받은 고 이윤정(사망 당시 32세) 씨가 근로복지공단을 상대로 낸 요양불승인처분 취소소송 상고심에서, 원고 패소 판결한 원심을 깨고 사건을 서울고등법원으로 돌려보냈다(2016두1066). 대법원은 "업무와 발병 사이에 상당 인과관계를 긍정할 여지가 크다"고 밝혔다.

이 판결은 앞선 이희진 씨의 상고심 판결 취지를 그대로 따랐다. 즉 첨단산업 현장의 희귀 질환에 대한 연구가 불충분하다고 해서 업무와의 '상당 인과관계'를 쉽게 부정할 수 없다는 점, 특정 산업군에서 발병률이 높거나 사업주와 행정청이 협조하지 않고 조사를 거부할 때 근로자에게 유리한 간접사실로 고려해야 한다는 점, 개별 유해요인이 복합적·누적적으로 작용할 가능성을 간과해선 안 된다는 점 등이었다.

고 이윤정 씨는 1997년 5월 삼성전자에 입사했다. 2003년 7월까지 6년가량 온양사업장 반도체 조립라인 검사 공정에서 근무하며 반도체칩 고온 테스트 업무를 맡았다. 테스트가 끝나면 합선 등으로 고무가 타는 듯한 냄새가 났다. 합선으로 생긴 검댕은 에어건(air gun)으로 직접 제거했다. 많게는 하루 12시간 일했다. 퇴직한 지 7년쯤 되는 2010년 5월 뇌종양 진단을 받았다. 근로복지공단이 2010년 9월 13일 그녀의 산재 신청을 불승인하자 소송을 냈다. 1심이 진행되던 2012년 5월 7일, 그녀는 뇌종양으로 숨졌다(2014년 올해의 판결 참조).

대법원은 이렇게 설명했다.

"이씨가 근무한 사업장에서 벤젠, 포름알데히드, 비전리 방사선, 납 등 발암물질들이 검출됐다. 발암물질이 노출 기준 범위 안에 있더라도 장기간 노출될 경우 건강상 장애를 초래할 수 있고, 여러 (물질·환경적) 유해 요인에 복합적으로 노출될 경우 상승 작용을 일으킬 수 있다. (…) 역학조사 당시 고무가 타는 듯한 냄새와 검댕 등의 원인 물질과 노출 수준 조사가 이뤄지지 않았다. 반도체 사업장에서 뇌종양 발병률이 한국인 전체 평균 발병률(국내 여성 10만 명당 0.52명 발병) 등과 비교하여 유달리 높다면 업무와의 상당 인과관계를 인정하는 데 유리한 사정으로 작용할 수 있다."

대법원은 또 이씨가 퇴직한 뒤 7년이 지나 뇌종양 진단을 받았다고 해서 업무와 관련 없다고 단정할 순 없다고 밝혔다.

박수 치기에는 부족한
'최고의 판결'

—

• 헌법재판소 만장일치 '대통령 파면' 결정에도
촛불에 떠밀린 수동적 선택 아닌가 '아쉬움' 남아

"피청구인을 대통령직에서 파면한다."

2017년 3월 10일, 오전 11시 21분. 이정미 당시 헌법재판소장 권한
대행의 입에서 떨어진 이 '최종 선고'는 한국 사회를 다시 과거로 되
돌아가게 할 수 없다는 헌법재판소의 결단을 드러낸 말이었다. 보수
성향의 헌법재판관까지 아우른 8대 0의 전원 일치 결정으로, 박대통
령의 파면은 한국 사회 모두의 염원을 아우른다는 도덕적 명분과 법
적 정당성까지 획득할 수 있었다.

헌법재판소의 파면 결정을 최고의 판결로 선정하기 망설인 이유?
촛불 집회의 열기를 수동적으로 받아 안은 선택 아닌가.

그러나 '올해의 판결' 심사 과정에서 이 역사적인 대통령 파면 결정
에 대한 평가는 엇갈렸다. 심사위원 누구도 이 결정이 거대한 변화를
만들어냈다는 데엔 이의를 제기하지 않았다. 특히 재판관 만장일치로
파면 결정을 내려 이후 벌어질 혼란을 막았다는 점이 높이 평가됐다.

"헌법재판소 결정이 7대 1이나 6대 2로 나오면 어쩌나 걱정했다.
보수적인 재판관도 모두 대통령 파면에 동의해 헌법재판소 결정에
대한 불복 여론이 숨 쉴 공간을 없앴다고 생각한다."(안진걸)

"사법부라는 기본적으로 보수적인 체계 내에서 만장일치 탄핵 결
정이 내려졌다는 건 의미가 크다."(노희범)

대통령 파면 결정에 대한 긍정적 평가들이다.

하지만 이는 촛불 집회의 열기를 수동적으로 받아 안은 선택이라
는 평가도 있었다.

"천만 촛불이 아니었으면 대통령 파면이 됐을까 의문이다."(오지원)

"대통령 파면을 최고의 판결로 하기에는 부족한 면이 있다."(박한희)

심사위원들이 대한민국의 운명을 바꾼 '대통령 파면' 결정을 선뜻
최고의 판결로 꼽기 망설였던 이유다.

실제 대통령 파면 결정문을 보면 아쉬운 대목들이 있다. 헌법재판
소 심판대에 올라온 대통령 파면의 쟁점은 총 7개로 나눌 수 있다. 이
중 2016년 불거진 국정 농단과 관련된 항목이 3개다. 최순실의 국정
개입이 공익 실현 의무에 위배되는가, 기업의 자유와 재산권을 침해

하는가, 비밀 엄수 의무에 위배되는가이다. 헌법재판소는 이러한 쟁점에서 박근혜 전 대통령이 헌법을 어겼다는 점을 인정했다.

하지만 공무원 임면권 남용 여부, 언론 자유 침해 여부, 생명권 보호 의무 위반 여부, 불성실한 직책 수행이 탄핵 심판 절차의 판단 대상이 되는가라는 나머지 4개 쟁점에 대해선 '탄핵 사유가 될 수 없다'고 판단했다. 가장 논란이 된 것은 세월호 참사와 관련한 생명권 보호 의무 위반과 '대통령의 7시간'으로 상징되는 불성실한 직책 수행과 관련한 판단이었다.

결정문에서 이정미 당시 헌법재판소장 권한대행은 이렇게 밝혔다. "세월호 침몰 사건은 모든 국민들에게 큰 충격과 고통을 안겨 준 참사라는 점에서 어떠한 말로도 희생자들을 위로하기에는 부족할 것입니다. (⋯) 세월호 사고는 참혹하기 그지없으나, 세월호 참사 당일 피청구인이 직책을 성실히 수행하였는지는 탄핵 심판 절차의 판단 대상이 되지 아니한다고 할 것입니다."

이런 판단에는 모든 재판관이 의견을 함께했다. 다만 김이수, 이진성 재판관은 결정문에 헌법재판소의 판단이 대통령이 직무 수행을 불성실하게 해도 된다는 기록으로 남아서는 안 된다는 보충의견을 남겼다. 두 재판관은 별도의 보충의견에서 "대통령의 불성실 때문에 수많은 국민의 생명이 상실되고 안전이 위협받아 이 나라의 앞날과 국민의 가슴이 무너져내리는 불행한 일이 반복되어서는 안 되므로 우리는 피청구인의 성실한 직책 수행 의무 위반을 지적"한다고 썼다.

여러 평가와 논란이 있지만 헌법재판소의 대통령 파면 결정이 한국 사회의 변화를 상징하는 신호탄이었던 것만큼은 분명하다. 그러나 헌법재판소 결정보다 위대한 것은 지난겨울 거리에 나선 시민들이었다.
"시민들이 위대했다. 대의민주주의가 제대로 작동하지 않자 시민들은 거리로 나갔다. 그 때문에 결국 국회는 탄핵소추안을 의결할 수밖에 없었다. 그리고 헌법재판소가 대통령 파면 결정을 하도록 만들었다. 이는 시민의 저력이었다. 4·19 때처럼 직접 대통령을 끌어내자는 의견도 있었지만, 대다수 시민들은 거리에서 '대통령 퇴진'을 외치면서도 국회와 헌법재판소의 기능을 존중하는 균형 감각을 보여줬다."(안진걸)

그 마지막 점을 찍어야 하는 것은 새로 탄생한 사법부다. 새 시대의 사법부가 시민의 편으로 거듭나는 것. 진짜 박수는 그때를 위해 아껴둔다.

대통령 파면 결정은 여러 헌법기관에도 큰 변화를 가져왔다. 우선 2017년 5월 9일 새 대통령이 뽑혔다. 민의를 배반하는 대통령을 다시 선택할 수 없다는 시민들의 열망은 문재인 대통령을 탄생시켰다. 이것이 끝이 아니다. 9월 25일 '제왕적 대법원장'이라던 양승태 대법원장이 물러나고 그 뒤를 김명수 춘천지방법원장이 이었다. 11월 27일에는 대통령 파면 결정에서 세월호 참사와 관련해 보충의견을 냈던 이진성 재판관이 헌법재판소의 새 수장이 됐다. 탄핵이 없었다면 새 대법원장과 헌법재판소장의 임명권자는 여전히 '박근혜'였을 것이다. 촛불이 사법부를 새롭게 탄생시켰다고 해도 과언이 아니다.
이제 공은 다시 사법부로 넘어갔다. 한국 사회의 기대는 크다.
"김명수 대법원장이 국민들의 눈높이에 맞는 사법부를 만들어야

한다는 의무감을 가져야 한다."(오지원)

"민·형사부를 분리해 각 영역의 전문성을 가진 판사가 재판하게 해야 한다."(이석배)

"서민들이 판사가 우리와 비슷한 정서를 갖고 있다는 생각이 들어야 재판에도 승복한다. 그렇지 않으면 아무것도 모르는 판사가 판결을 내린다는 불신이 커지고, 승복해야 할 것에도 승복하지 못하는 일이 생긴다. 사법부가 약자의 편에 더 서주었으면 좋겠다."(안진걸)

"판사들이 법정에 서 있는 사람들이 얼마나 절박한지 알아주면 좋겠다."(박한희)

올해의 판결 심사위원들은 헌법재판소의 대통령 파면 결정에 거리낌 없이 박수 칠 수 없었다. 아직 화룡점정이 이뤄지지 않았기 때문이다. 그 마지막 점을 찍어야 하는 것은 새로 탄생한 사법부다. 새 시대의 사법부가 시민의 편으로 거듭나는 것. 진짜 박수는 그때를 위해 아껴둔다.

심사위원 20자평

김태욱 이유는 석연치 않지만, 결정 자체는 역사적

김한규 헌법을 유린한 자는 누구라도 책임져야 할 것이다

노희범 민주주의와 법치주의를 되살린 계기가 되다

박한희 광장의 촛불이 만들어낸 당연한 결정

안진걸 대다수 국민이 만들어낸 위대한 촛불 혁명의 결과, 헌법재판소도 멋졌어요~

오지원 역사적 결정이지만 천만 촛불이 없었다면?

이석배 결론만큼 결정 이유와 논거도 깔끔했으면 좋았을 것을…

‒ '헌법재판소에서 2017년 3월 10일 박근혜 대통령에 대한 파면 결정을 내리고 있다.
사진 뉴스 화면 캡처

헌법재판소 2017.03.10. 선고 2016헌나1 결정 [대통령(박근혜) 탄핵]

: 주심 강일원

국민 상식을 뭉갠
법관의 독단

—

- 파업하는 동료를 격려했다는 이유로 20억 원 손해배상금 부과…
- 형법의 기본 원칙에 어긋나고 양심·표현의 자유와 충돌하는 판결

2017년 '최악의 판결'로 선정된 것은 대기업의 부당노동행위에 맞서 파업을 벌인 동료 노동자를 격려했다는 이유로 비정규직 노동자에게 거액의 손해배상 책임을 부과한 판결이었다. 일반 국민의 건강한 상식으로는 좀처럼 이해하기 힘든 판결로, 사법 권력에 대한 민주적 통제가 왜 중요한지 다시 한 번 생각하게 한다.

부산고등법원 민사2부(재판장 조용현)는 2017년 8월 24일 현대자동차 비정규직 노동자 최병승 씨에게 파업에 참가한 동료들과 함께 20억 원의 손해배상금을 현대차에 지급하라고 판결했다. 최씨가 2010년 11월 현대차 사내하청 노동자들이 정규직 전환을 요구하며 벌인 공장 점거 농성에 참석해 지지 발언을 하고 집회의 사회를 봄으

로써 동료 노동자의 업무방해 행위를 방조했다는 게 이유였다.

**형사 항소심은 그가 "상당한 파급력"을 가졌다는 이유로
업무방해를 방조했다고 판단했다.**

앞서 1심은 최씨의 배상 책임을 인정하지 않았지만, 2심 재판부는 최씨가 같은 사건의 형사재판 항소심에서 유죄 판결을 받은 것을 근거로 "불법행위에 대한 배상 책임이 있다"고 판결했다. 따라서 최씨의 형사재판 항소심을 이번에 선정한 '최악의 판결'의 원조라 평할 수 있다.

최씨의 형사재판 항소심은 부산고등법원 형사2부(재판장 박영재)가 맡았다. 이 재판부는 2015년 7월 22일 최씨에게 벌금 400만 원을 선고했다. 재판부는 최씨가 비정규직 노동자들에게 "상당한 파급력을 갖고 있다"는 이유로 그의 업무방해 방조 혐의를 유죄로 인정했다.

최씨가 금속노조 미조직비정규직국장을 맡는 등 노동운동 경험이 많고, 앞서 현대차를 상대로 낸 소송에서 불법파견을 인정받아 사내 하청노동자의 정규직 전환 요구를 봇물 터지게 한 점, 그리고 2012년 대통령 선거를 앞두고 현대차 울산공장 앞 송전 철탑에 올라가 296일간 고공 농성을 함으로써 비정규직 문제의 상징적 인물이 된 점을 "상당한 파급력"의 근거로 들었다. 이처럼 큰 영향력을 가진 최씨가 파업 지지 집회의 사회를 보면서 지지 발언을 한 것은 "동료 노동자의 업무방해를 용이하게 한" 범죄행위에 해당한다는 것이다.

이런 형사 항소심의 판단에 대해선 형벌 사유의 엄격한 해석을 강

조하는 형법의 기본 원칙에 어긋날 뿐 아니라, 헌법적 기본권인 양심의 자유와 표현의 자유를 침해한다는 비판이 이어져왔다. 먼저 최씨가 동료 조합원들의 판단에 상당한 파급력이 있는지는 인간 내면의 의사에 대한 것으로 객관적으로 측정하기 어렵다. 그럼에도 객관적으로 측정하려면, 파업 참가 조합원에게 최씨의 영향을 받았는지 일일이 확인해야 한다. 검찰이 그런 확인 절차를 거치지 않았는데도 재판부가 최씨의 파급력을 근거로 업무방해를 방조했다고 판단한 것은 형법의 기본 원칙에 어긋난다.

당시 검찰이 최씨를 업무방해 방조 혐의로 기소한 것은 전형적인 '맞춤형 기소'였다. 2014년 10월 1심 재판에서 최씨의 업무방해 혐의에 무죄가 선고되자 '업무방해 방조죄'라는 혐의를 끌어와 다시 기소했다. 검찰의 고질적인 '기소편의주의' 남용인 셈인데, 이를 견제해야 할 법원이 이상한 법리로 검찰의 꼼수를 묵인했다. 판사 출신인 한 변호사는 "최씨의 파업 지지 발언이 업무방해 방조에 해당하면 당시 집회에 참석해 발언했던 사람도 다 방조죄로 처벌해야 하는 문제가 생긴다"고 말했다.

더욱 심각한 것은 형사 항소심 재판부의 판단이 헌법적 기본권인 양심·표현의 자유와 충돌한다는 점이다. 동료 노동자의 파업에 자신의 견해를 밝힌 것을 형사 처벌하는 것은 신념과 가치 판단에 대한 양심의 자유를 보장한 헌법의 기본 정신을 무시한 것이다. 그동안 우리 사법부는 공권력으로부터 개인의 기본권을 보호하는 데 소홀했다는 비판을 받아왔다. 이 판결도 이런 평가에 일조했다는 비판을 피할 수 없어 보인다.

유구한 역사를 가진 인간의 보편적 기본권이 2017년 현재에도

우리 법원에 의해 위협받는 상황을 어떻게 이해해야 할까.

양심의 자유는 700여 년 전인 르네상스 시대에 나온 권리다. 인간의 창조성을 말살했던 중세 봉건주의에 저항하면서 본격 발전했다. 초기에는 신앙의 자유를 뜻했지만 점차 인간성 회복에 필요한 기본권으로 인식되면서 사상의 자유, 표현의 자유로 확대됐다. 이처럼 유구한 역사를 가진 인간의 보편적 기본권이 2017년 현재에도 우리 법원에 의해 위협받는 상황을 어떻게 이해해야 할까.

사상·표현의 자유는 궁극적으로 사회 발전에 기여한다. 사회구조와 정치체제 등에 대한 다양한 사상이 공정한 경쟁으로 선택받는 과정에서 사회 구성원의 삶의 수준도 높아진다. 이런 맥락에서 미국 연방대법원은 사상·표현의 자유를 철저히 보호해왔다. 대학 교수와 강사들에게 공산당을 비롯한 반체제 단체에 가입하는 것을 금지한 주법을 위헌으로 판결(대학 강사 케이시안 대 뉴욕주립대학 이사회·1967년)하는가 하면, 심지어 인종주의 단체인 KKK단 지도자의 인종차별 선동 발언도 헌법에 보장된 표현의 자유로 인정(KKK단 지도자 브랜든버그 대 오하이오주 당국·1969년)했다.

최씨의 민사 항소심 판결은 형사판결의 취지에 따른 것이다. 그러나 이 판결에 면죄부를 줄 순 없다. 현대차가 당시 파업의 근본 원인을 제공했다는 점을 간과해 법의 공정성과 형평성에 어긋난다고 보이기 때문이다. 현대차는 대법원이 2010년 7월, 2년 이상 불법파견 근무를 한 하청노동자는 현대차가 직접 고용한 것으로 간주된다는 판결(2010년 올해의 판결 참조)을 했음에도 비정규직지회의 정규직 전환 교섭에 일절 응하지 않았다. 대법원 판결에 따른 비정규직 노동자의 정당한 요구를 외면한 현대차의 잘못은 외면한 채 천문학적 배상금을 하청노동자에게 물도록 판결한 것은, 사회적 약자를 보호한다는 사법부의 존재 의미를 스스로 부정한 것이라 비판할 수 있다.

최씨의 민형사 항소심 판결은 그대로 확정될 뻔했다. 대법원 상고에 필요한 인지대 1500만 원을 낼 돈이 없었기 때문이다. 다행히 부산고등법원의 판결에 분노한 학계와 시민단체 인사들의 모금 활동으로 인지대를 마련해 대법원에 상고했다. 최씨는 〈한겨레21〉과의 통화에서 "당초 목표보다 많은 돈이 모금돼, 다른 비정규직 소송의 비용으로 쓰는 것으로 안다"고 말했다.

사법부는 선출되지 않은 권력 가운데 가장 강력한 힘을 가진 조직이다. 시민 개개인은 물론 선출된 권력까지 심판하는 막강한 권한을 가졌다. 사법 권력에 대한 민주적 통제의 필요성이 강하게 요구되는 이유다. 어떤 권력도 시민이 주권을 가진 민주주의 위에 군림할 수 없다. 선출되지 않은 권력은 주권자의 더욱 강력한 통제를 받아야 한다. 법원 판결(결정)이 성역 없는 비판의 대상이 되어야 하는 이유도 여기에 있다. '법리'와 '법관의 독립'으로 표현되는 전문성과 독립성도 주권자의 건강한 상식과 동떨어져 존재할 수 없다.

최씨를 둘러싼 두 건의 '최악의 판결'은, 시민의 건강한 법 감정과 괴리된 판결은 결국 법관의 소신이 아닌 독단일 뿐이라는 자명한 진실을 다시 한 번 분명히 일깨운다.

— '현대차 비정규직 노동자 최병승 씨가 2017년 9월 11일 서울 서초동 대법원 청사 앞에서 열린 기자회견에서, 동료 노동자의 파업을 지지하는 발언을 했다는 이유로 자신에게 20억 원의 배상 책임을 부과한 부산고등법원 판결이 부당하다고 주장하고 있다. 최씨는 이날 대법원에 상고했다. 사진 박종식

부산고등법원 2017.08.24. 선고 2013나9475 판결 [손해배상]

민사2부 재판장 조용현

판결 이후

같은 사건의 형사재판 항소심 판결은 2015년 올해의 판결 '파업 지지한 비정규직 노동자에게 '업무방해 방조죄' 적용' 참조.

2010년 7월 22일 현대차 사내하청 대법원 판결이 나자, 현대차비정규직지회는 이 판결을 근거로 현대차에 정규직 전환을 요구했다. 그러나 현대차는 지회의 교섭 요구를 거절하면서 사내하청 업체 폐업 조치를 단행했다. 곧 지회는 2010년 11월 15일부터 25일간 파업에 들어갔다. 이 파업에 대해 현대차가 청구한 손해배상액이 220억 원을 넘는다. 끝까지 사측을 상대로 한 소송을 취하하지 않은 노동자 5명에 대해 90억 원 손해배상 인용 판결(2014나1119)이, 최병승 외 3명에 대해선 이번에 20억 원 손해배상 인용 판결이 나온 것이다.

심사회의

옛것은 갔지만
새것이 오지 않았다

• • •

새 대법원장 취임에도 피부에 와 닿는 변화는 아직 미흡…
"사법부가 절박한 사람들 심정 더 헤아려주길"

'옛것은 사라졌지만 아직 새것은 오지 않았다.'

올해로 10회째를 맞는 〈한겨레21〉의 올해의 판결 심사 결과를 정리하면 그렇다. 2017년은 박근혜 대통령의 파면을 최종 확정한 헌법재판소 결정, 최순실 등 '비선 실세'의 국정 농단 사건 재판 등 굵직한 사건이 줄줄이 이어진 한 해였다. 새 시대를 기대하는 시민들의 열망은 어느 때보다 컸지만 올 한 해 사법부가 내린 무수히 많은 판결과 결정들을 톺아보면, '명판결'이라며 무릎을 칠 만한 내용은 많지 않았다. 제왕적 대법원장이라 이르던 '양승태 체제'가 막을 내리고, 2017년 9월 김명수 대법원장이 취임했지만 사법부는 피부에 와 닿는 변화를 보여주지 못했다.

— 2017년 12월 11일 서울 마포구 공덕동 한겨레신문사에서 2017년 '올해의 판결' 심사회의가 열리고 있다. 사진 김진수

하지만 아직 희망을 꺼뜨리기는 이르다. 올겨울 우리 주변을 맴도는 이 매서운 추위는 이듬해면 찾아올 따스한 봄을 위한 '통과의례'라 믿고 싶다. 그렇게 다가올 봄을 기다리는 마음으로 올해의 '긍정적 판결' 13건을 골랐다. 이는 2016년 5건에 견줘 3배 가까이 늘어난 것이다. 어려운 환경에서도 조금이라도 좋은 판결을 내리려 고심한 판사들의 용기를 북돋고, 조금 더 빨리 새싹을 틔우려는 심사위원 7명의 바람이 담긴 결정이다.

'부정적 판결'은 예년과 비슷하게 6개를 뽑았다. 올해의 판결 최종 심사회의는 12월 11일 서울 마포구 공덕동 한겨레신문사 4층 회의실에서 진행됐다. 심사회의 때 나온 다양한 의견을 정리했다.

노희범 법원의 판결을 좋다, 나쁘다로 가르는 것이 옳은 일인지 의문이 들 때도 있다. 하지만 공권력이 작용하는 한 축인 사법부의 결정을 국민 입장에서 비판하는 것이 가치 없는 일은 아니라고 본다. 그동안 〈한겨레21〉이 해온 '올해의 판결'은 법관과 변호사들에게 다양한 희망과 깨우침을 주었다. 오늘 이 자리에서 사법부의 지표가 될 판결, 모범이 되거나 비판받아 마땅한 판결에 대해 허심탄회하게 이야기해보면 좋겠다. 우선 올 한 해 사법부가 어떠했는지 평가부터 해보자.

안진걸 만장일치로 박근혜 대통령을 파면한 헌법재판소 결정과 김명수 대법원장 선출을 보면서 사법부가 국민들과 조금 가까워지지 않았나 생각한다. 앞으로 더 큰 차원의 사법 정의를 구현하기 바란다.

김한규 대법관이 좀 더 다양성 있게 구성되지 못해 아쉽다. '서오남'(서울대·50대·남성)으로 대표되는 획일화된 대법원 구성을 비판하는 목소리가 있다. 하지만 이 비판이 서오남이 아닌 사람을 임명하면 된다는 형식논리로 변질된 것 같다. 최근 추천된 대법관 두 명(민유숙·안철상)도 한 명은 여성이고, 한 명은 비서울대이지만 평생 법관만 한 고위직 출신이다. 생각의 다양성을 충족하고 있냐는 의문이 든다. 대법관 구성의 다양성을 확보하려면 외형적 조건뿐 아니라 실질적인 내용까지 봐야 한다.

김태욱 노동 판결을 보면 극소수 판사만 좋은 판결을 한다. 대다수의 판사는 노동자에게 우호적이지 않다. 사법부의 아침은 아직 오지 않았다고 생각한다. 이명박·박근혜 정권이 이어지는 9년 동안 기대하기 힘들었던 노동사건 전담 법원 등을 본격적으로 고민할 시기가 온 게 아닐까 한다.

박한희 헌법재판소장이나 대법원장 청문회를 보면 동성혼 등 성소수자 쟁점에 대해서는 "차별해서는 안 되지만, 사회적 합의가 필요하다"는 식의 천편일률적인 답변을 한다. 사법부가 소수자 인권을 어떻게 바라보는지 그 태도를 드러난 해라고 생각한다. 2017년 5월 대만 최고등법원인 사법원에서 동성혼을 금지하는 현행법에 대한 위헌 결정이 있었다. 대만 사법원은 재판관 14명 중 8명이 진보적 학자였기 때문에 이 같은 결정을 내릴 수 있었다. 대법관 구성의 다양성이 필요한 이유다.

오지원 올해 대통령 파면 결정이 있었지만, 정말 주목해야 하는 것은 거기까지 이르는 과정이다. 그전(시민들이 직접 거리로 나서기 전)까지 검찰과 법원을 포함한 사법제도가 제 기능을 못했다. 박근혜 대통령이 그렇게 국정 농단을 했는데, 제대로 수사도 못 하다가 결국 1000만 넘는 시민이 촛불을 드니까, 그제야 헌법재판소 결정이 나오고 박근혜 구속도 이뤄졌다. 국민 개개인의 입장에서 보면, 크게 진일보한 판결이 없다. 국민이 만족할 만한 재판을 하는지, 조서 중심 재판에 문제가 없는지를 따지는 큰 틀의 개혁안이 필요하다. 그러나 새 대법원장이 취임한 뒤에도 소식이 뜸하다.

"결국 1000만 넘는 시민이 촛불을 드니까 그제야 헌법재판소 결정이 나오고 박근혜 구속도 이뤄졌다."

이석배 며칠 전 학교에서 수원지방검찰청과 행사를 함께 했다. 우연히 밥을 먹는데 낯익은 사람이 있었다. 간첩 증거 조작이 이뤄졌던 탈북자 유우성 씨 사건의 담당 검사였다. 예전에 유우성 씨 간첩 조작 사건을 들은 뒤 이민 가야겠다는 생각을 진지하게 한 적이 있다. 그만큼 문제가 많은 사건을 담당했던 검사가 복귀해 부장검사를 맡고 있었다. 국민들은 (정권이 교체된 뒤) 기대도 많고 많은 게 바뀌었다고 생각할지 몰라도, 실제 바뀐 것은 없다는 생각이 든다. 법원도 마찬가지다. 아직 갈 길이 멀다.

김한규 법원 개혁을 위해 만들어진 '사법제도 개혁을 위한 실무준비단'이 전원 판사로 구성된 것을 보고 충격받았다. 많은 비판을 받는 검찰도 개혁위원회를 구성할 땐 형식적으로라도 여러 영역의 사람들을 끼워 넣는다. 이런 상황에서 법원이 의미 있는 개혁을 할 수 있을까 의문이 든다.

박한희 법원이 절박한 사람들의 심정을 이해하는지 모르겠다. 최근 한 지방법원에 예순 가까운 트랜스젠더가 성별 정정 신청을 했다. 그런데 법원장이 "그 나이 먹고 굳이 성별 정정을 해야겠냐"고 물었다. 당사자는 취업도 안 되고 생계가 힘든 처지였다. 그러니까 판사가 "어디 가서 막노동이라도 하라"고 했다 한다.

오지원 판사들이 개인과 국가 또는 개인과 대기업이 싸울 때 '큰 조직이 거짓말을 하겠어'라고 생각하는 경향이 있다. 그런데 경험해보면 큰 조직일수록 거짓말을 잘한다. 가습기 살균제 참사 때도 기업들이 보고서를 조작했다. 하지만 판사들은 여전히 조직을 더 신뢰한다.

안진걸 맞다. 기업 총수들 판결문에는 '국가경제에 미치는 영향을 고려하여'라는 말이 수도 없이 나온다. 하지만 노동자들의 판결문에서 '가정경제를 생각해서'라는 말은 찾아보기 어렵다.

김태욱 노동자는 노조 탈퇴가 감형 사유인 황당한 경우도 있다. 부당해고에 반발해 투쟁한 동양시멘트 노동자 사건 때, 1심에서 노조 탈퇴한 사람은 집행유예나 벌금을 받았지만 노조원에게는 실형을 선고했다.

"큰 조직일수록 거짓말을 잘한다. 하지만 판사들은 여전히 개인보다 조직을 더 신뢰한다."

노희범 우리 사법부가 아직 미흡하다는 것이 일반적인 평가인 것 같다. 다만 좀 더 기대를 해볼 수 있지 않을까 한다. 최고의 판결에 대해 이야기해보자.

오지원 고민 많이 했다. 훌륭하다기보다 역사적 의미가 있다는 점에서 '대통령 파면 결정'을 선정하는 것이 어떨까 한다. 제대로 과거를 청산하자는 의미에서 이 결정을 꼽고 싶다.

이석배 삼성전자 직업병 인정 판결은, 당연하지만 지금까지 인정되지 않았던 것을 인정한 점에서 의미가 있다고 본다. 사회적 파장을 보자면 대통령 파면 결정이 크다고 본다.

안진걸 삼성전자 직업병 인정 판결을 꼽고 싶기는 한데, 대통령 파면 결정은 보수적인 헌법재판관 전원이 만장일치로 의견을 모은 것이라서 의미가 크다고 생각한다. 두 판결을 같이 조명하면 어떨까 싶다.

김한규 작업장 정보를 모두 갖고 있는 대기업이 재판에서 산재 관련 정보를 공개하지 않을 경우 불리한 판결을 받을 수 있다는 사실을 명확히 밝힌, 삼성전자 직업병 인정 판결을 최고로 꼽고 싶다. 대통령 파면 결정을 최고의 판결로 하기엔 부족한 면이 있는 것 같다.

노희범 헌법재판소의 대통령 파면 결정은 큰 틀에서 북돋아줘야 하는 판결이 아닌가 한다. 삼성전자 직업병 인정 판결과 대통령 파면 결정을 함께 최고의 판결로 꼽는 것은 어떤가?

(전원 동의)

"사회적 소수자와 약자들에게 얼마나 큰 의미가 있었는지가 긍정적 판결의 기준이 돼야 한다."

노희범 나머지 긍정적 판결에 대해 논의해보자.

김태욱 쌍용자동차 파업 때 권영국 변호사가 노동자 접견을 하려는데 경찰이 막아선 뒤 권변호사를 연행해갔다. 이 경찰 책임자에게 직권남용, 권리행사 방해죄로 징역형을 확정한 판결이 의미가 있다고 생각한다. 실제 이 판결 이후 경찰이 불법적인 집회 방해를 자제하는 등 달라진 모습을 보였다.

안진걸 홈플러스에서 경품 응모를 받으면서 응모권 뒤에 1밀리미터 정도 크기의 글자로 '개인정보를 마케팅 등에 사용할 수 있다'고 적은 뒤 응모자 정보를 보험사에 팔았다. 1심과 2심에서 법원은 글자 크기가 1밀리미터밖에 안 되지만 고지해야 할 사항이 모두 적혀있다며 무죄를 선고했다. 하지만 대법원은 이 같은 행위를 '거짓이나 그 밖의 부정한 수단'을 통해 개인정보 처리에 관한 동의를 받은 행위로 보고 사건을 파기 환송했다. 개인정보 보호와 관련해 의미가 깊은 판결이라 생각한다. 꼭 추천하고 싶다.

박한희 성기 수술을 하지 않은 남성이 여성으로 성별 정정을 할 수 있도록 허가한 결정도 꼽고 싶다. 성기 수술을 하지 않은 여성이 남성으로 성별 정정이 된 사례는 있었다. 하지만 그 반대의 경우는 이번이 처음이다. 일본과 대만에도 이런 사례는 없다. 인권적 차원에서 많이 알려지고, 비슷한 취지의 결정이 앞으로 이어져야 한다.

오지원 한국에선 좀처럼 국가가 자신의 잘못을 인정하지 않는다. 또 공무원에게 책임을 묻기도 어렵다. 그런 의미에서 과거사 재심 사건에서 무죄를 구형한 검사에게 내린 징계를 취소한 판결도 의미가 있다. 임은정 검사가 당사자인 이 판결은 대법원보다 항소심이 더 좋은 판결이다. 상급자인 부장검사가 임검사에게 과거사 재심 사건에서 백지 구형을 지시했는데, 임검사가 따르지 않고 무죄를 구형했다. 이 일로 임검사가 징계를 받자, 징계를 철회해달라고 낸 소송이다. 항소심에서는 백지 구형 지시 자체가 부적법하다고 판단했다.

그 밖에, 적폐 청산 차원에서 원세훈 전 국정원장에게 선거법 위반으로 징역 4년을 선고한 판결과 '4·16세월호참사 특별조사위원회'에서 일했던 공무원들에게 제대로 보수를 지급하라는 판결도 의미 있다. 박근혜 정부가 무리하게 세월호특조위를 강제 해산했다는 점을 법원이 인정한 셈이기 때문이다.

김한규 사회적 소수자와 약자들에게 얼마나 큰 의미가 있었는지가 긍정적 판결의 기준이 돼야 한다. 그런 차원에서 '남성에서 여성으로 성기 수술 안 한 트랜스젠더에게 성별 정정 허가한 결정'과 '난민 자녀는 장애인으로 등록할 수 없다는 처분 취소하라는 판결'이 의미 있다. 난민이 장애인으로 등록되는 데는 현행법에서 미비한 부분이 있었는데, 이 공백을 채우는 판결이었다.

개인적으로는 로스쿨별 변호사시험 합격률 공개 판결을 추천하고 싶다. 서울대가 최고의 로스쿨이라는 근거도 없는데, 기존 대학 서열이 유지되면서 법조인 사이에서 공정한 경쟁이 이뤄지지 않고 있다. 어떤 로스쿨이 정말 좋은 로스쿨인지 판단할 수 있는 근거를 마련한 판결이라고 생각한다.

"2400원을 횡령했다는 이유로 버스기사를 해고한 것이 유효하다는 판결도 사회 통념상 납득이 안 된다. 법관들만의 사회 통념이 따로 있다는 걸 보여준 전형적인 판결이라고 생각한다."

노희범 좋은 판결은 많이 뽑아도 괜찮다고 생각한다. 판사들은 자신의 판결이 칭찬받을 때 큰 보람을 느끼는 것 같다. 물론 이번에 뽑힌 좋은 판결들은 '아주 좋은 판결'이라기보다 마땅히 내렸어야 하는 '당연한 판결'에 가깝다. 그래도 용기를 복돋아줘야 한다고 생각한다. 이제 '부정적 판결'을 논의해보자.

이석배 현대차 파업을 지지하는 발언에 20억 원 연대 손해배상 책임을 물게 한 판결이 최악인 것 같다. 성소수자 이집트인 난민 불인정 판결도 문제가 있다.

오지원 현대차 파업 관련 손해배상 판결을 부각해서 변화를 이끌어내야 한다는 생각이 든다. 파업을 지지했다는 이유로 수십억 원을 책임지게 하는 것이 어떻게 정의와 형평에 부합하는지 모르겠다. 꼭 최악의 판결로 뽑았으면 좋겠다.

김한규 강기훈 씨 유서 대필 조작 사건에서 수사 검사를 상대로 한 손해배상 청구가 기각된 판결도 참담한 판결이다. 국가가 손해배상을 해야 한다는 것은 인정됐지만, 당시 강씨를 폭행한 수사 검사 등에 대해서는 소멸시효 등을 이유로 책임을 묻지 않았다. 사법 정의에 부합하는지 의문이다.

김태욱 2400원을 횡령했다는 이유로 버스 기사를 해고한 것이 유효하다는 판결도 사회 통념상 납득이 안 된다. 법관들만의 사회 통념이 따로 있다는 걸 보여준 전형적인 판결이라고 생각한다.

노희범 압도적으로 현대차 파업 지지 발언에 20억 원의 연대 손해배상을 물린 판결이 최악의 판결로 선정된 것 같다. 나머지 의견이 나온 판결들을 부정적 판결로 정리하자.

— 10회를 맞는 '올해의 판결' 심사에는 총 7명의 심사위원이 참여했다. 상단 왼쪽부터 심사위원장인 노희범 변호사, 김태욱, 김한규, 박한희 변호사. 하단 왼쪽부터 안진걸 사무처장, 오지원 변호사, 이석배 교수. 사진 김진수

2017년 올해의 판결 심사위원

- 노희범 변호사(심사위원장 법무법인 우면)

- 김태욱 변호사(금속노조 법률원)

- 김한규 변호사(법무법인 공간·전 서울지방변호사회 회장)

- 박한희 변호사(공익인권변호사모임 희망을만드는법)

- 안진걸 참여연대 사무처장

- 오지원 변호사(법률사무소 나란·전 세월호특조위 과장)

- 이석배 단국대 법학과 교수

2017년 올해의 판결
긍정적 판결

최고의 판결
- 삼성 직업병 인정 대법원 판결
- 대통령 파면 헌법재판소 결정

소수자 인권
- 남성에서 여성으로 성기 수술 안 한 트랜스젠더에게 성별 정정 허가한 결정
- 난민 자녀는 장애인으로 등록할 수 없다는 처분 취소하라는 판결
- 시각·청각 장애인에게 영화 자막과 화면 해설을 제공하라는 판결

국가기관 권한 남용
- '파업 노동자' 변호인 접견권 침해한 경찰관 위법 판결
- 과거사 재심 사건에서 무죄 구형한 검사에게 내린 징계 취소하라는 판결

노동권
- 현대차·기아차 2차하청과 간접공정 노동자에 불법파견 인정 판결
- 2013년 철도노조 파업에 업무방해 무죄 판결

적폐 청산
- 세월호특조위 공무원 보수 지급 판결
- 원세훈 전 국정원장 공직선거법 위반 유죄 판결

알 권리와 정보 인권
- 로스쿨별 변호사시험 합격률 공개 판결
- 홈플러스 고객 개인정보 매매 손해배상 판결

국가여,
성기 집착을 버려라

—

- 여성 성기 수술 없이도 성별 정정 첫 인정…
- 국가가 "정체성 어긋난 삶을 강요해선 안 돼"

"A의 가족관계등록부 중 성별란의 '남'을 '여'로 정정함을 허가한다."

청주지방법원 영동지원(판사 신진화)은 2017년 2월 14일 신체 외부에 여성 성기를 만드는 수술을 받지 않은 트랜스젠더에게 성별 정정을 허가하는 국내 첫 판결을 내렸다. 법원이 성소수자에게 또 한 걸음 전향적인 움직임을 보인 것이다.

A씨는 남자로 태어났다. 어려서부터 자신의 성기에 위화감을 가졌고 같은 남성에게 이성적 호감을 느꼈다. 고등학교를 졸업한 뒤에는 화장하고 머리를 기르는 등 외모를 여성처럼 꾸몄다. 2005년 성주체성 진단을 받았고 그 무렵부터 여성호르몬 요법을 받기 시작했다. 이

후 2014년 양쪽 고환 절제 수술과 가슴 확대 수술을 받았다. 주위 사람들은 A씨를 여성이라 인식했고, A씨는 여성화장실을 이용했다.

하지만 A씨의 주민등록번호 뒷자리는 여전히 '1'로 시작했다. 여성 외부 성기(질, 음핵 등)를 만드는 수술을 받지 않았기 때문이다. 법원은 그동안 이 수술을 받아야만 성별 정정을 허가했다. 외부 성기 수술은 음경 피부를 몸속에 밀어 넣거나 내장의 일부를 잘라 질을 형성하는 수술이다. 그렇게 인공적으로 질을 만든다 해도 깊이가 충분하지 않고 확장기를 일상적으로 질 안에 넣고 다녀야 해 수술 위험성과 후유증이 큰 편이다.

A씨는 수술을 원치 않았다. 그러면서 천주교인권위원회 '유현석 공익소송 기금'의 지원을 받아 청주지방법원 영동지원에 등록부 정정 신청을 냈다.

재판부는 A씨의 신청에 성별 정정을 허가했다.

"여성으로서 성별 정체성을 확인하는 데 있어 성기 형성 수술은 필수적이지 않다. (…) 수술을 받지 않은 성전환자는 사고나 질병으로 생식기를 잃은 경우와 다르지 않다. 성별 지위를 인정하지 않는 것은 공평하지 않다."

법원은 국가의 역할에 대해서도 전향적인 태도를 보였다.

"국가는 각 개인이 자신의 기본적인 정체성과 어긋난 형태로 자기 자신의 것이 아닌 삶을 강요받도록 하면서까지 신분 관계 체계를 경직되게 운영해선 안 될 것이다."

이런 법원의 인식은 성전환 수술 등을 하지 않고도 성별 정정을 할 수 있도록 길을 열어주는 세계적 추세와 일치한다. 독일 연방헌법재판소는 2011년 1월 11일 성전환 수술을 법적 성별 정정의 필수 요건으로 하는 성전환자법에 '헌법불합치' 결정을 내렸다. 영국, 스페인, 스웨덴, 핀란드 등 다수 국가와 미국 일부 주에서도 성전환 수술 없이 성별 정정을 할 수 있도록 하는 법 개정이 있었다.

한국도 여성에서 남성으로 전환하는 경우 2013년 3월 성기 수술 없이 성별 정정이 받아들여진 전례(2013년 올해의 판결)가 있다. 그러나 반대의 경우엔 '수술이 덜 어렵다'는 이유로 그동안 성별 정정이 받아들여지지 않았다. A씨 변론을 맡은 공익인권변호사모임 '희망을 만드는법'은 이 판결 이후 논평을 내어 "성전환자의 인권 증진에 큰 획을 그은 중요한 판례가 될 것"이라고 밝혔다.

심사위원 20자평

김태욱 | 소수자 인권 보호라는 법원의 존재 이유를 스스로 입증한 결정
김한규 | 다양성 존중과 소수자 보호가 민주사회의 시작
안진걸 | 실존 건 요구들을 재판부는 더 많이 이해하고 보장해야!

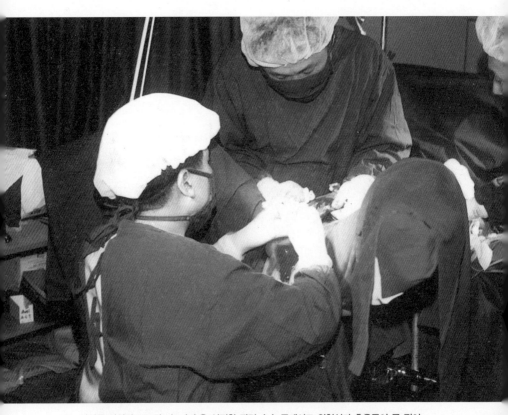

- 성기를 인위적으로 만드는 수술은 성전환 관련 수술 중에서도 위험성과 후유증이 큰 편이다. 사진 한겨레

청주지방법원 영동지원 2017.02.14. 선고 2015호기302 결정

[가족관계등록부 정정신청]

판사 신진화

판결 이후

대법원 가족관계등록예규 중 '성전환자의 성별 정정 허가 신청 사건 등 사무 처리 지침'에는 '성전환 수술을 받아 외부 성기를 포함한 신체 외관이 반대의 성으로 바뀌었는지' '성전환 수술 결과 신청인이 생식능력을 상실했고, 향후 종전의 성으로 재전환 할 개연성이 없거나 극히 희박한지' 등을 조사해야 한다는 내용이 담겨 있다. 이번 결정은 이러한 성별 정정 허가 요건의 문제점을 밝힌 것이다.

여성에서 남성으로 성전환 한 이가 남성 성기 형성 수술을 받지 않아도 성별 정정이 가능하다는 결정에 대해선, 2013년 올해의 판결 '성기 형성을 하지 않은 성전환자에게도 성별 정정을 허가한 결정' 참조.

난민 자녀에게
장애인 등록

—

• 파키스탄 난민의 뇌병변 장애 아들,
활동보조인 지원 거부한 보건복지부 상대로 승소

열한 살 미르 바라츠 무하마드자이는 어머니, 여동생과 함께 2015년 4월 입국했다. 2014년 6월 파키스탄 난민으로 인정받은 아버지가 부산에 자리 잡은 뒤 미르 등 가족을 초청했다. 미르는 2015년 6월 부산 사상구의 한 공립 장애인 특수학교에 입학 허가를 받았다.

미르는 뇌병변 장애를 앓고 있었다. 경남 양산 부산대학교병원은 '뇌성마비로 인해 낙상할 위험성이 높은 상태이므로 항상 타인의 보조가 필요하다'고 진단했다. 아버지는 본국에서 받은 고문으로 어깨를 다쳐 팔을 쓰지 못하는 상태였고, 어머니도 임신 중이라 유산할 위험이 있어 미르의 통학을 도울 수 없었다.

가족은 미르를 장애인으로 등록해 활동보조인 지원을 받으려 했다. 하지만 보건복지부는 미르가 장애인 등록을 할 수 있는 재외 국민, 결혼 이민자 등에 해당하지 않는다며 등록을 거부했다.

2017년 2월 미르 가족은 인권 단체와 한 법무법인의 도움을 받아 사상구청을 상대로 '장애인등록 거부처분 취소' 소송을 냈다. 1심 판결은 미르의 바람을 저버렸다. 부산지방법원은 6월 "장애인 등록과 복지 서비스는 장애인복지법을 따르고, 한정된 재원을 가진 국가의 재원 상태를 고려해 난민 장애 아동에게 복지 서비스 지원을 배제하는 것은 평등 원칙을 위반한다고 보기 어렵다"며 미르 가족의 요구를 기각했다.

다행히 2심에서 결과가 뒤집혔다. 부산고등법원 행정1부(재판장 김형천)는 2017년 10월 27일 난민 자녀인 미르가 장애인으로서 복지 권리를 누릴 수 있다고 판결했다.

심사위원 20자평

박한희 │ 난민 지위와 장애의 복합 차별, 국회가 나서야 한다

오지원 │ 당연하지만 현실에서는 소중한 판결

— 파키스탄 출신 난민의 아들 미르(오른쪽)는 뇌병변 장애를 앓고 있다. 법원은 미르가 학교를 다닐 수 있도록 보건복지부가 활동보조인을 지원하라고 판결했다. 사진 이주민과함께

부산고등법원 2017.10.27. 선고 2017누22336 판결

[장애인등록 거부처분 취소]

행정1부 재판장 김형천

판결 이후

외국인의 경우 장애인복지법 제32조의2 1항 각 호에 규정된 사유를 충족할 경우에 한해 장애인 등록을 할 수 있다고 규정하고 있다. 난민의 경우 출입국관리법 시행령 제12조 별표1 27호 다목에 따라 거주(F-2) 체류 자격이 부여되는데, 이 자격은 장애인복지법 제32조의2 1항 3호에 의하면 장애인 등록을 할 수 있는 외국인에 해당하지 않는다. 한편 난민법 제31조는 난민으로 인정되어 국내에 체류하는 외국인은 사회보장기본법 제8조 등에도 불구하고 대한민국 국민과 같은 수준의 사회보장을 받는다고 규정하고 있다.

장애인에게
영화 볼 권리를

—

• 영화사업자는 시 · 청각장애인에게 자막과
화면 해설을 제공할 의무 있어

시각 · 청각 장애인이 영화 내용을 온전히 이해하려면 보조 장치가 필요하다. 시각장애인에겐 화면 해설, 청각장애인에겐 자막이 필요하다. 멀티플렉스 영화관은 자막과 화면 해설을 제공하는 '배리어프리barrier-free' 영화를 상영하고 있다. 하지만 한 달에 한 번 정도이고 특정 상영관에서 정해진 날짜, 정해진 시간에만 볼 수 있다. 시각 · 청각 장애인들은 "장애인도 보고 싶은 영화를 가까운 영화관에서 원하는 시간에 보고 싶다"고 요구해왔다.

최근 법원이 이들의 손을 들어줬다. 서울중앙지방법원 민사28부(재판장 박우종)는 2017년 12월 7일 김 모 씨 등 시각 · 청각 장애인 4명이 CGV와 롯데쇼핑, 메가박스를 상대로 낸 차별구제 청구소송에서 원고 승소 판결을 내렸다. 이들은 2016년 2월 "장애인도 차별받지 않고 모두가 평등하게 영화를 볼 수 있도록 해달라"며 소송을 냈다.

재판부는 영화관 사업자에게 "시각·청각 장애인들이 관람하려는 영화 중 제작업자 또는 배급업자 등에게서 자막과 화면 해설 파일을 제공받은 경우 이를 제공하라"고 판결했다. 또 청각 장애가 있는 관람객에겐 보청 기기도 제공하라고 주문했다.

동시에 재판부는 장애인들이 영화와 영화관에 관한 정보에 접근할 수 있게 "웹 사이트를 통해 자막, 화면 해설을 제공하는 영화와 그 영화의 상영관, 상영 시간 등 정보를 제공해야 하고, 영화 상영관에서도 점자나 큰 활자로 된 문서, 한국 수어 통역 등을 줘야 한다"고 했다.

심사위원 20자평

김한규 | 시각·청각 장애인과 영화를 같이 보는 행복한 세상

노희범 | 당연한 판결, 입법자여! 그대들이 할 일을 판사에게 떠넘기지 마라

– 2017년 10월 13일 저녁 서울 강남구 신사동의 한 영화관에서 열린 장애인 영화 관람 보조기술 시연회에 참석한 청각장애인들이 스마트 안경을 끼고 영화를 보고 있다. 스마트 안경은 증강현실 기술을 활용했는데, 안경을 쓰고 스크린을 보면 마치 스크린에 자막이 떠 있는 것처럼 보인다. 사진 신민정

서울중앙지방법원 2017.12.07. 선고 2016가합508596 판결

[차별구제 청구]

민사28부 재판장 박우종

: 영화 상영업자가 영화 제작업자나 배급업자로부터 자막과 화면 해설 파일을 제공받았음에도 시청각 장애인에게 이를 제공하지 않는 것은 장애인차별금지법이 금지하고 있는 '간접차별'에 해당하므로, 시청각 장애인들이 장애인 아닌 사람과 동등한 수준으로 영화를 관람하고 영화 관련 정보에 접근할 수 있도록 자막과 화면 해설 등을 제공하라고 명한 판결.

공公권력을
공空권력화 하라

—

• 2009년 쌍용차 파업 현장서 경찰과 충돌한
권영국 변호사에게 정당방위 인정

2009년 6월 경기도 평택시 쌍용자동차 파업 현장에서 경찰과 권영국 변호사 사이에 몸싸움이 벌어졌다. 이를 둘러싼 소송이 최종 결론에 이르는 데 8년이 걸렸다. 당시 상황을 돌이켜보면 파업 중인 노동자가 농성장에 음식 반입하는 문제를 논의하기 위해 공장 밖으로 나왔다. 마침 파업 중인 노동자를 접견하기 위해 현장을 방문한 권변호사가 헌법상 보장된 변호인 접견권을 요구했다. 경찰이 막았다. 노동자만이 아니라 권변호사도 경찰에 연행됐고, 그 과정에서 경찰과 물리적 충돌을 빚었다. 경찰은 권변호사에게 공무집행방해에 더해 상해 혐의를 덧씌웠다. 권변호사도 이에 맞서 정당방위를 주장했다.

대법원 1부(주심 김신)는 2017년 3월 9일 검찰과 피고(경찰)의 상고를 기각하며, 피의자가 체포되는 현장에서 변호사 접견권을 원천적으로 차단한 채 변호사를 체포한 것은 위법하다는 결정을 내렸다. 이는 직권남용 권리행사방해와 직권남용 체포에 해당한다는 원심(징역 6월에 집행유예 2년, 자격정지 1년)을 확정한 것이다.

이 논리를 따라 엿새 뒤인 3월 15일 대법원 3부(주심 김재형)는 권 변호사의 손을 다시 한 번 들어줬다(2013도2168). 대법원은 "체포·감금할 경우 미란다원칙을 고지해야 한다는 항의에도 현행범 체포를 이유로 들어 (노동자들을) 연행하려 한 점" 등 체포 과정에서의 위법성을 인정해 경찰에 부상을 입힌 부분에 대해 권변호사의 정당방위를 인정했다.

– 2009년 6월 경기도 평택 쌍용차 공장에선 정리해고 위기에 놓인 노동자들이 공장을 점거한 채 싸우고 있었다. 6월 26일 민변 등은 공장 정문 앞에서 기자회견을 열 계획이었다. 경찰은 기자회견 등에 참석하러 밖으로 나온 노동자 6명을 정문 근처에서 에워쌌다. 권영국 변호사가 이를 목격하고 경찰 쪽으로 다가가 통행 방해를 따졌지만, 경찰은 그를 밀어붙이고 그사이에 노동자들을 체포해 호송버스에 태웠다. 그러자 그가 차 앞으로 뛰어가 가로막았고, 경찰은 그를 공무집행방해 현행범으로 체포했다. 사진 선대식

대법원 2017.03.09. 선고 2013도16162 판결

[직권남용 권리행사방해, 직권남용 체포]

1부 주심 김신

검찰 핵심 권력에
맞서라

—

• '과거사 재심 사건에서 무죄 구형한'
임은정 검사에게 징계 취소…
• 항명의 승리

임은정 검사(현재 서울북부지방검찰청 부부장검사)가 검찰 수뇌부와 4년 8개월 동안 진행한 징계처분 취소소송을 보면 그녀가 어떤 사람인지 드러난다.

사건의 발단은 임검사가 2012년 12월 반공임시특별법 위반 혐의로 징역 15년이 확정된 고 윤길중 전 국회부의장의 유족이 청구한 재심 사건에서 '무죄'를 구형하면서다. 이는 검찰이 과거사 재심 사건과 관련해 판사에게 '법과 원칙에 따른 선고를 구한다'며 구형 의견을 내는 '백지 구형'을 하도록 한 내부 규정을 어긴 것이다.

임검사는 무죄를 구형하기 전 재판정에 설치된 검사 출입문을 잠가 다른 검사의 출입을 막기도 했다. 자신이 이런 결정을 내린 경위를 검찰 내부 게시판에 올려 항명 이유를 밝혔다. 대검찰청은 감찰에 착수했다. 법무부는 2013년 2월 그녀에게 '정직 4월' 징계 처분을 내렸고, 임검사는 소송으로 맞섰다.

2014년 1월 1심은 "무죄 구형이나 근무시간 위반이 금품·향응 수수와 동일한 정도의 비위에 해당한다 보기 어렵다. (이를 볼 때) 정직 4월은 상당히 높은 중징계에 해당한다"며 징계를 취소하라는 판단을 내렸다. 같은 해 11월 2심에서도 "무죄 의견을 징계 사유로 삼을 수 없다"고 밝혔다.

2017년 10월 31일 대법원은 "백지 구형 지시가 적법하지 않음을 전제로 한 원심의 판단에 잘못이 있다 하더라도 판결에 영향이 없다"며 원심을 유지했다.

심사위원 20자평

김한규 | 백지 구형을 하라는 위법한 지시에 따를 의무가 없다

이석배 | 검사도 당연한 권리를 위해 투쟁해야 하는 세상. 상급자는 징계받았나?

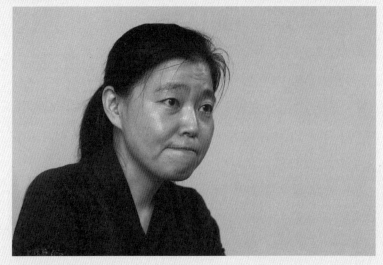

- 임은정 검사가 검찰 개혁에 대한 인터뷰를 하고 있다. 검찰의 변화를 요구하는 그녀의 소신은 뚜렷하다. 사진 강재훈

대법원 2017.10.31. 선고 2014두45734 판결 [징계처분 취소]

3부 주심 이기택

현장서 막힌 길,
법이 다시 뚫었다

—

• '현대차의 사내하청은 불법파견' 상식적 판결,
　　　　　　　　언제쯤 현장서 뿌리내릴까

　　2010년 7월 대법원이 현대차 사내하청 노동자 최병승 씨가 낸 '부당해고 및 부당노동행위 구제재심판정 취소' 소송에서 현대차의 불법파견을 인정했지만 변화는 더디다. 이런 상황에서 2017년 2월 10일 서울고등법원 민사1부(재판장 김상환)가 현대자동차의 불법파견 문제와 관련해 내놓은 판단은 상식을 배반하고 법원 판결을 무력화해온 자본의 논리를 바로잡는 판결이라 평할 수 있다.

　　현대차는 그동안 자신을 둘러싼 불법파견 의혹과 관련해 "자회사(현대글로비스)가 현대차와 도급계약을 체결한 뒤 다시 하청업체와 도급계약을 체결했으므로 원청인 현대차와 하청업체는 직접 계약관계가 아니며, 2차하청 노동자들과의 파견 관계도 성립하지 않는다"

고 주장해왔다. 하지만 서울고등법원은 "현대자동차의 2차하청 노동자도 현대차와 파견 관계가 있다"고 판단했다. 2차하청 노동자에게도 현대차 정규직 노동자의 지위를 인정한 것이다.

재판부는 그 이유로 현대차와 현대글로비스의 계약, 현대글로비스와 2차하청 업체의 계약 등을 따져보면 현대차와 2차하청 노동자 사이에 '묵시적 근로자 파견 계약'이 존재한다는 점을 들었다. 또 현대차의 사내하청 노동자의 업무가 정규직의 일과 다르지 않다고 판단했다.

"하나의 완성차를 생산하는 일련의 과정에서 사내 협력업체 근로자는 정규직 근로자의 공정과 직접적·불가분적으로 결합해 있고, 간접공정 역시 사내 협력업체 근로자가 정규직 근로자와 일렬로 나열해 협업하거나 직접공정과 직접 연계해 작업했다."

"정규직이 맡은 도장, 의장, 차체 등 직접 생산라인과 비정규직이 담당한 사외 물류, 포장, 출하 등의 간접 생산라인이 연속적인 작업에 속한다."

심사위원 20자평

김태욱 | 간접공정과 2차 협력업체의 파견까지 인정해 간접고용 남용에 제동 건 명판결

박한희 | 비정규직, 불법파견 없는 세상으로 한 걸음 더

— 현대차 · 기아차 사내하청 노동자 불법파견 소송과 관련해 금속노조 조합원들이 대법원 앞에
서 기자회견을 하고 있다. 사진 김정효

서울고등법원 2017.02.10. 선고 2014나51581, 2014나48790, 48806, 48813(병합) 판결 [근로자지위확인 등]

민사1부 재판장 김상환

판결 이후

현대차의 사내하청 불법파견과 관련한 최병승 씨의 구제신청 소송에 대해서는 2010년 올해의 판결 '현대차의 사내 하청노동자도 2년 이상 근무하면 직접 고용된 것으로 간주해야 한다는 파기환송 판결', 2012년 올해의 판결 '현대차의 사내 하청은 불법파견임을 다시 확인한 확정 판결' 참조.

2012년 현대차 사내하청 대법원 판결에서 불법파견으로 인정한 자동차 생산에서 직접공정뿐 아니라, 소재 제작이나 생산관리 업무처럼 생산라인에서 직접 작업을 하지 않는 간접공정에 대해서도 1심에 이어 2심에서 불법파견으로 인정한 것.

같은 날 서울고등법원 민사2부(재판장 권기훈)도 현대차·기아차 사내하청 노동자들이 낸 소송(2014나49625 등)에서 민사1부와 같은 취지로 정규직 근로자 지위를 인정하면서, 회사 측에 정규직과 차이가 난 임금 부분에 대해 이들에게 배상하라고 판결했다.

현대차 사건의 1심에 대해선, 2014년 올해의 판결 '현대차 사내하청 노동자는 불법파견임을 거듭 인정' 참조.

예측 가능성과
전격성 사이

—

• 철도노조 '수서발 KTX 민영화 반대' 파업은 업무방해 아니다…
• 대법원 "파업 예측할 수 있었다"

철도노조는 2013년 12월 23일 동안 '수서발 고속철도(KTX) 민영화 반대'를 요구하며 파업을 벌였다. 사상 최장 기간의 철도 파업이었다. 대법원 2부(주심 이상훈)는 당시 파업을 이끈 철도노조 간부 4명이 업무방해 혐의로 기소된 사건 상고심에서, 2017년 2월 3일 무죄를 선고한 원심을 확정했다. 대법원은 "코레일은 수서발 KTX 법인 설립이 추진될 경우 철도노조가 쟁의행위에 돌입할 수 있다는 예측을 할 수 있다고 봄이 상당하다"는 2016년 1월 서울고등법원의 판단을 그대로 받아들였다.

이 판결문의 핵심은 사용자가 파업을 '예측을 할 수 있었다'는 구절이다. 왜 그럴까?

예측 가능성의 반대말은 '전격성電擊性'이다. 전격성이란 파업이 사용자가 예측할 수 없을 정도로 전격적으로 이뤄졌음을 뜻하는 용어다. 예측할 수 있었는지 없었는지, 즉 전격성 판단은 노동자 파업권의 대척점에 서 있는 업무방해죄의 성립 여부를 사실상 규정해왔다.

대법원은 2011년 전원합의체 판결(2011년 올해의 판결)에서 "파업이 사용자가 예측할 수 없는 시기에 전격적으로 이뤄져 심대한 혼란이나 막대한 손해를 초래한 경우에는 업무방해로 처벌할 수 있다"고 판단했다. 이는 철도노조의 파업을 기본적으로 업무방해로 보되 주체·목적·수단·절차·방법이 정당할 때는 처벌하지 않았던 이전 판례를 깨고, 대신 전격성 개념을 도입해 단체행동권의 범위를 확장한 것이었다.

그런데 대법원의 '예측 가능성' 판단은 일관되지 않았다. 2009년 철도노조 파업의 상고심에서, 2014년 8월 대법원 3부(주심 박보영)는 "코레일이 철도노조가 부당한 목적을 위해 순환파업과 전면파업을 강행할 것을 예측하기 어려웠다"며 무죄를 선고한 원심을 파기 환송했다(2014년 올해의 판결). 당시 대법원은 "예고된 파업이라도 목적이 부당한 파업이라면 실제로 예상하기 어렵다"는 이해할 수 없는 논리를 들이댔다. 이번 대법원 판결은 다시 2011년 대법원 전원합의체 판결을 따른 것이다.

— 2013년 12월 22일 경찰이 김명환 당시 철도노조 위원장 등의 체포영장을 강제 집행하겠다
며 민주노총이 세 들어 있는 서울 중구 정동 경향신문사 건물 1층 로비에서 출입문을 뜯어내
고 최루액을 발사하고 있다. 사진 박종식

대법원 2017.02.03. 선고 2016도1690 판결 [업무방해]

2부 주심 이상훈

: 불법 파업이라도 회사가 객관적으로 파업을 예측하고 준비 태세를 갖출 수 있었다면 업무방해죄에 해당하지 않는다.

판결 이후

다만 대법원은 파업의 정당성은 인정하지 않았다. "노조가 내세운 '철도 민영화 반대'는 경영상 판단에 해당하는 것"이라며 이를 파업의 목적으로 할 수 없다고 판시했다.

간부들에 이어 2013년 12월과 이듬해 2월 파업에 참가했던 철도노조 노조원들에게도 무죄가 선고됐다. 재판을 거치며 이들의 무죄도 확정되자, 2017년 9월 검찰은 그때까지 전국 법원에서 재판을 받고 있던 노조원 95명에 대해 공소유지를 계속하지 않고 공소를 일괄 취소했다.

2009년 철도노조 파업의 대법원 판결에 대해선, 2014년 올해의 판결 '2009년 철도노조 파업이 업무방해죄에 해당한다는 판결' 참조

박근혜 정부 꼼수에 '철퇴'

—

• 세월호특조위 조사관들에게 3개월치
미지급 보수 3억 원 지급하라

세월호 참사의 진실 규명을 막으려는 박근혜 정부의 방해 공작은 집요하면서 치졸했다. 특조위 활동 기간이 끝났다는 평계로 조사관들에게 보수를 제대로 주지 않는 방법까지 동원했다.

서울행정법원 행정4부(재판장 김국현)는 2017년 9월 8일 정부의 이 같은 '꼼수'에 제동을 걸었다. 세월호특조위 소속 조사관 43명이 국가를 상대로 낸 공무원보수지급 청구소송에서 원고 승소 판결을 한 것이다. 이 소송은 박근혜 정부가 특조위 활동 기간을 '세월호특별법 시행일인 2015년 1월 1일부터 2016년 6월 30일'이라고 주장하며 조사관들에게 3개월치 봉급 3억여 원을 주지 않은 것이 발단이 됐다.

재판부는 특조위의 주장을 받아들여 "정부가 3개월치 봉급을 지불

해야 한다"고 판결했다. 재판부는 조사관 등 위원들이 특별법 시행일 이후에 임명됐고 예산을 비롯한 기본적인 활동 여건이 전혀 갖춰지지 않았는데도 활동 시작일을 특별법 시행일로 본 것은 잘못됐다고 판단했다.

심사위원 20자평

김태욱 | 이런 소송까지 해야 하는 상황은 비극이었으나, 판결이 있어 다행이었다
안진걸 | 지극히 당연한 조처를 위해 소송까지 한 특조위 일꾼들, 정말 수고 많았어요!

— 세월호 유가족들이 2016년 2월 15일 세월호특조위 활동을 방해한 새누리당 추천 이헌 특
조위 부위원장(대한법률구조공단 이사장) 등을 검찰에 고발하는 기자회견을 하고 있다. 사
진 김명진

서울행정법원 2017.09.08. 선고 2016구합78097 판결

[공무원보수지급 청구]

행정4부 재판장 김국현

판결 이후

판결은 정부의 항소 포기로 2017년 9월 말에 확정됐다.

박근혜 정부는 2016년 6월 30일 세월호특조위의 조사 활동을 강제 종료시켰고, 조사관 보수를 포함한 예산을 지급하지 않았다. 9월 30일 이후에는 기본 업무 시스템이 정지되고, 사무실 출입조차 불가능해졌다. 판결은 이러한 박근혜 정부의 주장을 뒤집고, 국무회의에서 처음으로 예산이 의결된 2015년 8월 4일이 특조위가 활동을 시작한 날이라고 판단한 것. 그러므로 국가는 특조위 소속 조사관들에게 2016년 7월 1일부터 9월 30일까지에 해당하는 보수 3억 원을 추가 지급해야 한다는 판단이다.

2016년 6월 30일에 세월호특조위가 강제 종료되지 않고 2015년 8월 4일을 특조위 활동 시작일로 잡아 기산했다면, 법이 보장한 1년 6개월 활동 기간의 종료일은 2017년 2월 3일이 됐어야 했다.

대법원 몽니 피한 고등법원의 묘수

• 파기환송에 증거 인정 범위 늘려가며
  원세훈 '롤러코스터 판결'에 종지부

국가정보원을 인터넷 '댓글 알바' 수준으로 추락하게 만든 원세훈 전 국정원장에 대한 각급 법원의 판결은 '롤러코스터'를 연상시켰다. 원 전 원장이 불구속 기소 → 1심 집행유예 → 2심 법정 구속 → 대법원 파기환송 → 보석을 거치며 구속과 석방을 반복하는 동안 사법부에 대한 국민의 신뢰는 크게 흔들렸다.

2017년 8월 30일 서울고등법원 형사7부(재판장 김대웅)는 "국정원의 사이버 여론 조작 활동은 명백한 선거 개입"이라며 원 전 원장에게 징역 4년을 선고해 그를 둘러싼 기나긴 논란에 종지부를 찍었다. 재판부는 2012년 대선 때 각당 후보들이 출마 선언을 한 뒤 국정원 직원들이 쓴 인터넷 글이 일관되게 여당을 지지하고 야당은 반대한 것에 주목했다. 원 전 원장이 "야당이 승리하면 국정원이 없어진다"고 말하는 등 전 부서장 회의에서 선거 관련 발언을 반복한 것도 대선 개입의 중요한 근거로 삼았다.

재판부는 2015년 7월 16일 대법원이 공직선거법 위반 혐의에 유죄를 선고한 2심을 파기 환송하면서 증거능력을 인정하지 않은 국정원 직원의 전자우편 첨부 파일(425지논·시큐리티 파일)을 증거로 채택하지 않았다. '작성자가 법정에서 작성 사실을 인정하지 않은 만큼 증거능력을 인정할 수 없다'는 대법원의 판결 취지를 따른 것이다. 대신 사이버 여론 조작 활동으로 볼 수 있는 트위터 계정을 1심(175개)보다 많은 391개까지 인정했다. 대법원의 '몽니'와 충돌하지 않는 묘수를 찾아낸 것이다.

재판부는 잘못을 전혀 반성하지 않는 원 전 원장의 태도에도 일침을 놨다. 검찰의 구형을 그대로 인정하면서 앞서 원 전 원장을 법정 구속한 2심보다 더 무거운 형량(징역 3년→4년)을 선고했다.

심사위원 20자평

오지원 | 국정원의 불법적 선거 개입을 처벌한 판결 환영. 그러나 원세훈의 윗선은?

이석배 | 대법원이 '그냥 확정할걸' 하고 후회했을 판결. 새 증거가 나올 줄은 몰랐겠지

서울고등법원 2017.08.30. 선고 2015노1998 판결

[공직선거법 위반, 국가정보원법 위반]

형사7부 재판장 김대웅

판결 이후

원 전 원장은 재상고했고, 대법원은 다시 사건을 전원합의체에 회부했다.

원세훈 전 국정원장 사건의 상고심은, 2015년 올해의 판결 '원세훈 전 국정원장 공직선거법 유죄 원심 파기' 참조.

1심 판결은, 2014년 올해의 판결 '국정원장 공직선거법 위반 혐의 무죄 선고' 참조.

로스쿨 서열화 조장은 '기우'

—

- 로스쿨별 변호사시험 합격률과 합격자 수 공개하라…
- 오히려 정보 공개가 서열화 깰 수도

2017년 11월 2일 서울행정법원 행정13부(재판장 유진현)는 2017년 도에 실시된 제6회 변호사시험의 법학전문대학원(로스쿨)별 응시자 수와 합격자 수, 합격률을 공개하라는 판결을 내렸다. 대한변호사협 회(변협)가 이 자료를 공개하기 거부한 법무부를 상대로 낸 '정보공 개 거부처분 취소' 소송에서 변협의 손을 들어준 것이다.

법무부는 그동안 로스쿨별 합격률을 공개하면 로스쿨 간 서열화를 조장해 각 대학원이 변호사시험 합격을 위한 학원으로 전락할 우려 가 있다며 해당 정보를 공개하지 않았다. 법무부는 자기주장의 정당 성을 확보하기 위해, 이 정보를 공개하게 되면 '사법시험 합격을 두 고 벌어지는 대학 간 과다 경쟁을 방지해 법학 교육의 정상화를 유도

한다'는 애초 로스쿨 제도를 도입한 취지가 무너질 수 있다는 주장도 잊지 않았다.

하지만 재판부는 로스쿨별 합격률 공개가 로스쿨 제도의 취지를 훼손하는 것은 아니라고 판단했다. "이미 로스쿨의 서열화가 고착된 현실에서 오히려 해당 정보 공개가 로스쿨의 서열화를 깰 수도 있다"는 헌법재판소의 결정(2011헌마769 등)을 근거로 들었다. 또 재판부는 법무부가 그동안 관행적으로 출신 대학별 사법시험 합격자 수 등을 공개해온 선례를 들며, 법무부의 설명이 앞뒤가 맞지 않는다고 지적했다.

법조계에선 이 판결이 로스쿨 제도가 정착하는 데 긍정적으로 작용하리라고 기대하고 있다. 일각에선 공개에 따른 부작용을 우려하는 시각도 여전히 있다.

심사위원 20자평

김한규 | 대학 서열이 그대로 고착화하는 결과를 막자!

박한희 | 투명한 정보 공개의 중요성을 보여준 판결

제1회 변호사시험 실시

2012년 1월 3일 ~ 2012년 1월 7일

― '제1회 변호사시험'이 실시된 서울 서대문구 신촌동 연세대학교에서 1교시 공법 시험을 마친 응시자들이 수험장에서 나오고 있다. 사진 김명진

서울행정법원 2017.11.02. 선고 2017구합70342 판결

[정보공개 거부처분 취소]

행정13부 재판장 유진현

'1밀리미터 깨알 고지' 법망 못 피했다

—

- 고객 개인정보를 보험사에 거액 받고 넘긴 홈플러스
- 민사에서도 284명에 배상 판결

수원지방법원 안산지원 민사2부(재판장 우관제)는 2017년 8월 31일 대형 할인마트의 고객 개인정보 침해 행위에 경종을 울리는 판결을 내렸다(2015가합1847). 경품 행사 등으로 수집한 고객 정보를 보험사 등에 팔아 막대한 수익을 챙긴 홈플러스에 고객 개인정보 유출에 따른 배상 책임을 부과한 것이다. 재판부는 고객 400여 명이 낸 손해배상 청구소송에서 284명에게 1명당 5만~12만 원씩 배상하라고 판결했다.

홈플러스는 2011년부터 2014년 7월까지 다이아몬드 반지와 고급 자동차 등을 걸고 경품 행사를 하면서 응모란에 고객의 생년월일, 자녀 수, 부모 동거 여부까지 적게 하고 이를 기입하지 않은 고객은 경품 추첨에서 제외했다.

당시 홈플러스는 응모권에 1밀리미터 크기의 글자로 '개인정보는 보험 상품 안내 등을 위한 마케팅 자료로 활용된다'고 써놓았다. 이는 검찰이 2015년 개인정보보호법 위반 혐의로 홈플러스 법인과 임직원들을 기소할 때 1심과 2심 모두 무죄 선고가 나온 근거가 됐다.

하지만 대법원은 2017년 4월 7일 "해당 문장을 소비자들이 읽기 어렵다. 홈플러스가 거짓이나 그 밖의 부정한 수단, 방법으로 개인정보 처리에 대한 동의를 받은 것으로 볼 수 있다"며 유죄 취지로 파기환송했다. 홈플러스는 민사에 이어 형사재판에서도 책임을 질 위기에 놓이게 됐다.

심사위원 20자평

안진걸 | 국민의 개인정보, 대기업 니네 것 아니거든. 팔지도 수집하지도 마!

오지원 | 대법원에서 겨우 인정된 1밀리미터의 부당성

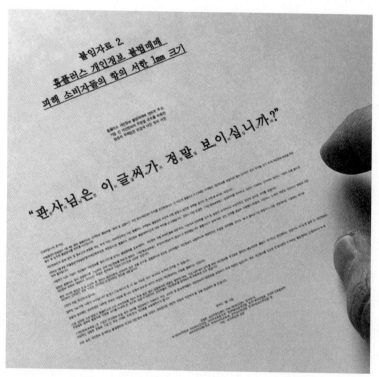

— 경품을 미끼로 확보한 고객 개인정보를 팔아넘긴 홈플러스가 법원의 철퇴를 맞았다. 사진 참여연대

대법원 2017.04.07. 선고 2016도13263 판결

[개인정보보호법 위반, 정보통신망법 위반(개인정보 누설 등)]

3부 주심 권순일

: 이른바 '홈플러스 경품 응모권 1밀리미터 글씨 고지' 등 관련 형사 사건

판결 이후

개인정보보호법 유죄 취지의 형사 상고심 판결이 나온 뒤 민사 소송에서는 업체의 배상 책임을 인정하는 판결이 잇따르고 있다. 2017년 10월 서울중앙지방법원 민사11부는 원고 패소 판결한 1심을 뒤집고 업체의 배상 책임을 인정했다. 2018년 1월 18일 서울중앙지방법원 민사31부도 1069명이 홈플러스와 보험사를 상대로 낸 손해배상 청구소송에서 원고 승소 판결했다.

2017년 올해의 판결

부정적 판결

2400원 횡령이
해고 사유

—

• 승차 요금 횡령 혐의로 17년 일터 뺏긴 버스기사…
• "법관들만의 사회 통념 따로 있나"

버스 요금 2400원을 횡령했다는 이유로 운전기사가 17년 동안 일한 직장에서 해고됐다. 이를 받아들이지 못한 운전기사 이 모 씨는 회사를 상대로 해고무효확인 청구소송을 냈고, 1심과 2심 판결은 각각 '해고 부당'과 '해고 정당'으로 엇갈렸다. 2017년 5월 31일 대법원 1부(주심 이기택)는 심리하지 않고 기각함으로써 "해고가 정당하다"는 최종 판결을 내렸다.

흥미로운 점은, 1심 재판부와 2심 재판부가 똑같은 '사회 통념'을 근거로 정반대 결론을 내렸다는 것이다. 이를 두고 올해의 판결 심사위원들은 "2400원을 횡령했다 해서 해고하는 것은 사회 통념으로 납득하기 어렵다"고 꼬집었다. "법관들만의 사회 통념이 따로 있음을 보여주는 전형적인 판결"이라는 비판이었다.

　사건을 돌아보자. 2014년 1월 3일 운전기사 이씨는 전북 전주 우석대에서 서울남부터미널로 가는 버스를 운행하면서 승객 4명한테서 받은 4만 6400원의 승차요금 중 2400원을 회사에 납부하지 않았다. 이씨는 성인 승객 4명한테서 각각 1만 1600원의 승차요금을 받았으나 학생요금 1만 1000원씩 받은 것으로 운행 일보에 기재하고, 그 차액 2400원(600원×4명)을 횡령했다는 것이 해고의 이유였다.

　1심을 맡은 전주지방법원 재판부(재판장 김상곤)는 이씨가 2400원을 입금하지 않은 것은 이씨 회사의 단체협약이 '해고 사유'로 정한 운송 수입금 횡령에 해당한다는 점을 인정했다. 하지만 이씨가 입사 17년 동안 승차 요금 문제를 일으킨 적이 한 번도 없었고, 2400원이란 횡령 금액이 미미하며, 이씨가 다른 사유로도 징계를 받은 적이 없었다는 점을 들어 해고 처분은 지나친 양형이라며 무효를 선고했다. 또 비슷한 시기에 3회에 걸쳐 800원을 횡령한 다른 운전기사가 정직 처분을 받은 데 비해, 1회 횡령으로 해고 처분을 내리는 것은 징계의 형평성에도 반한다고 지적했다. 운전기사가 안전 운행에만 집중할 수 있도록 기계식 현금관리기를 버스에 설치하는 등 회사 쪽 조처가 미흡했다는 점도 고려했다. 1심 재판부는 "'사회 통념상' 고용 관계를 계속할 수 없을 정도로 원고의 책임 사유를 묻기 어렵다"는 결론을 내렸다.

　2017년 1월 12일 2심에서 광주고등법원 전주재판부 민사1부(재판장 함상훈)는 같은 사실관계를 두고 백팔십도로 다른 판결을 내렸다.

1심 판결을 취소하고 이씨의 청구를 기각한 것이다. 우선 버스회사의 절대적 수입원인 승차 요금의 횡령은 아무리 소액일지라도 "'사회 통념상' 고용 관계를 계속할 수 없을 정도로 중대한 사유"라고 보았다. 버스 요금의 특성상 횡령액이 소액일 수밖에 없다는 현실적 사정도 덧붙였다. 또한 운전기사의 횡령에 대해서는 해고만 규정돼 있다는 사내 징계 절차의 불가피성을 들었다. 노사 합의에 따른 징계 양정이 마련된 이상 이를 존중하는 것이 마땅하다는 판단이었다. 징계의 형평성에도 반하지 않는다는 결론을 내렸다. 정직 처분을 받은 다른 운전기사가 잘못을 인정하고 선처를 호소한 데 반해, 원고 이씨는 1인 시위를 하는 등 반성하지 않는 모습을 보였다고 지적했다. 이를 통해 "원고와 피고 사이의 신뢰 관계가 회복할 수 없을 정도로 훼손됐다"고 판단한 것이다.

대법원은 2심 재판부의 이 원심을 확정했고, 이씨의 해고는 돌이킬 수 없는 일이 됐다.

심사위원 20자평

김태욱 | 사회 통념과 판사의 통념이 얼마나 다른지를 보여주는 슬픈 판결

안진걸 | 재판은 왜 노동자·서민에게만 가혹합니까. 재벌에 엄격하고 서민에 관대한 법원을!

오지원 | 왜 대기업 오너의 횡령에겐 관대했던 처벌이 떠오를까

- 버스기사에 대한 재판부의 판단은 가혹했다. "운전기사의 요금 횡령은 금액이 아무리 적더라도 해고"라는 것이다. 사진 이정아

광주고등법원 원외재판부(전주) 2017.01.12. 선고 2015나102250 판결

[해고무효확인]

민사1부 재판장 함상훈

: 버스 요금 2400원을 횡령한 고속버스 운전기사를 해고한 것은 정당
하다.

난민 인정받기
힘든 나라

—

• 성소수자 이집트인 '박해받을 충분한 근거'
부족하다는 이유로 난민 인정 안 돼

성소수자인 이집트인 ㅎ씨는 2016년 10월 서울고등법원 행정2부 (재판장 윤성원)를 통해 난민 지위를 인정한다는 판결을 받아냈다. ㅎ씨는 난민 지위 인정을 거부한 서울출입국관리사무소장을 상대로 낸 1심에선 패소했지만, 2심에서 승소 판결을 받아낸 것이다. 관광·체류 자격으로 2014년 4월 입국한 ㅎ씨는 5월 "이집트에서 동성애가 반종교적 행위로 인식돼 박해 가능성이 있다"며 서울출입국관리사무소에 난민 인정 신청을 냈다가 거부당했다.

하지만 2심 승소의 달콤한 꿈은 9개월 만에 깨졌다. 2017년 7월 11일 대법원 1부(주심 김용덕)는 "단순히 동성애라는 성적 지향을 가졌다는 이유만으로 이집트 정부 등의 주목을 받아 박해를 받을 충분한 근거가 있는 공포를 갖고 있다고 판단하기 어렵다"며 2심 판결을 파기했다. 대법원은 모국에서 박해받을 '충분한' 근거가 있어야 할 뿐 아니라, 그 사정을 난민 신청인 자신이 '충분한' 증거로 증명해야 한다는 점을 강조했다.

대한민국은 세계에서 난민 지위를 인정받기 힘든 나라로 낙인찍혀 있다. 2016년 한국에선 2만 명 가까운 외국인들이 난민 신청을 했지만 지위를 인정받은 이는 5퍼센트인 1000명에도 못 미친다. 경제협력개발기구(OECD) 회원국들의 난민 인정률은 2015년 37퍼센트에 이른다.

심사위원 20자평

김한규 │ 박해받을까 우려해 성정체성 표현하지 못하는 것이 박해

박한희 │ 자신을 못 드러내는 동성애자의 삶에 대한 대법원의 무지와 뻔뻔함

— 2014년 6월 7일 서울 서대문구 연세로에서 열린 제15회 퀴어문화축제. 보수적인 우리 법원은 성소수자의 난민 인정 요청에 엄격한 잣대를 들이댄다. 사진 이종근

대법원 2017.07.11. 선고 2016두56080 판결 [난민불인정결정 취소]

1부 주심 김소영

: 동성애자가 난민으로 인정받으려면 성소수자라는 사실 자체만으로는

부족하고 본국에서 구체적 박해를 받았거나 송환시 박해를 받을 우려

가 있다는 점이 인정돼야 한다.

수사 검사에
책임 왜 안 묻는가

—

- '강기훈 유서 대필 조작 사건' 손해배상 판결에도
  수사 검사 법적 책임은 인정 안 돼

한국판 드레퓌스 사건이라는 '강기훈 유서 대필 조작 사건'이 1992년 유죄로 확정된 지 23년 만인 2015년 5월 대법원 재심 판결에서 무죄 확정(2014도2946)을 받은 데 이어, 2017년 7월 서울중앙지방법원 민사37부(재판장 김춘호)에서 이뤄진 손해배상 청구소송에서도 원고가 일부 승소했다. 재판부는 "대한민국과 당시 필적 감정인인 전 국립과학수사연구원 문서분석실장이 연대해 강기훈 씨와 그의 가족에게 6억 8600여 만 원을 지급하라"고 판결했다.

필적 감정을 잘못한 공무원 당사자와 그 책임이 있는 국가에 손해배상 의무를 지운 것이다. 문무일 검찰총장도 2017년 8월 초 기자간담회에서 "권위주의 정부 시절 일부 시국 사건에서 적법 절차를 지키지 못하고 인권을 보장할 책무를 다하지 못한 점을 국민 여러분께 깊이 사과드린다"며 1심 결과에 항소하지 않겠다는 뜻을 밝혔다.

오히려 1심 결과에 불복해 항소한 쪽은 승소한 강씨였다. 강씨를 대리한 송상교 변호사는 항소 이유로 "검찰의 법적 책임이 인정되지 않았다"는 점을 들었다. 1심 재판부는 검사들의 위법행위 중 밤샘 조사와 폭언 등 일부만 인정하고, 이들이 필적 감정을 조작하는 과정에 개입했다고는 보지 않았다. 그나마 강압 수사 부분에 대해선 소멸시효가 지났다는 이유로 손해배상 의무를 부과하지 않았다.

이에 대해 송변호사는 "강씨를 자살 방조자로 몰고 갔던 강신욱 당시 서울지방검찰청 강력부장과 신상규 주임검사 등은 아직도 잘못을 인정하지 않고 있다"고 지적했다.

심사위원 20자평

김한규 | 불법을 저지른 공권력이 소멸시효를 주장하는 것은 권리남용!

오지원 | 검사는 책임지지 않는다는 것을 재확인

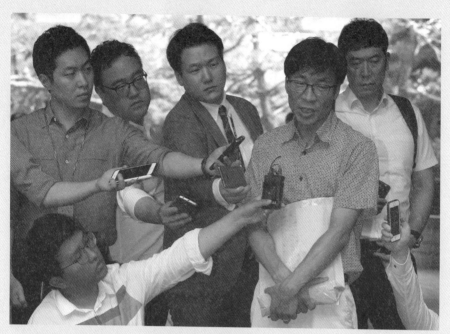

– 2017년 7월 '강기훈 유서 대필 조작 사건'의 손해배상 청구소송 1심에서 승소한 송상교 변호사가 재판이 끝난 뒤 기자들의 질문에 답하고 있다. 사진 김정효

서울중앙지방법원 2017.07.06. 선고 2015가합569037 판결

[손해배상]

민사37부 재판장 김춘호

표현의 자유 억압은
계속된다

—

• 총선넷 낙선 운동 22명에게 무더기 벌금…
 "통상 선거법보다 더 가혹한 판결"

2016년 총선을 앞두고 낙선 운동을 벌인 22명이 무더기로 벌금형을 받았다. 당사자들은 "통상의 공직선거법 재판보다 더 가혹한 판결"이라고 1심 판결에 불복해 항소했다.

서울중앙지방법원 형사27부(재판장 김진동)는 2016년 4월 총선을 앞두고 낙선 운동을 벌인 총선시민네트워크(총선넷)의 안진걸 참여연대 사무처장에게, 2017년 12월 1일 벌금 300만 원을 선고했다. 총선넷의 다른 관계자 21명에게도 50만~200만 원의 벌금형이 선고됐다. 재판부는 이들이 공직선거법을 위반했다고 판단했다.

안처장 등은 2016년 4월 6일부터 12일까지 김진태·최경환·오세훈·나경원 의원 등 당시 새누리당 후보 10명의 사무실 앞에서 후보자에 반대하는 내용의 기자회견을 열었다. 재판부는 이 기자회견에 대해 "의견을 개진하기 위해 기자회견의 형식을 빌렸지만 실제로는 피켓을 게시하고 확성기를 사용하는 등 선거에 영향을 끼치기 위해 연 (미신고) 집회였다"고 판단했다.

다만 총선넷이 35명의 집중 낙선 대상자를 선정한 뒤 온라인 투표로 이들 중 최악의 후보 10명을 뽑는 여론조사를 한 것에는 무죄를 선고했다.

이 판결로 벌금 50만 원을 선고받은 정대화 상지대 총장 직무대행은 "온건한 표현 방식인 기자회견까지 유죄로 판단한 것은 아직도 대한민국에서 표현의 자유가 억압받고 있다는 의미"라고 맞섰다.

심사위원 20자평

김한규 | 정치적 표현의 자유를 제한하는 선거법은 고쳐야 한다

박한희 | 처벌받아야 하는 것은 유권자를 억압하는 선거법 규정

－ 2016년 4월 6일 오전 서울 종로구 통인동 참여연대에서 열린 2016 총선시민네트워크의 '워스트worst 후보, 베스트best 정책' 최종 발표 기자회견에서 참석자들이 전국의 유권자들에게 35명의 집중 낙선 운동 대상자들을 심판해줄 것을 호소하고 있다. 사진 김태형

서울중앙지방법원 2017.12.01. 선고 2016고합1016 판결

[공직선거법 위반]

형사27부 재판장 김진동

삼성 옷 입어도
삼성맨 아니다

—

• 삼성전자서비스의 서비스 기사 '불법파견' 부정…
• 파리바게뜨 제빵기사 판정과 배치

고용노동부가 2017년 9월 22일 파리바게뜨의 제빵기사 고용 형태
는 불법파견이므로 본사에서 직접 고용하라는 시정 명령을 내렸다.
정부는 명령을 이행하지 않으면 최대 530억 원의 과태료를 본사에
부과하겠다는 입장이다. 2017년 초만 해도 상상할 수 없었던 상전벽
해의 변화다.

2017년 1월 12일 이와 유사한 사건에서 서울중앙지방법원 민사
41부(재판장 권혁중)는 정반대로 판결했다. 삼성전자서비스 기사
1300여 명이 삼성전자서비스에 직접고용을 요구한 재판(근로자지
위확인 청구소송)이었다. 삼성전자의 제품을 수리하는 서비스센터는
7곳만 삼성전자서비스의 직영점이고, 나머지 169개는 협력 업체들

이 운영하고 있다.

원고인 서비스 기사들은 "협력 업체에서 일하는 내·외근 서비스 기사 1만여 명의 채용·인사·복지·업무 지시 등을 원청인 삼성전자서비스에서 직접 관리·감독한다"며 "'묵시적 근로계약 관계'에 있다"고 주장했다.

하지만 재판부는 피고인 삼성전자서비스의 손을 들어줬다. 재판부는 판결문에서 "협력 업체가 사업주로서 독립성을 결여해 그 존재가 형식적·명목적인 것에 지나지 않는다고 보기 어렵다"며 판단의 근거를 밝혔다. 이에 앞서 고용노동부도 2013년 삼성전자서비스에 근로감독을 벌여 "위장도급이나 불법파견으로 보기 어렵다"고 판단했다.

서비스 기사들은 "삼성 옷을 입고 삼성 장비로 수리하는데도 법원은 우리를 삼성전자서비스 소속임을 인정하지 않았다"며 재판부의 '시대착오'를 비판했다.

심사위원 20자평

김태욱 | 서비스업이라는 외관만 보고 본질을 외면해 불법파견에 면죄부를 준 판결

이석배 | 언제까지 삼성제국의 법원으로 남을 것인가

− 금속노조 삼성전자서비스지회 라두식 지회장(왼쪽)과 조합원들이 2017년 1월 12일 오전 서울 서초동 서울중앙지방법원 앞에서 '삼성전자 서비스 협력업체 수리기사들은 삼성전자에 직접 고용된 것으로 볼 수 없다'는 법원의 판결이 나온 뒤 착잡한 표정으로 기자회견 시작을 기다리고 있다. 사진 김정효

서울중앙지방법원 2017.01.12. 선고 2013가합53613,

2013가합65883(병합), 2014가합59366(병합) 판결 [근로자지위확인 등]

민사41부 재판장 권혁중

양승태 대법원
최악의 판결 8선

'문제적 판결'로 돌아본 2013~2016년 4년

쌍용차 정리해고 적법, 원세훈 유죄 자료 불인정 등 파기환송

〈한겨레21〉은 2008년부터 해마다 법학교수, 변호사, 시민단체 활동가들과 '올해의 판결'을 선정해오고 있다. 2013년부터는 '문제적 판결'('나쁜 판결' '경고한다, 이 판결'로도 불렸고, 그전에는 '걸림돌 판결')도 뽑기 시작했다. 공교롭게 양승태 대법원장 체제가 안착한 시기와 겹친다.

2011년 9월 취임한 양승태 대법원장은 이듬해 대법관 6명을 임명 제청했다. 2013~2016년 4년 동안 문제적 판결은 26건이 뽑혔다. 그중 대법원 판결이 12건(46퍼센트)이다. 12건의 판결 가운데 원심을 파기하며 탄생한 판결 8건을 소개한다(2011년 9월 이전 파기된 재상고심 판결 1건은 제외).

하급심 판결에 제동을 건 대법원의 '문제적 판결'을 통해 '양승태 대법원'이 걸어온 길을 되돌아본다.

성소수자 학생 자살 사건, 학교 책임 불인정(2013년)

'동성애 성향'을 이유로 집단 괴롭힘을 당하다가 자살한 학생의 유족이 "보호·감독 의무를 다하지 않았다"며 담임교사의 고용주인 부산광역시를 상대로 손해배상 청구소송을 냈다. 1심과 2심은 학교에도 30퍼센트 손해배상 책임이 있다고 판결했다.

그러나 대법원 민사3부(주심 김신)는 2013년 7월 "괴롭힘의 정도가 빈번하지 않았고 방법이 주로 조롱이나 비난 정도였던 점 등을 볼 때 담임교사가 자살을 예측할 수 있었다고 보기는 어렵다"며 원심을 파기했다.

2013년 올해의 판결을 심사할 당시 조혜인 변호사가 적은 20자평은 이랬다.

"법원에 소수자 혐오, 폭력, 자살에 대한 기초 학습을 권함."

(2013년 올해의 판결 '대법원, 집단 괴롭힘을 당하다 자살한 성소수자 학생 사건에서 학교의 책임을 인정한 원심을 파기한 판결')

전교조(전국교직원노동조합) 교사 고 김형근, 국가보안법 유죄(2013년)

김형근 교사는 2005년 5월 학생과 학부모 180여 명과 '남녘통일 애국열사 추모제' 전야제에 참석했다. 학생들과 6·15 공동선언을 외우고 '서울에서 평양까지'라는 노래를 불렀다. 1년 6개월이 지나 2006년 12월 〈조선일보〉가 '빨치산 추모제에 학생 데려간 전교조 교사'라는 비판 기사를 썼다.

2008년 1월 검찰은 그를 국가보안법 위반 혐의로 재판에 넘겼다. 1심과 2심 재판부는 "6·15 남북공동선언에 대한 정당성을 설명하고 구호를 외친 행위는 자유민주주의 전통성을 해칠 만한 실질적 해악이 없다"며 무죄를 선고했다.

대법원 2부(주심 김용덕)는 "반국가 단체 등의 활동에 대해 적극적으로 호응하고 가세한다는 의사를 외부에 표시"했다며 2013년 3월

— 2015년 11월 12일 세월호 선장 사건 상고심 선고일, 대법원 전원합의체 재판정. 사진 이정아

원심을 파기 환송했다.

당시 올해의 판결 심사위원이던 최재홍 변호사의 한줄평은 이랬다. "파기할 건 무죄가 아니라 국민을 억압하는 국가보안법이야!"

(2013년 올해의 판결 '김형근 전교조 교사의 국가보안법 위반 혐의에 무죄 선고한 원심을 파기한 판결')

쌍용차 정리해고, 적법(2014년)

2009년 쌍용자동차가 정리해고를 단행했다. 최초 통보한 감원 규모는 2646명, 최종적 해고는 165명이었다. 그중 153명이 해고 무효 소송을 냈다. 1심에선 패소했다. 그러나 항소심 재판부는 "재무건전성 위기에 대한 판단이 적정하지 않아 긴박한 경영상 필요성이 인정되지 않고, 해고 회피 노력을 다하지 않았다"며 해고는 무효라고 판결했다.

대법원 3부(주심 박보영)는 2014년 11월 이를 파기 환송했다. "(기업의) 미래에 대한 추정은 불확실할 수밖에 없으므로 다소 보수적으로 이뤄졌다고 해도 합리성을 인정해야 한다"는 논리였다.

당시 올해의 판결 심사위원이던 박진 다산인권센터 상임활동가의 한줄평은 이랬다.

"최고의 판결을 최악의 판결로 바꾼 대법원."

(2014년 올해의 판결 '쌍용차 정리해고 적법하다고 본 판결')

철도파업, 업무방해 유죄(2014년)

2009년 철도노조가 파업했다. 인원 감축과 '철도 선진화 방안'에 반대하는 파업이었다. 노조 간부들은 업무방해 혐의로 재판에 넘겨졌다.

1심과 2심 재판부는 무죄를 선고했다. 2011년 3월 대법원 전원합의체가 업무방해죄 성립 요건을 "사용자가 예측할 수 없는 시기에 전격적으로 이뤄져 사업 운영에 심대한 혼란을 초래한 때"로 변경한 판례를 따랐다. 철도노조는 파업 전에 계획을 수차례 선포했고 한국철도공사가 이것의 대비용 문서를 작성한 점을 인정해 무죄를 선고한 것이다.

하지만 2014년 8월 대법원 3부(주심 박보영)는 원심을 파기 환송했다. "필수 공익사업을 영위하는 한국철도공사는 철도노조가 이 같은 부당한 목적을 위해 파업을 실제로 강행하리라고는 예측하기 어려웠다고 판단된다"는 이유에서다. 대법원은 이전에 전원합의체가 변경한 판례와 다른 취지로 판결하면서도, 이를 다시 전원합의체 판결을 거쳐 판례를 수정하거나 보완하지 않고 대법관 4인이 모인 소부에서 결론지었다.

당시 올해의 판결 심사위원이던 김성진 변호사의 한줄평은 이랬다. "예고된 파업을 예견할 수 없다? 무슨 논리?"

(2014년 올해의 판결 '2009년 철도노조 파업이 업무방해죄에 해당한다는 판결')

초과 베팅 묵인한 강원랜드 책임 불인정(2014년)

한 중견 기업 전 대표가 도박으로 총 231억 원을 잃고 강원랜드를 상대로 손해배상 청구소송을 냈다. 그는 "강원랜드가 규정상 금지된 초과 베팅을 묵인해 피해가 커졌다"고 주장했다. 1인당 1회 1000만 원으로 베팅 한도가 제한돼 있지만, 대리 베팅을 통해 6000만 원까지 베팅하는 걸 강원랜드가 묵인했다는 것.

1심과 2심은 강원랜드에 15~20퍼센트의 책임을 인정했다. 대법원 전원합의체(주심 김소영)는 2014년 8월 원심을 파기 환송했다. "강원랜드는 이용자가 지나친 재산상 손실을 입지 않도록 보호해야 할 의무가 있다고 보기 어렵다"는 논리였다.

당시 올해의 판결 심사위원 오정진 교수의 한줄평을 이랬다. "누군가의 쾌재, '기어코 도박장에 들어온 걸 어쩌라고'."

(2014년 올해의 판결 '베팅 한도 넘긴 고객의 거액 손실에 대해 강원랜드에 책임 없다고 한 판결')

간첩 조작 사건, 시효 축소로 국가 배상 책임 불인정(2015년)

박동운 씨는 1981년 국가안전기획부의 불법 구금·고문으로 간첩 누명을 썼다. '2차 진도간첩단 사건'이다. 2009년 '진실·화해를위한 과거사정리위원회'의 진실 규명 결정이 나오면서 재심을 거쳐 무죄 판결을 받았다. 2010년 9월 형사보상 결정을 받고, 8개월 뒤 국가를 상대로 손해배상 청구소송을 냈다.

1심과 2심 모두 승소했다. 하지만 대법원 3부(주심 민일영)는 2015년 1월 원심을 파기 환송했다. 소송을 시효보다 두 달 늦게 냈다는 이유였다. 앞서 2013년 12월, 대법원 전원합의체가 기존에 3년까지 인정해온 소 제기 시효를 '형사보상 결정일로부터 6개월'로 줄여 국가 책임을 덜어준 판례를 따른 결과다.

당시 올해의 판결 심사위원이던 양현아 교수의 한줄평은 이랬다. "바늘구멍을 빠져나온 낙타를 도로 바늘 저쪽으로 밀쳐낸 판결."

(2015년 올해의 판결 '국가 상대 손해배상의 소멸시효를 6개월로 제한')

KTX 여승무원, 한국철도공사의 직접고용 관계 부정(2015년)

KTX 여승무원들은 2006년 5월 정규직 전환을 요구하며 파업했다. 코레일 정규직과 같은 안전 관련 업무를 하는데도 자회사를 옮겨 다니게 한다는 이유였다. 자회사 한국철도유통에서 또 다른 자회사로의 이적을 거부하며 파업한 280명 전원이 해고됐다. 승무원 34명은 코레일을 상대로 근로자 지위확인 소송을 냈다.

1심과 2심 재판부는 "코레일과 한국철도유통의 위탁계약은 위장도급"이며 "코레일이 직접 고용해야 한다"고 판결했다.

대법원 1부(주심 고영한)는 2015년 2월 원심을 파기 환송했다. "코레일 열차팀장과 승무원들이 독립적으로 업무가 이뤄졌으므로 적법한 도급"이라고 했다. 하지만 코레일이 직접 승무원을 교육하고 자회사가 독자적 시설과 장비를 갖추지 않은 점은 문제 삼지 않았다.

당시 심사위원 최은배 변호사는 한줄평을 이렇게 적었다.

"비정규직 폐해 극심한 간접고용, 법원마저 노동자 저버리면 어떡해!"

(2015년 올해의 판결 'KTX 여승무원에 대한 불법파견과 위장도급 불인정')

원세훈 전 국정원장 유죄 자료 불인정(2015년)

원세훈 전 국정원장은 심리전단 직원들에게 인터넷상에서 조직적으로 대선과 정치에 개입하라고 지시한 혐의로 기소됐다. 1심은 국정원법 위반 혐의만 유죄로, 2심은 국정원법과 공직선거법 위반 혐의 모두를 유죄로 판단했다.

대법원 전원합의체(주심 민일영)는 2015년 7월 원심을 파기 환송했다. "(국정원 트위터팀 직원의 전자문서 파일 2개에 대해) 출처 및 기재 경위가 불분명한 내용들이 담겨 있어 업무상 서류에 해당한다고 볼 수 없다"며 "(유죄로 인정된) 사이버 활동 범위가 유지될 수 없게 됐다"는 것이었다. 이 파일들에는 같은 팀 직원 22명의 이름, 트위터 계정과 비밀번호, 날짜별 이슈 등이 적혀 있다. 이 파일들은 항소심 재판부가 박근혜 전 대통령이 대선 후보로 선출된 2012년 8월 20일 이후 국정원이 활발한 선거 개입 활동을 했다고 판단한 근거 자료였다.

당시 올해의 판결 심사위원이던 이광수 변호사의 한줄평은 이랬다.

"공직선거법 위반이 파기되지 않았으니 다행인가?"

(2015년 올해의 판결 '원세훈 전 국정원장 공직선거법 유죄 원심 파기')

2016년

올해의 판결

절망의 시대에도 아래로부터의 희망

2016년 올해의 판결, 시민이 세상의 주인임을 증명한 한 해…
박근혜·최순실 게이트 재판 등 새해에는 사법부가 제 역할 해야

2008년 시작되어 올해로 9회째를 맞은 '올해의 판결' 심사는 11월 초부터 한 달 반 가까이 이뤄졌다. 대한변호사협회, 서울지방변호사회, 경제정의실천시민연합, 민주사회를위한변호사모임, 공익법센터 어필, 공익인권변호사모임 희망을만드는법, 전국 로스쿨 인권법 학회 연합 '인연' 등 여러 기관과 단체에서 좋은 판결 70건, 나쁜 판결 32건 총 102건을 추천받았다. 판결문을 취합하는 데 등에 대법원과 헌법재판소 홍보심의관실에서 많은 도움을 받았다.

여러 분야에서 뽑힌 심사위원 6명이 1차 심사를 거쳐 좋은 판결 15건, 나쁜 판결 10건으로 압축했다. 12월 16일 열린 최종 심사 자리에서 나쁜 판결로 진경준 전 검사장의 뇌물 혐의 무죄 판결이 추가됐다.

심사위원들은 눈에 띄는 좋은 하급심 판결이 많은 한 해였다고 입을 모았다. 절망의 시대에도 묵묵히 제자리에서 할 일을 한 사람들은 있었다. 하지만 그들의 목소리는 아직 작았다. 대법원과 헌법재판소까지 가 닿지 못했다.

그래도 희망은 있다. 거리로 나선 작은 촛불들이 수백만이 되어 대통령을 뒤로 물린 것처럼, 민주주의와 인권 그리고 헌법 정신을 아로

새긴 소중한 판결 하
나하나가 넘쳐흘러 사
법부를 제대로 세울
날이 올 것이라 믿는
다. 2016년 '올해의 판
결'이 '사법 정의'를 지
키려는 용기 있는 판

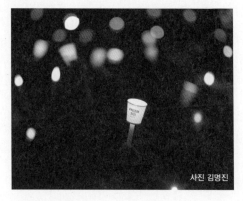

사진 김명진

사들에게 작은 격려가 될 수 있기 바란다.

박수친다, 이 판결

- 촛불 시위 금지 통보 집행정지 인용(최고의 판결)
- 양심적 병역거부 항소심 무죄
- 무기계약직 차별은 근로기준법 위반
- 정신질환자 강제 입원 헌법불합치 결정
- 검찰의 공소권 남용 인정 판결

경고한다, 이 판결

- 세월호 참사 당일 청와대 기록 비공개 결정(최악의 판결)
- 군형법의 강제 추행 조항 합헌 결정
- 진경준 전 검사장 뇌물 혐의 무죄
- 고 백남기 농민 부검영장 발부
- 동성혼 불인정 결정

2016년 사법부 20자 총평

한상희 | 고민하는 하급심 판사와 눈 감고 귀 닫은 대법원

김　진 | 하루에도 몇 번씩 "당장 때려치자"와 "그래도 할 만해"를 오가게 하는 애증의 그대.
'작은 것들의 신'까지는 아니더라도 조금만 더 알록달록하게

류민희 | 주목할 만한 기본권 옹호 판결들을 보며, 사법부의 다양한 흐름이
살아 있다고 생각하고 싶다

여연심 | 불미스러운 법조 비리 사건, 사법부 사찰 의혹이라는 어수선함 속에
몇몇 소신 있는 하급심 판결들로 위안을 얻었다

전진한 | 대통령 눈치를 보는 판결은 이제 그만. 사법부의 진정한 독립 이루길

홍성수 | 광장의 뜨거운 목소리, 사법부도 응답해야 했다

마침내
100미터

—

• 200만 촛불 민심의 길을 터준 최고의 판결,
• "시민들이 앞서 나가고 사법부가 뒤따랐다"

전남 목포에 사는 정수근(62세) 씨는 2016년 11월 26일부터 매주 토요일 서울행 KTX를 탔다. 박근혜 대통령 퇴진을 위한 촛불 시위에 참가하기 위해서다. 기차표를 구하기 어려워 부지런을 떨어야 예매할 수 있었다. 오전 11시 기차를 타면 오후 1시 30분쯤 서울 용산역에 도착한다. 점심을 먹고 택시나 지하철을 타고 광화문광장으로 향했다.

청와대 앞에서 '박근혜 퇴진'을 외치다

정씨는 광화문광장에서도 일부러 더 걸었다. 더 나은 사회를 만들자고 외치던 시민들에게 한 번도 열린 적 없던 청와대로 향하는 길을. 때론 경복궁 서쪽 길로, 때론 동쪽 길로 '시크릿 가든'처럼 좀처럼 닿을 수 없던 그곳으로 향했다. 청와대 100미터 앞에서 함성을 외치고 목소리를 높였다.

"광화문에서 소리치다 거기서 소리치면 뭔가 (박근혜 대통령에게) 들려줘야겠다는 생각에 훨씬 더 큰 목소리가 나왔어요. 청와대에서도 분명히 들릴 거라 생각합니다."

정씨는 그곳에서 생각했다.

"이번 촛불 시위로 역사를 새로 쓸 것 같아요. 이제 모든 권력자가 국민들에게 더 신경 쓸 거예요."

정씨는 크리스마스이브인 12월 24일에도 광화문광장을 찾을 계획이다.

촛불 시위에 여러 차례 참여한 직장인 유 모(40세) 씨는 이렇게 말했다.

"가족과 함께 청와대 앞에서 주권자로서의 분노를 쏟아낼 수 있다는 것이 기뻤어요. 반면 당연한 집회의 권리를 나와 내 가족이 누리는 것에 대해 기뻐해야 하는 처지가 슬프기도 했죠. 청와대 앞에서 노래를 부르고 구호를 외치면서 '웃프다'라는 생각이 계속 들었어요."

청와대로 향하는 길을 연 것은 시민들이다. 시민들의 행진에 디딤돌을 놓은 법원의 결정도 있었다. 2016년 11월 12일 서울행정법원 행정6부(재판장 김정숙)가 내린 '집회금지 통보처분 집행정지 가처분 인용 결정'이다.

"대한민국은 민주주의 국가이고, 집회의 자유는 민주주의를 구성하는 근본 요소이다"라는 문장으로 시작하는 이 결정문은 3차 촛불 시위의 무대를 경복궁 사거리(율곡로~사직로)까지 넓혔다. 청와대에서 1킬로미터 남짓 떨어진 곳이다.

"경찰은 집시법에서 청와대 100미터까지 행진을 허용하고 있음에도, 관행적으로 광화문광장 세종대왕 동상 앞까지로 집회 장소를 제한해 왔다."

4차 촛불 시위가 열린 11월 19일에는 서울행정법원 행정4부(재판장 김국현)가 청와대에서 500미터 떨어진 경복궁 자하문로와 삼청로의 낮 시간 행진을 받아들였다. 이어 서울행정법원 행정12부(재판장 장순욱)는 5차 촛불 시위를 하루 앞둔 11월 25일 청와대에서 200미터 떨어진 청운효자동주민센터 앞에서 오후 5시 30분까지 행진할 수 있다는 결정을 내렸다. 12월 2일에는 서울행정법원 행정6부가 또다시 청와대에서 100미터 떨어진 효자치안센터까지 행진이 가능하다는 결정을 내렸다. 시간 제한은 오후 5시 30분까지였다.

'집회 및 시위에 관한 법률'(집시법)에는 대통령 관저 100미터 이내 장소에서는 "옥외 집회 또는 시위를 하여서는 아니 된다"고 적혀 있다. 법이 허용하는 한계까지 시민들의 행진이 이뤄진 것이다. 그동안 경찰은 집시법에서 청와대 100미터까지 행진을 허용하고 있음에도, '주요 도로 교통 방해' '폭력 시위 우려' 등의 이유를 들어 관행적으로 광화문광장 세종대왕 동상 앞까지로 집회 장소를 제한해왔다. 오래

돼 굳어버린 관행이 깨진 것이다.

세종대왕 동상 앞에서 청와대 앞까지, 가지 않은 길을 열다

이번 집회금지 통보처분 집행정지 가처분소송을 대리한 참여연대 공익법센터의 양홍석·김선휴 변호사는 "용기 있는 결정"이라고 입을 모았다. 12월 22일 서울 서초동 법무법인 이공 사무실에서 만난 양변호사는 소감을 밝혔다.

"11월 12일 율곡로를 열어낸 결정이 가장 의미 있었다. 그곳에서 집회했을 때 어떤 일이 있을지 아무도 상상해본 적이 없었다. 경찰은 '여기가 막히면 동서가 다 막힌다. 종로도 을지로도 다 막힌다. 교통 혼란을 어떻게 할 것이냐'라고 강하게 주장했다. 재판부도 그 부분을 많이 고민한 것 같은데 과감하게 안 가본 길을 간 데 의미가 있다."

양변호사는 또 법원이 전향적 결정을 내린 배경에 시민들의 힘이 있었다는 점을 분명히 했다.

"법원도 이번 결정 이전에 있던 촛불 시위에서 연인원이 계속 늘어나는데 아무런 사고도 일어나지 않았다는 사실을 무시하지 못했을 것이다. 집회를 막을 명분이 없었던 것이다."

김변호사는 앞날의 촛불을 말했다.

"결정문에 어디까지 집회를 할 수 있는지가 글자로 명시됐다는 점이 중요하다고 생각한다. 이 상황이 마무리되고 또 다른 촛불을 들 때가 왔을 때 이번 결정문이 힘을 가질 것이다. 집시법에는 100미터로 돼 있지만 100미터는커녕 청와대 500미터, 1킬로미터 앞에도 못

갔던 관례를 끊어내고 청와대 앞 집회를 현실로 만들었다는 데 큰 의미가 있다."

"시민들이 제일 앞서 나가고 사법부가 따라가고 경찰 등 행정이
가장 마지막으로 조금씩이지만 변하고 있다는 것을 느낀다."

양변호사는 재판부가 고뇌하는 모습을 볼 수 있었다고 했다.

"재판부가 고민하는 부분이 많았다. 특히 안전 문제 등이다. 집회를 허용했는데 안전사고가 나고 구급차가 못 가는 상황이 벌어지면 집회를 허용한 재판부에 책임이 돌아오지 않을까 걱정했을 것이다. 하지만 집회를 거듭할수록 더 안전하게 진행됐기 때문에 그런 고민은 모두 기우가 됐다."

아쉬운 점도 있다. 양변호사는 "경찰이 집회금지 통보를 계속해서 가처분 신청을 내는 일을 거듭해오다 보니 매번 법원 허가를 받아서 집회를 해야 하냐는 회의도 들었다"고 말했다. 헌법에 보장된 집회 및 시위의 자유가 법원 허가를 받아야 보장받는 권리로 축소되는 것 아니냐는 뜻이다.

소송비용도 만만치 않다. 보통 행진 경로를 여러 곳으로 하기 때문에 경찰이 집회금지 통보를 한 경로마다 가처분 신청을 해야 한다. 한 차례 촛불 시위에 드는 평균 소송비용이 250만 원에서 300만 원 사이다. 그래도 희망이 더 크게 보인다.

김변호사도 변화를 말했다.

"변화는 한 걸음씩 이뤄진다. 11월 12일부터 청와대 100미터 앞으

로 가려 했으면 법원이 지금 같은 결정을 못 내렸을 것이다. 순차적
으로 했기 때문에 결국 청와대 앞까지 갈 수 있었다. 최근 경찰도 변
하고 있다. 과거 율곡로와 사직로 집회 신고에 무조건 금지 통보했는
데 요즘에는 그 북쪽만 금지 통보하고 있다. 여전히 문제가 많기는
하지만 조금씩 바뀌는 것이다. 시민들이 제일 앞서 나가고 사법부가
따라가고 경찰 등 행정이 가장 마지막으로 조금씩이지만 변하고 있
다는 것을 느낀다."

"집회금지는 모든 가능성 뒤 고려되는 최종 수단"

민주주의 무대를 확장하는 결정을 내놓은 김정숙 부장판사는
2015년에도 〈한겨레21〉 지면에 등장한 적 있다. 2015년 올해의 판결
에서 '최고의 판결' 자리를 두고 경합했던 결정을 내놨기 때문이다.
2015년 12월 5일 2차 민중총궐기를 앞두고 경찰이 '불법집회 통지'
를 하자 '백남기농민 쾌유와 국가폭력 규탄 범국민대책위'가 낸 '집
회금지에 대한 집행정지' 신청을 받아들인 결정이었다.

당시 서울행정법원 행정6부(재판장 김정숙)는 결정문에 "집회의 자
유를 제한하는 대표적인 공권력의 행위는 집시법에서 규정하는 집회
의 금지, 해산과 조건부 허용이다. 집회의 금지와 해산은 집회의 자유
를 좀 더 적게 제한하는 다른 수단, 즉 조건을 붙여 집회를 허용하는
가능성을 모두 소진한 후에 비로소 고려될 수 있는 최종적인 수단이
다"라는 2003년 10월 30일 헌법재판소 결정(2000헌바67)을 끌어왔다.

결국 2015년 12월 5일 2차 민중총궐기는 평화적으로 끝났다.

2016년 최고의 판결이 여론에 못 이겨 마지못해 내린 것이 아니라 헌법의 가치를 새겨온 한 판사의 결정이라는 사실을 증명하는 '역사'다.

— 6차 촛불 시위가 열린 2016년 12월 3일 오후 청와대 분수대에서 100미터가량 떨어진 서울 종로구 효자로에서 시민들이 '박근혜 퇴진'을 외치고 있다. 서울행정법원은 하루 전날인 12월 2일 낮 시간에 청와대 앞 100미터까지 행진 가능하다는 결정을 처음 내렸다. 사진 이종근

– 2016년 12월 촛불 시위에 참가한 시민들이 서울 광화문 일대를 행진하고 있다.
사진 한겨레

서울행정법원 2016.11.12. 선고 2016아12308 결정 [집행정지]

행정6부 재판장 김정숙

촛불 열망, 집시법 개정으로 이어질까

경찰과 법원의 허락을 받고 하는 시위

집시법의 목적은 헌법 정신을 구현하는 데 있다. 헌법 제21조 1항에는 "모든 국민은 언론·출판의 자유와 집회·결사의 자유를 가진다"라고 돼 있다. 같은 조 2항에는 "언론·출판에 대한 허가나 검열과 집회·결사에 대한 허가는 인정되지 아니한다"고 적혀 있다.

집회는 허가를 받아야 하는 일이 아니라고 헌법은 밝힌다. 하지만 현실은 헌법과 동떨어져 있다. 경찰은 매번 갖가지 이유를 들어 집회 금지 통보를 남발한다. 단골로 등장하는 이유는 폭력 시위 우려나 교통 혼잡 등이다. 집시법에서 보장하는 집회의 자유마저 인정하지 않는 경우도 부지기수다. 그렇다고 경찰에게 모든 책임을 떠넘길 수는 없다. 집시법 자체에도 문제가 있기 때문이다.

대표적 문제 조항이 집시법 제11조와 제12조다.

집시법 제11조는 옥외 집회와 시위의 금지 장소를 정해둔 조항이다. "누구든지 다음 각 호의 어느 하나에 해당하는 청사 또는 저택의 경계 지점으로부터 100미터 이내의 장소에서는 옥외 집회 또는 시위를 하여서는 아니 된다"고 규정하고 있다.

100미터 이내 집회가 금지된 장소는 국회의사당, 각급 법원, 헌법재판소, 대통령 관저, 국회의장 공관, 대법원장 공관, 헌법재판소장 공관, 국무총리 공관, 국내 주재 외국의 외교기관이나 외교 사절 숙소 등이다. 집시법이 청와대, 국회, 헌법재판소 등 국민이 감시하고 통제해야 할 '권력'을 향해 직접적 의견 표현을 할 자유를 가로막는 것이다.

집시법 제12조는 교통 소통을 위해 집회 장소에 제한을 둔 조항이다. "주요 도시의 주요 도로에서의 집회 또는 시위에 대해 교통 소통을 위해 필요하다고 인정하면 이를 금지하거나 교통질서 유지를 위한 조건을 붙여 제한할 수 있"도록 되어 있다. 이 조항은 집회금지 통보에 가장 자주 등장한다. 참여연대가 2011~2016년 서울 지역 집회금지 통보를 사유별로 나눠 분석한 결과, 총 1059건 중 집시법 제12조를 사유로 한 것이 447건으로 가장 많았다.

이 때문에 집시법을 개정할 필요가 있다는 주장이 나온다. 특히 최근 수백만 명이 참여한 가운데 청와대 100미터 앞까지 행진을 보장한 촛불 시위가 아무런 문제 없이 치러진 점은 이 주장에 힘을 보탠다.

참여연대는 2016년 11월 집시법 개정을 위한 입법청원안을 냈다. 입법청원안에는 집회금지 장소에서 '국회' '국무총리 공관' '외교기관 인근' 등을 삭제하고 청와대와 법원 앞 집회금지 구역을 100미터에서 30미터로 축소하는 내용이 포함됐다. 교통 소통을 이유로 경찰이 집회를 금지할 수 있는 근거도 삭제했다. 이 법안은 박주민 더불어민주당 의원이 대표 발의했다. 촛불 시위의 열망이 법 개정으로 이어진다면, 집회를 열기 위해 매번 경찰과 법원의 '허락'을 받아야 하는 나쁜 관행이 사라질 수 있다.

그럼에도 청와대 논리가
재판 논리?

—

• 박근혜 대통령의 '세월호 7시간' 공개 거부한
청와대가 적법하다는 판결

청와대의 '세월호 7시간' 시간표는 두 버전이 있다. 2014년 8월 버전과 2016년 11월 버전이다. 2014년 8월 13일 청와대 대통령비서실은 조원진 새누리당 의원에게 세월호 참사 당일 '대통령에 대한 보고 및 대통령의 조치 사항' 시간표를 제출했다. 그리고 2016년 11월 19일 청와대는 홈페이지를 통해 세월호 참사 당일 대통령 보고·지시 시간표를 새로 공개했다.

2014년과 2016년, 두 시간표는 다르다. 2014년 버전에 없던 박근혜 대통령의 오후 지시 사항이 2016년 버전에선 3개(14시 11분, 14시 57분, 15시 지시)가 추가됐다. 오전 10시 22분과 오후 2시 57분 국가안보실 유선 보고는 박대통령의 유선 지시 사항으로 바뀌었다. 오전

10시 36분부터 오후 5시 11분까지 보고 사항 중 보고 시각과 주체만 있고 내용이 없었는데, 나중에 10개 보고 사항의 내용이 삽입됐다.

청와대는 참사 당일 보고·지시 내용을 기록한 원본 또는 사본을 공개한 적이 없다. 청와대는 정보공개 소송 과정에서 비공개로 열람하겠다는 재판부의 요구마저 거부했다. 청와대가 공개한 두 버전의 '세월호 7시간' 시간표는 2차 가공 자료일 뿐 원본의 존재는 드러난 적이 없다. 세월호 참사 당일 박근혜 대통령 행적에 대한 의혹이 2년 8개월 동안 지속된 원인 중 하나다.

서면보고 내용에 대한 공개 거부는 적법하고, 기록물 목록 등에 대한 공개 거부는 위법하다?

하지만 2016년 3월 23일 서울행정법원 행정11부(재판장 호제훈)는 하승수 비례민주주의연대 공동대표(전 녹색당 공동운영위원장)가 대통령비서실장 등을 상대로 낸 정보공개 거부처분 취소소송에서, "참사 당일 대통령에게 서면 보고한 내용을 공개하기 거부한 청와대의 처분은 적법하다"고 판결했다.

다만 청와대가 '세월호 참사 당일 대통령비서실 등에서 생산·접수한 기록물 목록'(이하 '기록물 목록') '대통령비서실 등의 2013년 3월 ~2014년 7월 정보 목록과 특수활동비·국외여비 집행 내역'('집행 내역') '대통령비서실 등의 2014년 7월 인건비 외 예산 지출결의서 및 영수증'('영수증')의 공개를 거부한 처분은 위법하다고 판단했다.

앞서 하대표는 청와대가 정보 공개를 거부하자 2014년 10월 10일

소송을 냈다. 대통령비서실장이 그해 8월 28일 '서면보고 내용'을 비공개 결정할 때 사유는 이랬다.

"재판 또는 수사, 공소의 제기 및 유지에 관한 사항이거나 의사결정 과정 또는 내부 검토 과정에 있는 내용이어서 공개될 경우 직무수행이나 업무의 공정한 수행에 현저한 지장을 초래할 우려가 있다. 개인에 관한 사항이 포함되어 있어 공개될 경우 사생활의 비밀 또는 자유를 침해할 우려가 있다."

나머지 '기록물 목록' '집행 내역' '영수증' 정보에 대해서도 "국가의 중대한 이익을 현저히 해할 우려가 있다"거나 "업무의 공정한 수행에 현저한 지장을 초래할 우려가 있다"는 사유를 달았다.

재판부는 청와대 주장만으론 각 정보의 비공개 사유와 범위를 판단할 수 없었다. 2015년 9월 22일 재판부는 비공개로 각 정보를 열람해 판단하겠다고 밝혔다. 피고인 대통령비서실장 등에게 "비공개 열람·심사를 진행할 예정이니, 원고가 공개를 청구하는 정보를 제출하기 바란다"는 '석명 준비 명령'을 한 것이다. "이 명령에 따르지 않는 경우엔 (법률에 따라) 주장이나 증거 신청이 각하되는 등 불이익을 받을 수 있다"는 경고도 덧붙였다.

하지만 청와대는 끝까지 명령에 불응했다.

판결의 논리를 보면 청와대의 논리를 그대로 따른 것

청와대는 결국 '불이익'을 받았다. 재판부는 "기록물 목록' '집행 내역' '영수증' 공개를 거부한 대통령비서실장 등의 처분은 위법하다"고 판결하면서 주된 이유로 청와대가 '비공개 열람·심사' 절차에 불응한 것을 들었다. "청와대가 (각 정보를) 비공개하는 사유를 구체적으로 증명하지도 않으면서 비공개 열람·심사 절차에도 응하지 않았다"는 것이다.

하지만 재판부는 청와대가 '비공개 열람·심사' 절차에 불응한 '서면보고 내용'에 대해선 공개 거부 처분이 적법하다는 다른 결론을 내렸다. 청와대의 '명령 불응'에 대한 언급조차 없었다.

다른 결론을 내릴 수밖에 없는 사정이 있었을까. 판결의 논리 구조는 이렇다.

1. 대통령비서실 등은 대통령의 직무를 보좌하는 국가기관으로서 정보공개법이 적용된다.

2. '서면보고 내용'이 대통령지정기록물로 지정될 예정이라고 해서 대통령지정기록물에 준하는 비공개 대상 정보라고 할 수 없다.

3. 하지만 대통령비서실장은 대통령이 이 정보를 대통령지정기록물로 지정할 예정이라고 분명히 밝혔다.

4. 이 정보는 세월호 사고 처리와 관련한 대통령 의사결정 과정에 제공된 자료로, 공개되면 업무의 공정한 수행 등에 현저한 지장을 초래할 수 있다.

5. (그러므로) 정보공개 거부처분은 적법하다.

'대통령지정기록물로 지정될 예정일 정도로 기밀 자료여서 공개하면 업무의 공정한 수행에 큰 지장을 줄 수 있다'는 청와대 논리 그대로다.

판결문에선 국민의 알 권리와 공공기관 업무의 공정한 수행 가운데 어느 것이 우선해야 하는지 언급이 없다. 다만 대법원 판례를 인용했을 뿐이다.

"(이런 경우엔) 정보 비공개에 의해 보호되는 업무 수행의 공정성 등의 이익과, 정보 공개에 의해 보호되는 국민의 알 권리 보장 및 국민의 국정 참여, 국정 운영의 투명성 확보 등의 이익을 비교해 구체적인 사안에 따라 신중하게 판단해야 한다(대법원 2014.07.24. 선고 2013두20301 판결 등 참조)."

판례를 인용했을 뿐 정작 두 이익을 비교하는 판단 과정은 전무하다. 1심 판결까지는 1년 5개월이 걸렸다.

항소심에선 소송 당사자가 할 일을 재판부가 대신 해주기도

2016년 12월 23일 현재 서울고등법원 행정4부(재판장 조경란)가 항소심 재판 중이다. 청와대는 8월 17일 항소심 준비서면을 내면서 재판부에 미국·독일·일본 법령에 대한 사실 조회를 신청했다. 재판부가 외국의 정보 공개 관련 법제 현황과 사례를 직접 알아봐달라는 요청이었다. 하지만 외국 법령은 재판의 기준이나 쟁점이 아니었다. 소송 당사자가 외국 법령이나 문헌 내용이 재판에 필요하다고 판단하면 직접 구해 재판부에 제출하는 것이 통상적인 일이다.

하지만 재판부는 8월 30일 항소심 첫 변론기일에서 청와대의 이례적인 요구를 받아들였다. 재판부는 미국과 독일, 일본에 주재하는 한국대사관에 사실조회서를 보냈다. 재판부는 세 대사관의 회신을 기다린다는 이유로 첫 변론 이후 넉 달째 기일을 정하지 않고 있다.

1심 판결문에 따르면 박근혜 대통령은 세월호 참사 당일 '서면보고 내용'을 대통령지정기록물로 지정할 예정이다. 대통령지정기록물은 대통령 임기가 끝난 다음날부터 15년 또는 30년 이내에 공개되지 않는다. 박대통령 임기가 끝나기 전에 확정판결이 나오지 않으면 그 기록은 한동안 봉인된다.

심사위원 20자평

한상희 ｜ 이 시대 법원에 도사린 아이히만들에게 구원은 없다

전진한 ｜ 정보 공개가 공정한 업무 수행을 방해? 국민들은 일손이 안 잡힌다

홍성수 ｜ 소모적 논란을 법원이 조기에 끝낼 수 있는 기회가 날아갔다

– 2017년 4월 4일 오전 서울 종로구 헌법재판소 앞에서 녹색당과 '투명사회를 위한 정보공개
센터' 주최로 황교안 대행의 박근혜 기록물 보호 기간 지정에 대한 헌법소원 기자회견이 열
리고 있다. 사진 박종식

서울행정법원 2016.03.23. 선고 2014구합69846 판결

[정보공개 거부처분 취소]

행정11부 재판장 호제훈

판결 이후

2018년 1월 16일 서울고등법원 행정4부는 하승수 전 녹색당 공동 운영위원장 등이 낸 정보공개 청구소송에서 원고 일부 승소로 판단한 1심을 깨고 각하 결정했다. 공개를 요청한 정보의 대부분이 대통령기록관으로 옮겨져 청와대가 더 이상 보관하고 있지 않으므로 소송의 실익이 없다는 이유였다.

촛불에 응답하라,
사법부

• • •

청와대 앞까지 촛불 시위 행진 열어준 '최고의 판결'…
'세월호 7시간 비밀' 비공개에 일조한 '최악의 판결'

　어느 해보다 간결하고 확실했다. 여러 분야의 판결들이 경합하며
심사위원 사이에 열띤 논쟁이 오갔던 예년과 달리, 2016년 올해의 판
결 심사위원들의 목소리는 쉽게 하나로 모아졌다. 2016년을 뜨겁게
달군 '박근혜·최순실 게이트'와 촛불 집회가 현재진행형이고, 무대
는 이제 사법부로 옮겨가고 있다. 헌법재판소에서는 박근혜 대통령
탄핵소추 심판 사건, 서울중앙지방법원에서는 최순실 등의 재판이
시작됐다.

　올해의 판결을 뽑는 최종 심사회의는 12월 16일 서울 공덕동 한겨
레신문사 4층 회의실에서 진행됐다. 1차 심사를 거쳐 선정된 '좋은
판결' 15건, '나쁜 판결' 10건이 심사대에 올랐다. 애초 심사 대상에

— 2016년 12월 16일 한겨레신문사에 '올해의 판결' 심사위원 6명이 모여 회의하고 있다. 심사위원들은 만장일치로 촛불 시위 행진을 열어준 서울행정법원 결정을 '최고의 판결'로 꼽았다. 사진 김진수

는 없었지만 12월 13일 나온 진경준 전 검사장 판결까지 포함해 '나쁜 판결' 후보작은 최종 11건이 됐다.

2시간여 심사회의 끝에, 청와대 앞까지 촛불 시민들이 행진하도록 길을 열어준 서울행정법원의 '촛불 시위 금지 통보 집행정지 인용'이 최고의 판결로, 세월호 참사 당일 김기춘 전 비서실장이 박근혜 대통령에게 서면 보고한 내용을 공개하지 않는 행정 처분이 정당하다고 판단한 서울행정법원의 '세월호 참사 당일 청와대 기록 비공개 결정' 판결이 최악의 판결로 뽑혔다.

공교롭게도 최고의 판결과 최악의 판결 모두 서울행정법원 판결이다. "그만큼 공권력의 부당한 법 집행이 많았다는 것"(홍성수)이다.

2017년 사법부를 향한 희망 섞인 쓴소리도 이어졌다. 심사위원장을 맡은 한상희 교수를 포함해 심사위원 6명의 발언을 지상 중계한다.

··

'탄핵' '촛불'… 올해의 키워드

한상희 어떤 기준으로 최고의 판결을 뽑을지부터 이야기해보자. 민주화, 인권 신장에 얼마나 기여했는지를 하나의 기준으로 삼을 수도 있겠다. 올해 한국 사회의 키워드는 '촛불'과 '개·돼지'('민중은 개·돼지'라는 나향욱 전 교육부 기획관의 발언)였는데, 사법부의 키워드는 뭐였을까.

전진한 이 자리에서 내가 유일하게 법조인이 아닌데, 일반인 처지에선 '개·돼지'에 대한 분노가 심한 것 같다. 진경준 판결만 하더라도 일반 시민들에게는 (김영란법에 따라) 3만 원 이상 식사 얻어먹지 말라고 하면서 100억 원 넘게 받아먹었는데 무죄라고 판결한 것 아닌가. 정말 분노하게 된다.

여연심 올해의 키워드는 아무래도 탄핵을 비껴갈 수 없다. 그래서인지 '촛불 시위 관련 집행정지 결정'이 눈에 확 들어온다. 과거 수사 관행 때문에 피해를 입은 대표적 사건으로서 '삼례 나라슈퍼 살인 사건' 재심 무죄 판결*도 주목된다.

통상적인 출퇴근 중에 발생한 사고를 업무상 재해로 인정하지 않는 것이 헌법상 평등 원칙에 위배된다고 판단해 헌법불합치 결정을 내린 헌법재판소 판단*도 사회적 기본권 차별이나 평등 원칙에 대한 고민이 녹아 있다는 점에서 주목할 만하다.

홍성수 서울행정법원의 '촛불' 결정이 중요하다고 본다. 집회와 시위가 사실상 허가제로 운영되는 현실을 뚫어낼 계기를 법원이 마련해줬다. 해고 뒤 6년 만에 복직했다가 다시 중징계를 받은 YTN 기자들이 회사를 상대로 낸 징계무효 소송에서 서울서부지방법원이 승소 판결한 사건은 기말고사 시험 문제로 냈다. 소송으로 세상을 어떻게 바꿀 수 있을까? 법원이 계속 징계 무효라고 판결하는데도 언론사는 황당한 징계를 반복해 내린다는 점에서 생각해볼 거리가 많은 판결이다.

전진한 '촛불' 판결이 제일 중요하다는 점에 동의한다. 개인적으로 '청와대 문건 유출' 사건의 핵심 인물인 박관천과 조응천의 대통령기록물관리법 위반 혐의에 대해 죄를 물을 수 없다고 판단한 판결문*을 읽으면서 행간에 숨은 판사의 고심이 느껴졌다. 외형상 복사본은 처벌할 수 없다고 했지만, 내밀한 행간을 보면 최순실 사태를 처음 드러내려 했던 시도를 사법부가 살려낸 것 아닌가 싶다.

김진 대법원의 기존 입장을 용감하게 반박한 하급심 판사들에게 용기를 주고 싶다. 노동 관련 판결을 보면, 완전히 절망 일색이던 해에 비하면 2016년은 '걸림돌'보다 '디딤돌'로 뽑고 싶은 예외적인 해다.

MBC 무기계약직 노동자에게 정규직과는 달리 주택수당·가족수당, 식대 등을 지급하지 않은 게 근로기준법 위반이라고 판단한 서울남부지방법원 판결이 대표적이다. 근로기준법 제6조 '균등 처우' 조항("사용자는 사회적 신분을 이유로 근로조건에 대한 차별적 처우를 하지 못한다")을 완전히 살려내면서, 무기계약직이란 고용 형태를 사회적 신분으로 해석한 좋은 판결이다.

파견노동자에게 상여금과 수당을 제대로 주지 않은 책임을 원청

업체한테도 물을 수 있다고 처음 판결한 서울행정법원 '모베이스' 판결*에도 박수 치고 싶다.

검찰 권한 남용 통제한 최초의 판결

류민희 '촛불' 판결은 상징적이고 중요한 판결 같다. 양심적 병역거부자에게 항소심에서 처음 무죄를 선고한 광주지방법원 판결문에 "협약은 살아 있는 문서" 등 국제 인권법의 유명한 표현들이 다 나와서 깜짝 놀랐다.

소수자 문제와 관련해서는 법무부가 성소수자 인권재단 '비온뒤무지개재단'의 사단법인 설립 허가 신청을 거부한 것이 잘못됐다고 판단한 서울행정법원 판결*과, 정신질환자 본인 동의가 없어도 강제 입원이 가능한 정신보건법 조항이 헌법 정신에 맞지 않는다고 판단한 헌법재판소의 헌법불합치 결정이 눈에 띈다. 정신질환자 문제는 국회에서 개정 논의가 오랫동안 있었으나 쉽지 않았다. 사법부가 입법부 논의를 터주었다는 점에서 의미 있는 것 같다.

김진 간첩으로 몰렸다가 무죄 판결을 받은 뒤 검찰이 다시 보복성으로 기소한 유우성 씨에 대해 서울고등법원이 "공소권을 자의적으로 행사한 위법한 기소"라고 판시한 판결도 주목하고 싶다. 유씨가 간첩 혐의 무죄 판결을 받자 검찰이 외국환거래법 위반으로 그를 괴롭히며 검찰 명예를 회복하려고 무리한 측면이 있다.

여연심 박근혜 대통령 관련 낙서를 했다고 손괴죄로 기소하는 등 '검찰의 공소권 남용' 사건이 많다. 법원은 그동안 공소권이 검찰 권한이라고 이야기하면서 기소권 통제에 소극적이었는데, 그걸 통제할 수 있다고 한 최초 판결이라는 점에서 의미 있다.

한상희 법원이 형사재판에서 자신이 주체라고 선언한 판결이다. 검찰의 권한 남용을 통제했다는 점에서도 큰 의미가 있다.

올해 '최고의 판결'로 촛불 시위 관련 결정을 뽑는 데 이견이 없는 것 같다. 이 판결은 '대통령 경호'라는 이름으로 만들어놨던 성벽의 일부분을 깸으로써 민주주의 신장에 상당히 기여했다. 시민들이 청와대 앞에서 종이비행기 날리고 폭죽 터뜨린 것만 봐도, 그동안 집회 폭력을 유발한 쪽은 경찰이었다는 증거 아닌가 한다. 민주주의에 대한 국민의 자부심을 심어줬다.

홍성수 집회와 시위의 자유가 민주주의의 본질적 요소라는 점을 아주 분명히 확인한 판결이다. 지금까지 집회와 시위가 사실상 허가제로 운영됐는데, 그런 관행에 경종을 울린 판결이다. 집시법 개정 등으로 이어지길 기대해본다.

여연심 집시법이 빨리 개정되는 계기가 되었으면 한다. 탄핵소추안이 의결되던 날 국회 앞 집회만 해도, 어디서 집회를 해야 하는지 논란이 있었다. 경찰은 관행적으로 집회금지 통보를 하고, 법원은 계속 집행정지를 하는 식이다. 주요 도로와 관련된 조항에서도 집시법 개정이 빨리 이뤄져야 한다.

한상균 구속과 '박근혜 퇴진'

한상희 이번에는 나쁜 판결에 대해 이야기해보자.

홍성수 헌법재판소가 군형법상 "항문성교와 그 밖의 추행을 한 사람은 2년 이하의 징역에 처한다"라는 추행죄에 대해 합헌 결정을 내린 판결. 판결문을 읽으면서 비겁하다는 생각이 많이 들었다. '나는 동성애가 싫어요'라는 말을 법리로 풀어내기 위해 억지를 부렸다는 느낌이 들었다. '나는 동성애를 어떻게 생각하는가'라는 가치판단을 쏙 빼고 이런 판결을 내리면 비판하기도 난감하다. 논리적 반박이 불가능하기 때문이다.

한상희 이 판결만 보면 대한민국의 법 시계는 로마시대 이전으로 돌아갔다. 무조건 동성애가 싫기 때문에 법리들을 갖다 붙여서 조합한 거다. 군대에서는 어떤 규제도 가능하다는 권위주의적 체제의 통치 틀을 그대로 인정한, 철저한 군사주의 논리도 숨어 있다.

전진한 군 복무를 할 때 후임병이 성소수자였다. 결국 계간을 할 여지가 많다는 이유로 제대를 시켰다. '계간'이라는 용어 자체가 사람을 동물화한 거다.

류민희 실제 군대 내 성폭력은 보통 이성애자 상관이 동성애자로 알려진 병사를 성추행하는데, 이 추행죄 조항을 걸면 피해자까지 기소할 수 있다. 이 조항이 국제 인권법에 어긋난다는 게 자명한데, 헌법재판소가 그 이야기를 피하려다 보니 군대 이야기에 좀 더 주목한 것 같다. 헌법재판소 결정문에 도덕의 언어가 들어가고, 기본권 제한을 정당화했다.

여연심 헌법재판소가 동성애 혐오 목소리를 그대로 받아들여 결정문을 쓴 게 아닐까 생각이 들 정도였다. 법원이 고 백남기 농민 부검 영장을 발부한 것에도 무게를 두고 싶다. 최순실 사태가 터지지 않았다면 경찰이 영장을 집행하러 병원으로 밀고 들어왔을 수도 있다.

김진 영장을 발부하면 어떻게 될지 뻔한데, 판사가 비겁하거나 현실을 몰랐거나.

제주의료원 간호사들이 사산하고 기형아를 출산한 것에 대해 1심에선 산업재해로 인정했는데, 서울고등법원이 뒤집은 것*도 나쁜 판결이다. 태어난 아기나 사산아는 근로자가 아니고, 원고인 간호사의 몸이 아니기 때문에 요양과는 아무런 상관이 없다는 논리다. 여성 노동권이나 사회보험의 상규에도 어긋나는 판결이다.

류민희 한상균 민주노총 위원장에게 1년 전 민중총궐기를 주도했다는 이유로 징역 3년을 선고한 판결*. 왜 지금은 문제 되지 않는 '박근혜 퇴진'이 1년 전에는 문제가 되었을까?

김조광수 감독 부부가 혼인신고를 구청이 받아주지 않는 것은 부당하다고 낸 소송에 대해 법원이 "동성 간 합의를 혼인이라고 볼 수 없다"고 판결했는데, 동성 부부의 차등 대우를 정당화하는 논리로 "생물학적 재생산이 가능하지 않다"고 내세우면서 무자녀 부부와 불임 부부를 동시에 폄하한 것을 꼽고 싶다.

홍성수 시대의 변화를 도모할 필요가 있다는 점을 지적했다는 의의에도 불구하고, 법원이 좀 더 적극성을 드러내지 못했다는 아쉬움이 든다. 성전환자 호적 정정 판결처럼 입법·행정 차원의 문제 해결이 요원한 상황에서 법원이 적극 해석할 의지만 있다면 한발 더 나아갈 수 있다.

전진한 세월호 당일 청와대 기록을 비공개한 건 있을 수 없는 판결이다. 미국 버락 오바마 대통령은 바로 전날 했던 일도 다 공개한다.

대통령기록물관리법은 노무현 전 대통령 때 기록을 보존하자는 입법 취지로 만들어졌는데, 이걸 비공개 이유로 드는 데 분노를 느꼈다. 단순히 정보 공개 문제가 아니라, 대통령의 책임을 묻는 중요한 문제다.

한상희 대통령직을 성역화한다는 점에서 나쁘다. 과거 권위주의 체제의 잔재를 그대로 받아들인 것이다. 국민의 알 권리 측면이나, 박근혜 정부에서 국가의 투명성 확보를 위해 시행하겠다던 '정부 3.0'과도 정면으로 어긋난다. 국민이 대통령 권한을 민주적으로 통제할 길을 가로막은 것이다.

"양심적 병역거부 판결이나 노동 관련 하급심 판결을 보면서 판사들의 마음이 움직이고 있구나 느꼈다. 촛불 시위 결정문만 해도 집회는 어떻게 해야 하는지 고민이 많이 들어 있다."

여연심 진경준 판결에선 '넥슨 김정주 회장과 진 전 검사장이 매우 친하게 지낸 사이이고 지음의 관계에 있다'는 이유를 들어 대가성이 있다고 단정하기는 어렵다고 봤다. 최악의 판결로 꼽을 만큼 나쁜 판결이다.

한상희 2016년 사법부 총평과 앞으로의 사법부 역할에 대해 이야기해보자. 청와대의 양승태 대법원장 사찰까지 드러났는데, 사법부가 2017년에는 좀 나아질까.

전진한 시민의 '개·돼지화'에 대한 분노가 극에 달하고 있다. 사법부도 거대한 권력의 끝이 어디인지 모르고 눈치를 본다고 생각한다.

사법부가 냉정하게 행정부를 견제하고, 시민들에 대한 온정적 판결이 많아졌으면 좋겠다.

2017년에는 입법 공백이 많이 드러날 거다. 예를 들어 탄핵심판 청구가 인용되면 퇴임 6개월 전에 이관해야 하는 대통령기록물을 2개월 안에 처리해야 하는 문제가 생긴다.

여연심 사법부 길들이기에 대법원이 조응하지 않았나 하는 판사들의 의심과 분노도 많았다고 한다. 대법원에 대한 하급심 판사들의 불신과 분노가 쌓이다 보면, 기본권과 민주주의 원리에 입각한 하급심 판결이 더 많이 나오는 계기가 될 거라 생각한다. 대법원과 헌법재판소 같은 상급심 법원의 보수화, 검찰 개혁 문제는 어떻게 해야 할지 중요한 숙제다.

김진 양심적 병역거부 판결이나 노동 관련 하급심 판결을 보면서 판사들의 마음이 움직이고 있구나 느껴진다. 촛불 시위 결정문만 해도 집회는 어떠해야 하는지 고민이 많이 들어 있다. 하급심 판사들의 노력이 대법원을 움직여 대법원에서도 좋은 판결이 나왔으면 한다.

2017년은 사법부가 어떻게 구성되느냐가 달린 아주 중요한 시기다. 박근혜 대통령이 9월 임명할 대법원장이 다음 대통령과 임기를 함께할 뻔했는데, 헌법재판소가 탄핵심판 결정을 너무 늦게만 내리지 않는다면 다음 대통령이 대법원 구성을 새로 하게 된다. 눈 크게 뜨고 탄핵 결정을 지켜봐야 할 이유다.

촛불이 넘겨준 바통, 사법부에게

홍성수 '좋은 판결' 후보작들을 보면서 우연의 산물이 아니라는 생각을 했다. 그동안 시민사회에서 꾸준히 노력해 공론화한 결과가 자연스럽게 판결에 반영됐기 때문이다. 2016년에 수많은 민주주의의 위기가 있었다면 다시 회복해야 한다. 대부분 사건들이 기소돼 재판이 진행되고 있으니, 사법부가 민주주의 진전에 중요한 기여를 했으면 한다.

류민희 헌법재판소가 위헌 결정을 내릴 때 지나친 '사법적극주의'(법을 해석하고 판결할 때 문언에 그치지 않고 적극적인 법 형성을 강조하는 사법부의 태도)로 몰리는 걸 두려워하는 듯하다. 헌법 정신에 입각해서 국민 기본권과 자유권을 적극 해석하는 것일 텐데, 사법부가 그런 면에서 용기 아닌 용기를 냈으면 한다. 국민이 생업을 제치고 감기 걸려가며 촛불 들어 할 일을 했으니, 사법부가 제 역할을 해주기를 기대한다.

한상희 한마디로 '민주적 사법'이 필요한 때다. 2017년이 사법부의 중요한 변혁기가 될 것 같다. 사법부가 대법원장 사찰 문제를 계기로 독립할 수 있는 힘을 갖추었으면 좋겠다. 스스로의 판단에 기초에 국민의 요구를 받아들이는 민주적 사법 시스템을 만들어내야 한다.

여연심 응답하라, 사법부.

— 2016년 '올해의 판결'을 뽑은 심사위원 6명. (상단 왼쪽부터) 김진, 류민희, 여연심 변호사, (하단 왼쪽부터) 전진한 알권리연구소 소장, 한상희, 홍성수 교수. 사진 김진수

2016년 올해의 판결 심사위원

- 한상희 건국대 법학전문대학원 교수(심사위원장)

- 김진 변호사(법무법인 지향)

- 류민희 변호사(공익인권변호사모임 희망을만드는법)

- 여연심 변호사(서울지방변호사회 인권이사)

- 전진한 알권리연구소 소장

- 홍성수 숙명여대 법과대학 교수

• 삼례 나라슈퍼 3인조 재심 무죄: 1999년 2월 전북 완주 삼례 나라슈퍼에 3인조 강도가 침입해 잠자고 있던 주인 할머니를 숨지게 한 후 현금 등을 털어 달아난 사건이다. 당시 동네 청년 셋이 강도로 몰려 강도치사 혐의로 구속됐고, 징역 3년에서 6년의 확정판결을 받고 복역했다. 전주지방법원 형사1부(재판장 장찬)는 2016년 7월 재심을 개시했고, 같은 해 10월 28일 재심에서 무죄 선고했다(2015재고합1). 검찰이 항소를 포기하면서 무죄가 최종 확정됐다.

• 업무상 재해 인정 범위에 대한 헌법불합치 결정: 산재보험법 제37조 1항 1호 다목의 위헌성 여부와 관련해, 2016년 9월 29일 헌법재판소는 평등의 원칙에 위배된다며 헌법불합치 결정을 했다(2014헌바254). 국회는 2017년 9월 28일 본회의에서 '통상적인 경로와 방법으로 출퇴근하던 중 발생한 사고는 업무상 재해로 인정해 산재 보상을 받을 수 있도록 하는' 내용의 산재보험법 개정안을 통과시켰다.

• '정윤회 문건' 유출 조응천, 항소심 무죄: 조응천 전 비서관과 박관천 전 경정은 정윤회 씨의 국정 개입 의혹을 담은 문서 등 청와대 내부 문건을 박지만 회장에게 건넨 혐의로 기소됐다. 2016년 4월 29일 서울고등법원 형사4부(재판장 최재형)는 '정윤회 문건'이 대통령기록물이 아니라고 판단해, 조 전 비서관에게 1심과 같이 무죄를, 박 전 경정에게는 징역 7년을 선고한 1심을 깨고 징역 8월에 집행유예 2년을 선고했다(2015노3042).

• 모베이스 판결, 파견노동자를 부당히 차별한 원청의 책임 인정: 2016년 11월 18일 서울행정법원 행정1부(재판장 김용철)는 원청인 모베이스와 파견업체 두 곳이 중앙노동위원회를 상대로 낸 차별시정 재심판정 취소소송에서, "파견근로자에게 정규직 근로자들보다 상여금을 적게 줘 발생한 손해액의 2배를 원청업체와 파견업체가 연대해 지급하도록 한 판결은 정당하다"며 원고 일부 승소 판결했다(2015구합70416). 2015년 2월 모베이스의 파견노동자 8명이 "상여금과 연차유급 휴가수당을 제대로 받지 못해 정규직에 비해 차별받았다"며 인천지방노동위원회에 차별처우시정 신청을 냈다. 지방노동위원회는 파견업체의 책임만 물었지만, 재심에서 중앙노동위원회는 원청업체의 책임도 인정했다. '배액 금전배상 명령제도'에 따른 일종의 징벌적 판정이었다.

1심 법원에선 중앙노동위원회의 재심 판정 중 '연차휴가수당' 부분에 대해선 취소했는데, 이 부분이 2심 법원에서 뒤집혔다. 2017년 5월 17일 서울고등법원 행정6부(재판장 이동원)는 연차휴가수당 역시 차별시정 명령의 대상이 된다며 노동자들에게 그 금액만큼 추가 지급하라고 판결했다(2016누79078).

• 비온뒤무지개재단 불허가처분 취소소송 승소: 2016년 6월 24일 서울행정법원 행정4부(재판장 김국현)는 비온뒤무지개재단 이사장이 법무부를 상대로 낸 사단법인 설립 불허가처분 취소소송에서 원고 승소 판결했다(2015구합69447). 재단은 2014년 11월 법무부에 비영리법인 설립 허가 신청서를 냈지만, 법무부가 "재단이 사회적 소수자의 인권 증진을 목적으로 하고 있어, 보편적 인권을 다루는 법무부는 주무 관청이 아니

다"라며 반려하자 소송을 냈다. 1심 재판부는 '인권 옹호 영역이 일반적이고 종합적인 부분과 개별적이고 구체적인 부분으로 나눌 수 있는지 정확하지 않다'며, 재단은 법무부가 주무 관청인 인권 옹호 단체 범주에 속한다고 판단했다.

2017년 7월 27일 대법원이 법무부의 상고를 심리하지 않고 기각함으로써, 재단은 최초로 사단법인으로 출범하는 성소수자 인권단체가 되었다.

• 제주의료원 간호사들의 장애아 출산 산업재해 불인정: 2009년 제주의료원에서 근무하던 간호사들 4명이 선천성 심장 질환을 지닌 아이를 출산했다. 이들은 '업무상 과로와 스트레스에 시달리다 유해 약물에 노출돼 태아의 장애가 유발되었다'며 근로복지공단에 산재 요양급여를 청구했지만, 승인되지 않자 소송을 냈다. 1심을 맡은 서울행정법원 행정7단독 이상덕 판사는 2014년 12월 원고 승소 판결했다(2014구단50654). "태아의 건강 손상과 업무 사이에 상당 인과관계를 넉넉히 인정할 수 있다"며 "임신 중 업무에 기인해 태아에게 발생한 건강 손상은 산재보험법상 임신한 근로자에게 발생한 업무상 재해로 봐야 한다"고 판단했다.

하지만 2016년 5월 11일 서울고등법원 행정11부(재판장 김용빈)는 '자녀의 선천성 질병은 원고들 본인의 업무상 재해에 해당되지 않는다'며 1심 판결을 취소했다(2015누31307). 산재보험법상 수급자는 노동자 본인이고, 태아는 모체와 분리된 이상 독립된 인격체로 봐야 한다는 판단이다.

• 민중총궐기 집회 주도한 한상균 민주노총 위원장 항소심: 2015년

11월 14일 1차 민중총궐기를 주도한 혐의로 기소된 한상균 민주노총 위원장에게, 2016년 12월 13일 서울고등법원 형사2부(재판장 이상주)는 징역 5년을 선고한 1심을 깨고 징역 3년과 벌금 50만 원을 선고했다 (2016노2071). 재판부는 차벽을 설치하고 살수차를 운용한 경찰의 과잉진압의 위법성은 문제 삼지 않았다. 2017년 5월 31일 대법원 형사2부(주심 김창석)는 특수공무집행방해치상, 집시법 위반 등의 혐의를 유죄로 판단해 원심을 확정했다.

2016년 올해의 판결

박수친다, 이 판결

- 촛불 시위 금지 통보 집행정지 인용(최고의 판결)
- 양심적 병역거부 항소심 무죄
- 무기계약직 차별은 근로기준법 위반
- 정신질환자 강제 입원 헌법불합치 결정
- 검찰의 공소권 남용 인정 판결

징찰제 실형 선고
이제 그만!

—

- 양심적 병역거부에 무죄 판결한 첫 항소심
- 양심적 자유가 병역법 조항의 '정당한 사유'에 해당하는지가 쟁점

2004년 5월 서울남부지방법원이 물꼬를 튼 양심적 병역거부 무죄 판결(2002고단3940 등). 이후 1심에서 무죄 판결 12건이 이어졌다. 그러나 항소심에선 번번이 뒤집혔다. 12년 만에 한 걸음 더 나아간 판결이 나왔다.

2016년 10월 18일 광주지방법원 형사항소3부(재판장 김영식)는 병역법 위반 혐의로 기소돼 1심에서 징역 1년 6개월 실형을 선고받은 조 모 씨와 이 모 씨에게 원심을 깨고 무죄를 선고했다. 같은 혐의로 기소돼 1심에서 무죄를 선고받은 김 모 씨한테도 무죄를 선고했다. 항소심에서 양심적 병역거부를 무죄로 판단한 첫 사례다.

핵심 쟁점은 재판부가 판단한바 "법률의 '정당한 사유'에 피고인

이 주장하는 양심의 자유가 포함되는지" 여부다. 헌법이 규정한 양심·종교의 자유와 국방의 의무 사이에 최적의 균형점을 찾아야 하는 것. 현행 병역법 제88조 1항은 '정당한 사유 없이 입영하지 않으면 3년 이하 징역에 처하도록' 돼 있다. 양심적 병역거부자들은 이 조항에 따라 해마다 600명 가까이 처벌을 받아왔다. 최근 10년간 종교적 이유로 병역을 거부해 처벌된 사람은 5000명을 훌쩍 넘는다.

재판부는 판결문 3분의 1 가까이를 할애해 국제 인권 규범과 인식 변화를 소개했다. 1990년 한국도 가입한 '시민적·정치적 권리에 관한 국제규약International Covenant on Civil and Political Rights'(국제인권규약)은 제18조에서 인간의 사상·양심·종교의 자유를 천명하고 어느 누구도 이 자유를 침해할 수 없다고 규정하고 있다.

특히 재판부는 국제인권규약을 제정할 당시의 문헌에 구속돼서는 안 되고 시대정신에 맞게 인권규약을 해석해야 한다는 점('살아 있는 문서 이론')을 강조했다. 유엔자유권규약위원회(UNHRC)에서 2006년 이후 지속적으로 양심적 병역거부자들에 대한 석방과 대체복무제 등 입법 조처를 한국에 요구해온 점도 들었다.

불평등한 병역 처분 현실도 비판했다. 신체 등위를 비롯해 학력, 연령, 직업, 적성, 부양가족, 귀화, 북한 이탈 주민, 국위 선양 등 다양한 요소를 바탕으로 구체적 병역 처분이 이뤄진다. 그런데 유독 종교나 양심을 이유로 한 병역거부자들에 대해 아무런 규정을 두지 않는 것은 정당하지 않다는 게 재판부 판단이다.

더 나아가 재판부는 현대 민주주의의 특징을 다원주의·관용·포용력으로 압축하고, 이 의무를 다수가 외면하는 정치체제는 형식적 민주주의에 불과하다고도 지적했다.

"국가가 나서서 충분히 해결할 수 있음에도 이러한 갈등 상황을 방치하는 것은, 우리 헌법 제10조에 따른 국가의 국민에 대한 기본권 보장 약속을 저버리는 것이고 다수가 실질적 민주주의를 외면하는 것이다."

헌법재판소는 2004년(2002헌가1)과 2011년(2008헌가22) 두 차례, 양심적 병역거부를 처벌하는 병역법 조항에 대해 합헌 결정을 내렸다. 그러나 양심적 병역거부자들의 헌법소원은 이후에도 이어졌다. '세 번째 결론'을 내려야 하는 헌법재판소는 5년째 심리 중이다.

심사위원 20자평

전진한 | 감옥도 가두지 못한 양심, 대체복무제 입법화하라!

류민희 | 그동안의 논의를 압축한 정성스러운 판결문, 헌법재판소도 이제 때가 왔다

홍성수 | 느릿느릿 한 걸음씩, 멈추지만 말아다오

- 2016년 12월 13일 서울 광화문광장에서 참여연대 활동가 홍정훈(가운데) 씨가 병역거부를
  선언하는 기자회견을 하고 있다. 사진 김정효

광주지방법원 2016.10.18. 선고 2015노1191 등 [병역법 위반]

형사항소3부 재판장 김영식

판결 이후

양심적 병역거부자에게 무죄를 선고한 하급심 법원 판결이 2018년 2월까지 70건을 돌파했다. 2017년 한 해에만 35건으로 크게 늘었다. 2018년 2월 14일 제주지방법원 형사2단독부가 양심적 병역거부자에게 무죄 선고한 판결이 70번째 무죄 판결이었다.

'양심적 예비군 훈련 거부자' 관련해서는, 2011년 올해의 판결 '반복 처벌받는 양심적 예비군 훈련 거부자에게 실형 대신 벌금형을 선고한 판결' 참조.

근로기준법
제6조의 재발견

—

• MBC 무기계약직 노동자 97명이 회사 상대로 낸
임금 청구소송에서 차별 시정 판결
• 차별 금지 사유인 '사회적 신분'의 의미

기간제 노동자가 회사에서 차별을 당하면 기간제법(기간제 및 단시간근로자 보호 등에 관한 법률)으로 보호받는다. 그런데 정규직과 비정규직 사이에 있어 '중규직'이라고 불리는 무기계약직(기간의 정함이 없는 근로계약을 맺은 노동자)이 차별적 처우를 받았을 때 이들을 보호하는 법률은 따로 마련돼 있지 않다. 현행 기간제법에선 회사가 특별한 사유 없이 기간제 노동자를 2년을 초과해 고용하면 고용 형태가 무기계약직으로 전환된 것으로 간주한다(제4조 2항).

2016년 '중규직'인 무기계약직이 겪은 차별을 시정하도록 한 판결이 나왔다. 법원은 차별 시정의 근거를 균등 대우 조항인 근로기준법 제6조에서 찾았다.

서울남부지방법원 민사13부(재판장 김도현)는 문화방송(MBC) 무기계약직 노동자 97명이 "회사가 일반직(정규직)과 달리 가족수당·주택수당·식대를 지급하지 않은 것은 차별"이라며 회사를 상대로 낸 임금 청구소송에서, 2016년 6월 10일 원고 승소 판결했다. 재판부는 "일반직에게만 수당을 지급하기로 한 보수 규정과 근로계약은 근로기준법을 위반해 무효"라며 MBC가 직원 강 모 씨 등 97명에게 1년 5개월~4년치 수당 1139만~3216만 원을 지급해야 한다고 밝혔다.

강씨 등은 MBC에 기간제 계약직으로 입사했다가 무기계약직으로 전환됐거나 처음부터 무기계약직으로 입사했다. 일반 공개 채용으로 입사한 정규직과 달리 무기계약직은 추천을 통해 실기 테스트, 면접 등을 거쳐 채용됐다. 이들에겐 정규직과 달리 부서장 보직이 부여되지 않고 직급 승진도 이뤄지지 않는다. MBC는 정규직 노동자에게 매월 지급한 주택수당 30만 원, 가족수당 16만 원, 식대 21만 원도 무기계약직 노동자에겐 지급하지 않았다. 강씨 등은 2014년 3월 18일 "그동안 지급하지 않은 수당을 배상하라"며 소송을 냈다.

재판에선 근로기준법 제6조("사용자는 근로자에 대해 남녀의 성性을 이유로 차별적 대우를 하지 못하고, 국적·신앙 또는 사회적 신분을 이유로 근로조건에 대한 차별적 처우를 하지 못한다") 해석이 쟁점이 됐다. 무기계약직을 이 조항의 '사회적 신분'으로 볼 수 있어야 차별 금지도 적용될 수 있기 때문이다.

재판부는 무기계약직이 사회적 신분의 한 형태라고 해석했다.

"자신의 의사나 능력과 상관없이 일반직처럼 보직을 부여받을 수도 없고 직급 승진도 할 수 없는 구조에서 (무기계약직인) 업무직 또는 연봉직은 사회적 신분에 해당한다. (…) 일반직과 업무직·연봉직은 업무 내용과 범위 등에선 차이가 있다고 볼 수 없다. (…) 일반직 모두에게 정액으로 지급하는 복리 후생적 성격의 수당 지급 대상에서 업무직을 배제할 합리적인 이유도 없다."

심사위원 20자평

여연심 | 법전에만 있던 '차별 금지'가 판결로 살아났다. 무기계약직이라는 이유로 차별을 하소연할 수 없었던 노동자들에게 힘이 되는 판결

김 진 | 죽어 있던 근로기준법 제6조를 오늘에 되살린 일류 심폐 소생. 부디 상급심도 귀한 법 좀 살립시다

류민희 | 근로기준법 제6조 '균등한 처우'의 재발견

– 서울 상암동 MBC 사옥. 사진 정용일

서울남부지방법원 2016.06.10. 선고 2014가합3505 판결 [임금 청구]

민사13부 재판장 김도현

: 근로기준법 제6조의 '사회적 신분'에 '고용 형태'가 포함된다고 해석한
판결

판결 이후

피고가 항소했으나, 2018년 1월 18일 서울고등법원은 1심에서 지급을 명한 판결 원금 전액을 지급하는 것으로 강제조정 결정을 해 확정되었다.

우울증 앓았을 뿐인데
강제 입원?

—

• 정신질환자를 잠재적 위험인물로 보고 신체 억압하는 데
초점 맞춘 정신보건법 헌법불합치

인신 구속은 인권을 가장 밑바닥까지 끌어내리는 행위 가운데 하나다. 형사소송법에서도 개인의 인권 옹호와 가장 대척점에 있는 제도를 인신 구속 제도로 본다. 이 때문에 형사사건에서 인신 구속을 위해서는 '적법 절차 원칙' '무죄 추정의 원칙'을 근거로 엄격한 영장주의를 채택하고 있다. 그러나 정신보건법(정신건강증진 및 정신질환자 복지서비스 지원에 관한 법률)을 통해 인신을 구속해온 과정은 믿기 어려울 만큼 손쉽다.

2010년 11월 13일 김순미(가명) 씨 2층 집에 정신병원 직원 4명이 들이닥쳤다. 이들은 김씨 남편을 통해 현관문을 연 뒤, 신발을 신은 채 집으로 들어왔다. 병원 직원들은 김씨의 팔과 다리를 붙들고 거실

에서 김씨를 끌어냈다. 김씨는 좁은 2층 계단을 통해 끌려 내려온 뒤 강제 입원을 당했다. 평소 알코올중독 증세가 있었지만, 정신과 전문의 면담이나 상담 절차도 없이 강제로 정신병원에 수용됐다. 이날 오전 정신병원에서 김씨 남편이 병원 입원동의서에 서명했고 이튿날 김씨 아들이 서명한 게 필요한 절차의 전부였다.

박 모 씨의 경우는 더 황당하다. 그는 2013년 11월 4일 두 자녀의 동의와 정신과 전문의 진단으로 정신병원에 강제 입원됐다. 박씨는 "갱년기 우울증을 앓았을 뿐인데, 강제 입원이 됐다"며 법원에 구제 신청을 했다. 이어 박씨는 자신의 강제 입원에 근거가 됐던 정신보건법 제24조 1항 등이 신체의 자유를 침해한다며 위헌법률심판 제청을 신청했다.

이런 일이 벌어지는 것은 정신보건법이 "정신질환자의 보호 의무자 2인의 동의(보호 의무자가 1명인 경우 1명만 동의)가 있고 정신과 전문의가 입원 등이 필요하다고 판단한 경우에 한해 당해 정신질환자를 입원 등을 시킬 수 있다"(제24조 1항 등)고 느슨한 법 규정을 두었기 때문이다.

법조계가 "정신질환자의 보건을 위해 제정된 정신보건법이 오히려 이들을 잠재적 위험인물로 보고, 신체를 억압하는 데 초점을 맞춰 애초부터 잘못된 조항"이라고 지적해온 대목이다. 정신보건 통계 현황을 보면, 2013년 정신의료기관에 입원 중인 환자 수가 8만 462명이었다. 이 가운데 김씨나 박씨처럼, 본인 의사에 반해 정신병원에 강제 입원된 경우가 5만 9186명(73.5퍼센트)에 이른다.

헌법재판소는 2016년 9월 29일 해당 법조항에 대해 헌법불합치 결정을 내렸다.

"(정신보건법이) 정신질환자의 보호 의무자 2인의 동의와 정신과 전문의 1인의 진단만 있으면 정신질환자를 본인의 의사에 반해 6개월까지 정신의료기관에 입원시킬 수 있다. 입원의 필요성을 객관적이고 공정하게 담보할 장치를 두지 않고, 보호 입원 대상자의 의사 확인이나 부당한 강제 입원에 대한 불복 제도도 충분히 갖추고 있지 아니하여, 보호 입원 대상자의 신체의 자유를 과도하게 제한하고 있어 침해의 최소성에 반한다."

심사위원 20자평

김 진 | 가족 2명과 의사 판단으로 입원할 수 있는 호모 사케르, 관여 재판관 전원의 일치된 의견으로 조금씩 나아감

류민희 | 때맞춰 해묵은 의제에 대한 입법과 사회적 논의에도 물꼬를 트다

한상희 | 이제 공은 국회로, 정신질환자 보호와 복지를 향해 한 걸음 앞으로

— 헌법재판소가 2016년 9월 정신질환자의 인신을 임의로 구속할 수 있게 한 정신보건법 일부 조항에 철퇴를 내렸다. 철창으로 단단히 가로막힌 한 정신병원의 모습. 사진 류우종

헌법재판소 2016.09.29. 선고 2014헌가9 결정

[정신보건법 제24조 1항과 2항 위헌제청]

판결 이후

2016년 5월 강제 입원 조항이 대폭 수정된 정신건강복지법(정신보건법) 개정안이 국회 본회의를 통과해 2017년 5월부터 시행되고 있다. 우선 제43조를 보면, 정신질환자를 입원시키려면 '정신질환자가 입원 치료 또는 요양을 받을 만한 정도의 정신질환을 앓고 있거나, 자신이나 다른 사람에게 해를 끼칠 위험이 있을 때'라는 두 기준을 모두 충족해야 한다. 또 서로 다른 정신의료기관에 소속된 정신과 전문의 2명 이상이 '일치된' 소견을 내야 입원시킬 수 있도록 명시했다. 입원 후에는 1개월 이내에 별도로 설치된 입원적합성 심사위원회의 허가도 받아야 한다. 하지만 여기에 필요한 국공립 의사 인력이 부족하거나, 정작 입원이 필요한 환자의 입원이 늦어지는 등 문제가 드러나면서 논란이 되고 있다.

공소권 남용에
레드카드 드립니다

—

• 국정원 위증 자료 제대로 확인하지 않은 검찰
  '보복 기소' 검찰의 오만을 깬 판결

2014년 5월 1일 검사 3명이 징계를 받는다. 유우성(36세) 씨가 간첩 조작 사건 항소심에서 무죄를 선고받은 직후였다. 대검찰청 감찰본부가 당시 공판에 관여한 검사들에게 증거가 위조된 사실을 제대로 확인하지 않았다며 정직과 감봉 처분을 내린 것이다.

2004년 탈북한 뒤 서울시 공무원으로 근무하던 유씨는 국내에 체류하는 북한 이탈 주민들의 정보를 북한에 넘긴 혐의로 기소됐다. 그러나 국정원 직원이 증거를 조작한 사실이 드러나면서 2015년 10월 29일 대법원에서 무죄 판결(2014도5939)을 받았다.

징계가 이뤄지고 불과 여드레 뒤인 2014년 5월 9일. 검찰은 '뒤끝 작렬'을 보인다. 서울중앙지방검찰청 형사2부(부장 이두봉)가 자신들을 '망신'시킨 유씨를 탈북자들의 대북 송금을 주선해 불법으로 북한으로 보낸 혐의(외국환거래법 위반)로 기소한 것이다. 유씨의 외국환거래법 위반 혐의는 이미 4년 전 검찰 스스로 기소유예 처분을 내린 것이었다. 사건을 수사한 서울동부지방검찰청은 2010년 3월 29일 "유씨가 초범이고 예금 계좌를 빌려준 것으로는 가담 정도가 경미하다"고 했다. 검찰이 자기모순을 감수하면서까지 어떻게든 유씨에게 올가미를 씌우고야 말겠다는 오만을 드러낸 것이다. 공소권을 남용한 '보복 기소'라는 비판이 빗발쳤다.

검찰의 무리수는 1심에서는 먹히는 듯했다. 서울중앙지방법원은 2015년 7월 16일 "기초 공소사실이 바뀌었다면 자의적인 기소가 아니다"라며 공소권을 남용한 것으로 보기 어렵다고 판결했다. 국민참여재판으로 열린 상황에서 배심원 7명 가운데 4명이 "검찰이 공소권을 남용했다"고 판단했지만, 재판부는 무시했다. 유씨의 혐의를 모두 유죄로 보고 벌금 1000만 원을 선고했다.

그러나 항소심에서 검찰의 오만은 깨졌다. 2016년 9월 1일 서울고등법원 형사5부(재판장 윤준)는 외국환거래법 위반 혐의를 4년 만에 다시 꺼내 기소한 것은 공소권 남용이라고 판단하고 공소를 기각했다.

"검사가 사건을 기소한 것은 통상적이거나 적정한 행사라고 보기 어렵고, 어떤 의도가 있다고 보인다. 공소권을 자의적으로 행사한 위법으로 평가한다. 이 사건에 대한 기소는 소추 재량권을 현저히 일탈한 경우에 해당한다."

다만 유씨가 북한 화교 출신임을 속이고 순수 북한 이탈 주민으로 위장한 뒤 탈북자 전형으로 서울시 공무원으로 취업한 것에 관해서는 벌금 700만 원을 선고했다. 올해의 판결 심사위원장으로 참여한 한상희(건국대 법학전문대학원) 교수는 "검찰권 남용을 통제했다는 점에서 의미가 큰 판결"이라고 말했다.

유씨는 2016년 12월 21일 〈한겨레21〉과 통화에서 착잡한 심정을 털어놓았다.

"법원이 검찰의 명백한 보복 기소에 관해 적색 경고를 내렸다는 점에서 의미가 깊다고 생각한다. 그러나 저로선 2년 동안 검찰에 괴롭힘을 당했고 어떤 보상이나 사과도 받지 못했다. 검찰은 저를 괴롭히겠다는 목적을 달성하지 않았는가."

2013년 기소되면서 서울시 공무원직을 잃은 그는 여행사 등에서 시간제 번역 일을 하고 있다.

심사위원 20자평

한상희 | 검찰권 남용은 이렇게 막는 것이다

여연심 | 권력을 남용하는 검찰에 대한 사법부의 첫 쓴소리. 이런 쓴소리는 더 자주 나와도 좋다

김 진 | 18년 동안 받은 판결문에서 "공소권 남용에 해당한다는 주장에 관하여"의 결론은 "이유 없다"였는데, 그래도 포기 않고 쓰기를 잘했어

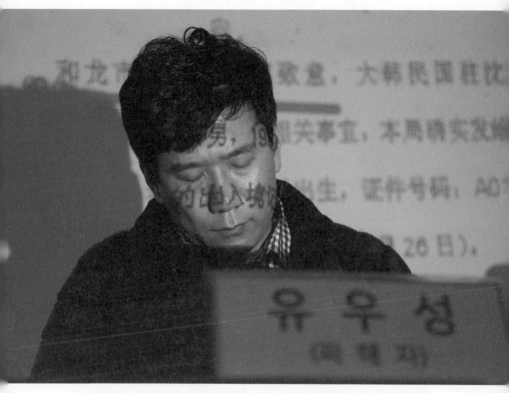

– 유우성 씨는 여동생에 대한 국정원의 강압 수사로 간첩으로 몰렸다가 무죄 판결을 받았다.
  항소심이 진행되던 중에 검찰이 제출한 증거가 위조된 사실이 밝혀지면서 희대의 외국 공
  문서 위조 사건으로 비화했다. 당시 2014년 2월 16일 민변 기자회견장에 앉아 있는 유우
  성 씨. 사진 신소영

서울고등법원 2016.09.01. 선고 2015노2312 판결

[외국환거래법 위반, 위계에 의한 공무집행방해]

형사5부 재판장 윤준

판결 이후

서울고등법원 형사5부는 2016년 9월 1일 유우성 씨에게 외국환거래법 위반 부분에 대해서는 공소 기각하고 위계에 의한 공무집행방해 혐의만 인정해 벌금 700만 원을 선고했다. 앞서 1심은 유씨의 혐의를 모두 유죄로 판단해 벌금 1000만 원을 선고했다.

유우성 간첩 조작 사건 1심 판결에 대해선, 2013년 올해의 판결 '탈북자 출신 서울시 공무원의 간첩 혐의에 무죄 판결' 참조.

2015년 10월 상고심에서 유씨의 국가보안법 혐의에 대해 무죄 판결이 나오고 마무리된 뒤, 유씨를 변호했던 천낙봉 변호사 등 민변 회원 4명이 국정원으로부터 명예훼손을 당했다며 낸 손해배상 소송에서 2017년 9월 승소했다(2016가단5039821).

2016년 올해의 판결

경고한다, 이 판결

'동성애가 싫어요'
헌법재판소의 비겁함

—

• 동성애자 겨눈 군형법 세 번째 합헌 판결,
개인 자유보다 군기를 우선하는 억지 논리

사회에서 동성애는 처벌받지 않는다. 그러나 2016년, 대한민국 군
대 안에서 동성애는 여전히 처벌 대상이다. 동성애자를 겨냥한 군형
법 조항이 7월 28일 헌법재판소로부터 합헌 결정을 받은 탓이다.

'김영란법'(청탁금지법) 쟁점 조항들에 모두 합헌 결정을 내린 이날,
헌법재판소는 군인 동성애를 처벌하는 옛 군형법 제92조의5(현 제
92조의6)에 대한 위헌 소송에서 재판관 5(합헌)대 4(위헌)의 의견으로
합헌 결정을 내렸다. 2002년과 2011년에 이은 세 번째 합헌 결정이
었다.

문제의 조항은 1962년에 제정됐다. "군인이나 군무원, 사관생도 중
에서 계간(현 제92조의6에선 '항문성교'로 바뀜)이나 그 밖의 추행을 한

사람은 2년 이하의 징역에 처한다"는 내용이다. 이미 군형법 제92조, 제92조의1, 제92조의2 등에서 강제성을 띤 '폭행과 협박'에 의한 성폭행과 강제 추행, 준성폭행, 준강제 추행 등에 처벌이 명시돼 있다. 그럼에도 제92조의6은 '폭행이나 협박' 등이 없는 상황에서의 항문 성교나 '그 밖의 추행'을 처벌할 수 있도록 규정한다.

애정이나 사랑에 근거한 행위에 대해 '묻지도 따지지도 않고' 처벌을 규정한 탓에 군대 안 동성애자를 목표로 삼은 조항이라는 논란이 끊이지 않았다. 이 조항은 한국 법률에서 유일하게 동성애 행위 처벌을 명시한 규정이다. 2015년 11월 유엔자유권규약위원회도 "성적 지향을 이유로 어떤 낙인과 차별도 용납하지 않는다는 것을 보여줘야 한다"며 해당 조항을 폐지하라고 권고했다.

그러나 헌법재판소의 판단은 달랐다.

"동성 군인 사이의 성적 만족 행위를 금지하고 형사 처벌하는 것은 군내의 건전한 생활과 군기 확립을 달성하기 위한 적절한 수단이다. 동성 군인이 이성 군인에 비해 차별 취급을 받게 된다 해도 군의 전투력 보존에 직접적인 위해가 발생할 우려가 크다는 군대 내의 특수한 사정에 따른 것이므로, 합리적 이유가 인정된다."

군기 확립과 전투력 보전이 동성애자의 평등권과 사생활 자유, 성적 자기결정권에 우선한다는 결정을 내린 것이다.

판결 과정에서 반대 의견도 상당했다. 김이수, 이진성, 강일원, 조용호 재판관은 "강제성 여부가 불명확해 자발적 합의에 의한 음란 행위와 폭행·협박에 의한 추행을 동일한 형벌 조항에 따라 동등하게 처벌하는 불합리성이 발생하고, 군의 전투력 보전과 직접적인 연관성이 있다고 보기도 어렵다"며 "형벌 체계상 용인될 수 없는 모순"이라고 지적했다.

홍성수 숙명여대 법학과 교수는 "'나는 동성애가 싫어요'라는 말을 법리적으로 풀어내려고 억지를 부린 비겁한 판결문이었다"고 지적했다.

심사위원 20자평

전진한 | 동성 간 사랑을 '닭의 간음'이라는데, 헌법에 부합해요?

류민희 | 미국연방대법원 1986년 바워스 판결(동성애 금지 합헌) 이후 변호사를 그 만두고 싶었다던 미국 동료들의 심정을 이해했다

한상희 | 이것이 군대인가? 이것이 판결인가?

– 성소수자 인권단체 관계자들이 2016년 7월 28일 서울 재동 헌법재판소 앞에서 동성애자를 차별하는 옛 군형법 제92조의5에 대해 위헌 판결을 내려줄 것을 촉구하고 있다. 사진 김정효

헌법재판소 2016.07.28. 선고 2012헌바258 결정

[(구)군형법 제92조의5 위헌소원]

친구가 주면
뇌물 아닌 선물?

—

• '130억 주식 대박' 진경준 전 검사장 뇌물죄 무죄 판결,
• 은밀한 유착 관계에 면죄부

친한 친구가 주면 뇌물이 아니고 선물?

검찰 고위 간부인 진경준 검사장은 2016년 3월 재산을 156억여 원으로 신고했다. 하지만 그 재산 중 130억여 원이 대학 동기인 김정주 게임업체 넥슨 회장에게서 공짜로 받은 주식을 투자해 얻은 시세 차익인 것으로 드러났다. 68년 검찰 역사상 현직 검사장 신분으로 처음 구속 기소됐고 2016년 8월 해임됐다.

2016년 12월 13일 서울중앙지방법원 형사27부(재판장 김진동)는 특정범죄가중처벌법상 뇌물 등의 혐의로 기소된 진경준 전 검사장의 1심 판결에서 뇌물죄에 대해 무죄로 판결했다. 공짜 주식을 비롯해 여러 특혜 이득액 상당의 추징금 130억여 원에 대한 추징도 인정되

지 않았다. 2010년 8월 한진그룹 계열사를 압박해 처남 회사에 100억 원대 일감을 몰아준 혐의와 다른 사람의 이름으로 금융 거래를 한 혐의만 유죄를 인정해 징역 4년형을 선고했다.

재판부는 진경준과 김정주의 관계를 '지음知音'이라는 고사성어를 인용해 두 사람이 주고받은 금품을 뇌물로 단정하기 어렵다고 했다. 지음은 서로 말하지 않아도 속마음을 알아주는 친구라는 뜻이다. 진 전 검사장이 받은 이익과 직무 사이에 관련성 또는 대가성이 없다고 판단했다.

하지만 김정주 대표는 "진경준이 검사이기 때문에 주식과 여행 경비 등을 준 점을 부인할 수 없고, 나중에 형사사건에 대해 진경준의 도움을 받을 수 있지 않을까 생각해 돈을 줬다"고 검찰 조사에서 진술했다고 알려졌다. 대가성을 염두에 두고 '공짜 주식'을 제공했다고 시인한 셈이다.

그럼에도 재판부는, 유죄로 의심할 만한 사정이 있더라도 추상적이고 막연한 김대표의 진술만으로는 대가성이 증명됐다고 보기 어렵다고 판단했다.

"검사의 직위가 직무 관련성과 대가성을 인정할 정도로 특정한 직무로 보기 어렵고, 10여 년간 진 전 검사장이 받은 재산상 이익이 직무와 관련해 제공된 것임을 인정할 증거를 발견하지 못했다."

결국 뇌물죄 성립의 핵심 구성 요건인 '직무 관련성이나 대가성'을 지나치게 축소 해석해 주식 대박을 터트린 진 전 검사장에게 '면죄부'를 준 것이다.

시민단체 투기자본감시센터는 법원 판결이 내려진 이날 발표한 성명에서 "과거에는 상품권만 받아도 처벌했는데 이번 판결대로라면 재벌들이 검사 친구에게 대놓고 뇌물을 주더라도 처벌할 수 없다"며 "이번 판결은 사법부가 법률을 부인하는 판결"이라고 비난했다.

이번 판결은 '김영란법'의 존재 이유를 말해주는 것이기도 하다. 이 사건이 김영란법이 시행된 이후 벌어졌으면 진 전 검사장은 처벌을 피할 수 없었을 것이다. 2016년 9월 28일 시행된 김영란법에서는 직무 관련성 등과 관계없이 공직자가 100만 원을 초과하는 금품을 제공받으면 형사 처벌하도록 규정하고 있다.

심사위원 20자평

여연심 아무리 '법리'라지만 국민 눈높이와 너~무 동떨어진 판결은 어떻게 이해해야 할까? 돈 많은 친구를 둬야겠다는 씁쓸한 다짐을 하게 하는 판결이라니

전진한 검사들에게 돈 많은 친구 많이 만나 '스폰' 당기라는 판결

홍성수 앞으로 뇌물 사건에선 우정의 농도가 관건?

— 2016년 7월 14일 넥슨의 비상장 주식을 뇌물로 받았다는 의혹 등을 받는 진경준 전 검사장이 피의자 신분으로 검찰에 출석하고 있다. 사진 김정효

서울중앙지방법원 2016.12.13. 선고 2016고합734 판결

[특정범죄가중처벌법상 뇌물 등]

형사27부 재판장 김진동

판결 이후

2심에서는 1심과 달리 뇌물죄가 인정되어 형량이 징역 4년에서 7년으로 늘어났다. 넥슨 주식 취득과 해외여행 경비 건, 제네시스 승용차 제공 건 모두 뇌물로 인정되어 유죄 판결이 나왔다. 넥슨 주식을 넥슨재팬 주식으로 바꾼 것은 무죄로 판단되어, 120억여 원 시세 차익은 추징을 면했다. 2017년 7월 21일 서울고등법원 형사4부(재판장 김문석)는 진 전 검사장에게 징역 7년, 벌금 6억 원, 추징금 5억 219만 5800원을 선고했다. 1심에서 무죄 판결을 받은 김정주 대표도 뇌물 공여 혐의가 인정되어 징역 2년에 집행유예 3년을 선고받았다.

그러나 대법원은 2심이 유죄로 판단한 김회장과 진 전 검사장 간 거래를 뇌물로 볼 수 없다고 판단했다. 뇌물 혐의를 대부분 무죄로 판단한 것. 또 넥슨 주식 취득과 이후 이를 매매해 120억여 원 차익을 누린 부분에 대해서는 공소시효가 지나 면소 판결 대상이라고 판단했다. 한진그룹 계열사를 압박해 처남 회사에 일감을 몰아준 혐의와 차명 계좌를 이용한 혐의만 원심대로 유죄 판결했다. 2017년 12월 22일 대법원 1부(주심 김신 대법관)는 원심을 깨고 진 전 검사장에 대

해 일부 무죄 취지로 사건을 서울고등법원으로 돌려보냈다. 김정주 대표에 대해서도 원심을 깨고 무죄 취지로 사건을 돌려보냈다.

묘수는 안 통했고
꼼수만 드러났네

—

• 고 백남기 농민 사인 명백한데 부검영장 발부…
• 조건 달았지만 갈등만 증폭

국가 폭력 희생자의 존엄을 위한 묘수였을까, 판사 자신의 면책을 위한 꼼수였을까.

평소 건강하던 백남기 농민은 2015년 11월 14일 민중총궐기(1차)에서 경찰이 쏜 물대포에 머리를 맞아 쓰러진 뒤 단 한 번도 의식을 회복하지 못한 채 317일이 지난 2016년 9월 25일 사망했다. 사인은 명백했지만 경찰은 '병사' '제삼의 외력' 따위를 거론하며 사망 당일 밤 부검영장을 신청했다. 국가 폭력에 민간인이 죽음을 당한 것이라는 사건의 본질을 훼손하려는 의도가 뻔했다.

이에 제동을 건 것은 사법부였다. 서울중앙지방법원은 경찰이 영장을 신청한 지 2시간 40분 만인 9월 26일 새벽 1시 40분께 "부검의 필요성과 상당성이 없다"며 부검영장을 기각했다.

하지만 경찰은 영장이 기각된 날 밤 또다시 부검영장을 신청했다. 사법부는 표변했다. 서울중앙지방법원은 경찰에 추가 소명 자료를 제출하라고 요구한 끝에 9월 28일 부검영장을 발부했다. 국가 폭력과 민간인 사망의 진상 규명은 또다시 지연됐고, 시신 부검을 둘러싼 사회적 논란만 지리하게 이어졌다.

이 부검영장은 전례 없는 '조건부 영장'으로 발부됐다. '압수수색 검증의 방법과 절차에 관한 제한'이라는 별도 항목에서 부검 장소와 참관인 선정 등 5가지 항목에서 유족의 의사를 반영하라는 조건을 명시했다. 초기에는 판사가 유족 의사에 반하는 일방적인 부검 집행을 제한하기 위해 내놓은 묘수라며 "고심했다, 노력했다"는 평가가 나오기도 했다.

하지만 조건부 영장의 실체는 2016년 10월 5일 서울중앙지방법원에 대한 국회 국정감사에서 드러났다. 이날 출석한 강형주 서울중앙지방법원장은 백혜련 더불어민주당 의원의 "영장 제한은 권고 규정이 아니라 의무 규정이냐"는 물음에 "그렇게 해석할 수도 있다"고 했다. 그런데 주광덕 새누리당 의원의 "어느 장소에서 부검을 할지 수사기관과 가족이 협의하라는 것은 아니지 않느냐"는 질문에도 "그런 취지로 해석할 수 있다"고 답했다. 사실상 부검을 해도 되고, 안 해도 된다는 이중 플레이였다. 부검영장에는 아무런 사법적 판단도 들어 있지 않았던 것이다.

고 백남기 농민 유족의 법률 대리인 조영선 변호사(법무법인 동화·민변)는 "정치적이었다기보다는 어느 쪽에서도 욕먹고 싶지 않았던 판사의 면피성 판결"이라고 했다. 올해의 판결 심사위원들이 서울중앙지방법원 성창호 영장 전담 부장판사가 발부한 부검영장을 '나쁜 판결'로 꼽은 이유도 비슷하다. 홍성수 심사위원(숙명여대 법학과 교수)은 "해석의 여지가 있는 영장이라는 것 자체가 문제다. 욕을 먹더라도 법리적으로 따져 한쪽 편을 드는 것이 사법부의 숙명이다"라고 말했다.

심사위원 20자평

홍성수 | 법원의 애매한 줄타기, 문제는 더 꼬였다

여연심 | 눈을 의심케 하는 독특한 조건부 영장 발부, 집행되지 않아 천만다행

류민희 | 균형적 '솔로몬'을 시도했으나 사실은 경찰에 면죄부를 준 것이다

— 백남기 농민 부검영장 집행 시한 이틀을 앞둔 2016년 10월 23일 오전, 서울 종로구 서울대 병원 장례식장 앞에서 백남기대책위와 대학생들이 경찰의 부검 집행 시도를 저지하기 위해 출입로를 막고 있다. 사진 신소영

서울중앙지방법원 2016.09.28. 결정 [압수수색 검증영장 발부]

판사 성창호

세상과 싸우는
'평등한 사랑'

—

• 혼인의 자유와 평등 말하는 김조광수·김승환 부부
• 국내 첫 동성혼 재판에서 불인정 결정

법은 또다시 그들을 부부로 인정하지 않았다.

2016년 12월 6일, 서울서부지방법원 민사5부(재판장 김양섭)는 영화감독 김조광수 씨와 영화사 레인보우팩토리 대표 김승환 씨가 동성 부부 혼인신고를 처리하지 않은 서대문구청에 제기한 불복 소송 항고를 기각했다. 1심에 이어 2심에서도 혼인을 '남녀 간의 결합'으로 정의한 현행법의 해석상 동성 결혼을 인정할 수 없다는 판단을 유지한 것이다.

김조광수 씨와 김승환 씨는 '합법적 부부'가 되기 위해 지난한 싸움을 하고 있다. 2013년 9월 공개 결혼식을 올리고서 그해 12월 서대

문구청에 혼인신고서를 제출했다. 구청 쪽은 '민법상 동성혼은 혼인으로 인정할 수 없다'며 반려했다. 김씨 부부와 '성소수자 가족구성권 보장을 위한 네트워크'는 2014년 5월 21일 '부부의 날'을 맞아 서울서부지방법원에 구청의 처분을 취소해달라는 소송을 냈다. 국내에서 제기된 동성 결혼 관련 첫 소송이다.

이날 기자회견에서 김조광수·김승환 부부의 소송을 대리하는 변호인단은 "민법 어디에도 동성 간 혼인을 금지하는 조항은 없다"며 "혼인의 자유와 평등을 규정하는 헌법 제36조 1항은 문언 그대로 혼인과 가족생활에서 남성과 여성 양성이 평등해야 한다는 것이지, 혼인이 성립하려면 두 당사자가 이성이어야 한다는 의미가 아니다"라고 주장했다.

2년가량 심리를 거친 뒤 서울서부지방법원(판사 이태종)은 2016년 5월 25일 두 사람이 동성 결혼이라는 이유로 서대문구청이 혼인 신고를 받아주지 않는 것은 부당하다며 낸 소송(가족관계등록공무원의 처분에 대한 불복 신청)에 대해 각하 결정을 했다. 재판부는 "시대적·사회적·국제적으로 혼인 제도를 둘러싼 여러 사정이 변화했다고 하더라도 별도의 입법적 조치가 없는 현행법 체계하에서 법률 해석론만으로 '동성 간의 결합'이 '혼인'으로 허용된다고 볼 수는 없다"고 결정 이유를 설명했다.

서로의 차이를 인정하지 않는 낡은 가족 규범 때문에 동성 커플은 제도 밖 부부로 살고 있다. 법적 혼인으로 인정받지 못해 상속권, 상대방이 수술할 때 동의서를 쓰고 사망시 장례를 주관할 권리, 국민건강보험에서 가족으로 혜택받을 권리 등 다수의 법적 권리를 누릴 수 없다.

우리나라의 상황과 달리, 전 세계적으로 동성 결혼을 인정하는 나라가 늘어나는 추세다. 미국 연방대법원은 "동성 결혼자 차별은 개인 평등권의 침해"라며 2015년 6월 26일 동성혼이 합법이라고 판결했다. 2016년 3월에는 자식을 입양한 동성 부부의 친권을 전국적으로 허용하라는 판결까지 내렸다. 이렇게 미국 등 세계 22개국이 동성혼을 법으로 인정했다.

심사위원 20자평

여연심 | 예상한 결과지만 마음 아픈 판결. 편견과 차별 없는 세상은 멀다

김 진 | 혼인에 제반 권리를 부여하는 것은 자녀 출산과 양육 과정을 통해 사회 구성원을 새로 만들기 때문⋯이라고요?

홍성수 | 소송에 기댈 수밖에 없는 이유, 법원은 알까?

— 영화감독 김조광수 씨(왼쪽)와 레인보우팩토리 대표 김승환 씨가 2015년 7월 6일 서울 마포구 서울서부지방법원에서 열리는 동성 결혼 소송 첫 심문에 참석하기 위해 법정으로 향하던 중 기자들의 질문에 답변하고 있다. 사진 김성광

서울서부지방법원 2016.05.15. 선고 2014호파1842 결정

[등록부 정정(가족관계등록 공무원의 처분에 대한 불복 신청)]

판사 이태종

2015년

올해의 판결

나쁜 세상, 좋은 판결?

탁월한 판결 없어 2차 투표 끝에 선정된 대법원의 대형마트 영업시간 제한 판결…

퇴행의 시대에 경제민주화 불씨 살려…

올해는 '아쉬운 판결'도 뽑아

"진실은 전진한다."

〈한겨레21〉이 '올해의 판결' 기획을 처음 내놓았던 2008년 표지 제목이다. 7년 동안 세상의 진실은 얼마나 전진했을까? 2014년 '올해의 판결' 기사의 제목은 "후진의 시대, 사법부의 전진을 희망함"이었다. 2015년도 크게 달라지지 않았다. 사회 곳곳에서 '후진' 버튼이 눌려지고 있는데도, 제동을 걸어 정의를 세우려는 사법부의 모습을 찾아보기는 어렵다.

그래도 '올해의 판결' 나름으로는 전진하려고 노력했다. 그해 나온 판결이 우리 삶에 어떤 영향을 미치는지, 우리 사회가 좀 더 나아지는 데 도움이 되는 판결이 무엇인지를 연말마다 돌이켜보는 작업이 어느새 8년째에 이르렀다. 〈한겨레21〉은 딱딱하고 멀게만 느껴지는 판결을 법조계 '그들만의 세상'으로부터 끌어내는 데 성공했다. 떠들썩하게 판결을 비평하고 토론하는 공론의 장이 〈한겨레21〉뿐 아니라 여러 곳에서 만들어졌다.

이제 〈한겨레21〉은 여기서 한발 더 나아간다. 올해는 '좋은 판결'과 '나쁜 판결'로 이분법적으로 나눴던 판결 심사 기준과 관행을 새롭게 바꿔봤다. 세상에 흑백만 존재하
지 않듯이, 판결 또한 단순히 좋
고 나쁨으로만 설명되지 않기 때
문이다.

올해의 판결 심사는 11월 초부
터 한 달 넘게 이뤄졌다. 각 분야
를 대표하는 심사위원 9명을 모
아 심사위원단을 꾸렸다. 심사위
원과 여러 기관·단체로부터 1차
후보작을 추천받았다. 참여연대
사법감시센터, 경제정의실천시민연합 정치사법팀, 대한변호사협회,
서울지방변호사회, 민주사회를위한변호사모임, 공익인권변호사모임
희망을만드는법과 공익법센터 어필 등이 추천에 참여했다.

2015년 올해 처음 〈한겨레21〉 독자에게도 공개적으로 후보작 추
천을 부탁했다. 대법원·헌법재판소 홍보심의관실에서도 후보작 추
천과 판결문 취합에 많은 도움을 받았다. 이렇게 해서 총 101건의 후
보작이 모였다.

심사위원 9명이 1차 채점을 통해 최종 후보작 57건을 골라냈다. 심
사가 진행되는 동안 나온 중요한 판결도 최종 후보작에 추가됐다. 심
사위원들이 어떤 기준으로 올해의 판결을 뽑았는지는 최종 심사회의
지면 중계에서 엿볼 수 있다.

원래 음식점 메뉴판이 잡다할수록 대표 메뉴가 없는 법이다. 최종
심사가 꼭 그런 꼴이었다. 심사 대상에 오른 판결 수는 많았으나, 모

두가 엄지손가락을 올릴 만한 훌륭한 판결이 보이지 않았다. 올해를 빛낸 최고의 판결을 뽑으면서, 격론 끝에 1차, 2차 투표까지 진행해야 했던 이유다.

그럼에도 불구하고 민주주의 퇴행의 시대에 잊힌 듯했던 '경제민주화'의 불씨를 다시 살려낸 대법원의 대형마트 영업시간 제한 인정 판결이 '최고의 판결'로 뽑혔다. 막판까지 '최고의 판결' 자리를 놓고 경합했던 '파기 환송된 '전교조 법외노조 통보 효력정지'를 다시 인용'과 '2차 민중총궐기 집회금지 집행정지 인용', 두 결정을 내린 판사들에게는 경의를 표한다. 그들은 동토에도 사법 정의의 싹이 움틀 수 있다는 희망을 보여줬다.

박수친다, 이 판결

- 대형마트 영업시간 제한 인정(최고의 판결)
- 2차 민중총궐기 집회금지 통보 집행정지 인용
- 파기 환송된 '전교조 법외노조 통보 효력정지'를 다시 인용
- 긴급조치 9호 위법성 인정해 국가에 손해배상 책임 인정
- 비봉 석면 폐광산에 대해 석면 관련 법의 '사전 예방' 강조
- 대부업자의 이자율 폭리 '꼼수' 제한
- 세월호 구조 실패한 123정장의 업무상 과실치사 인정

아쉽다, 이 판결

- 이주노조 합법화
- 간통죄 위헌 결정

• 변호사가 약정한 형사사건 성공보수금 무효

• 무기수 김신혜 재심 결정

경고한다, 이 판결

• 통합진보당 해산 결정(최악의 판결)

• 국가 상대 손해배상의 소멸시효를 6개월로 제한

• 파업 지지한 비정규직 노동자에게 '업무방해 방조죄' 적용

• KTX 여승무원에 대한 불법파견과 위장도급 불인정

• 원세훈 전 국정원장 공직선거법 유죄 원심 파기

• 세월호 관제 소홀한 진도VTS '무죄' 선고

• 연예기획사 대표의 10대 성폭력을 '사랑'으로 판단

2015년 사법부 20자 총평

양현아 │ 하급심의 새로운 해석을 무화시키는 대법원의 형식적 법 해석!

김성진 │ 권력과 편견 앞에 사법부는 제 역할을 하고 있는가?

노희범 │ 묻어가는 판결들 속에 용기 있는 판결들! 그래서 희망은 있다

송소연 │ '기-승-전-헌법', 다시 봄을 기다림

염형국 │ 사법부여~ 부디 소수자들을 울리지 마세요~

최은배 │ 획일화된 재판관 구성, 민주주의 훼손하는 정부 견제 역할 불충분… 아쉽다

탁상머리 판결에
'경제민주화' 불어넣다

—

• 대법원, 헌법 제119조 2항 이례적으로 인용
• '대형마트 영업시간 제한, 의무휴업일 지정' 정당하다고 못 박아

"언니야, 이거 진짜 맛있는 갈치야. 뻥 아니야."

"귤이 싸요, 진짜 싸."

바깥 거리는 12월 들어 가장 춥다는데, 시장통은 장사꾼들의 걸쭉한 입담에 뜨듯하다. 2015년 12월 15일 오후 2시, 서울 마포구 망원시장은 평일 낮인데도 손님으로 북적였다. 두꺼운 파카와 털부츠, 목도리로 중무장한 시장 상인들은 발을 동동 구르면서도 신나게 목소리를 높였다. 떨이 상품을 잔뜩 꺼내 쌓아 놓은 슈퍼 앞은 사람에 치일 지경이다. 좁은 가게 안으로 들어갈라치면, 가뜩이나 추워서 웅크린 어깨를 더 동그랗게 웅크려야 한다. 이렇게 오밀조밀한 가게 86곳에 상인 400여 명과 그 가족들의 삶이 들어앉아 있다.

대형마트 상대로 싸운 '다윗' 변호사
지방자치단체를 대리하며 시장 상인들을 대변

양창영(44세) 변호사는 망원시장 단골이다. 그냥 단골이 아니라, 시장 형편을 속속들이 아는 한 가족이나 다름없다. 어느 가게 사장님 성격이 걸걸하고 입담이 센지, 어느 가게가 제일 장사가 잘되는지 훤하다. 과일가게 김미숙(50세) 사장님은 19년 된 고참급이고, 최경병(59세) 사장님은 17년 동안 쫄깃한 족발을 썰었다. 망원시장 상인회 '마당쇠'인 고종순(53세) 사장은 아버지의 뒤를 이어 고소한 깨를 볶는다.

양변호사가 망원시장을 찾기 시작한 지는 10여 년이 되었다. 잘 다니던 대기업을 2002년 그만두고 나서 사법시험을 준비하던 무렵부터였다. 상암동 월드컵경기장 근처에 사는 양변호사는 대형마트 계산직으로 일하던 아줌마들이 비정규직법에 맞서 싸우다가 경찰한테 끌려 나오는 장면을 직접 두 눈으로 봤다. 만화 〈송곳〉의 배경이 된 바로 그 사건이다. 그 뒤로 그는 대형마트에 발길을 끊다시피 했다. 대신 생활협동조합이나 전통시장, 동네 마트를 이용한다.

2008년 사법시험에 합격해 변호사가 되고 나서도 그는 소상공인들 편에 섰다. 민변 민생경제위원회에서 활동하며 대형마트가 영업시간 제한, 의무휴업일 지정에 반발해 지방자치단체를 상대로 낸 소송과 관련한 업무를 도맡았다. 서대문구, 동작구, 노원구 등 그가 변호를 맡은 지방자치단체만 다섯 손가락을 넘어간다. 지방자치단체를 대리했지만, 실은 시장 상인들을 대변한 셈이다.

대형마트와 시장 상인들 간에 법정 싸움이 시작된 건 2012년 1월로 거슬러 올라간다. 국회에서 '유통산업발전법'을 개정하면서 시장·군수·구청장이 대형마트와 기업형 슈퍼마켓(SSM)에 대해 오전 0시부터 8시까지 영업시간을 제한하고, 매달 1~2일씩 의무휴업일을 지정할 수 있도록 한 게(제12조의2) 법정 싸움의 불씨가 됐다. 유통산업발전법은 이를 어기는 사업자에게는 3000만 원 이하의 과태료를 물도록 했다. 전통시장과 골목 상권을 보호해 건전한 유통 질서를 확립하고, 대형마트에서 야간 근무하는 노동자의 건강권을 지키기 위한 고육책이었다.

2012년은 '경제민주화'라는 이슈가 들불처럼 번지던 시기였다. 동네 빵집과 커피숍을 넘보는 대기업, 골목 상권을 침해하는 대형마트와 기업형 슈퍼마켓에 대한 비판이 들끓었다. 그해 4·11 총선에서 여야 모두 경제민주화를 앞세운 공약을 내놨고, 이런 흐름은 연말 대통령 선거까지 이어졌다.

그러나 대형마트 쪽에선 여러 이유를 들며 반격에 나섰다. "일요일에 의무 휴업을 하면 맞벌이 가족이 주말에 장 보는 데 불편하다" "대형마트에는 여성 비정규직 노동자가 많은데 야간·휴일 근무가 없어지면 임금이 줄어든다" "지방자치단체 행정처분이 한–유럽연합(EU) 자유무역협정(FTA)의 시장 접근 제한 금지 조항을 위반해 통상 마찰이 우려된다" 등등.

이마트, 롯데마트, 홈플러스 등 대형마트 6곳은 각 지방자치단체를 상대로 행정소송을 내는 공동 작전에 들어갔다. 대형 로펌이 변호인으로 가세했다. 대부분의 소송은 1심에서 지방자치단체 승소로 끝났다.

대형마트를 대형마트라 부르지 못하게 한 항소심 판결 이후
"그날 변론할 때 보니까 목소리에 칼이 들어 있더라고"

그런데 2014년 12월, 전세가 역전됐다. 뜻밖에 대형마트가 승소한 판결이 나온 것이다. 서울고등법원 행정8부(재판장 장석조)는 대형마트 6곳이 서울 동대문구청과 성동구청을 상대로 '영업시간 제한과 의무휴업 지정 등의 행정처분을 취소해달라'며 낸 소송의 항소심에서 원고 승소 판결했다. 재판부는 다소 엉뚱한 이유를 댔다. 소송을 낸 회사들이 운영하는 대규모 점포가 "법에서 정한 대형마트로 볼 수 없다"는 이유다.

유통산업발전법에는 대형마트, 백화점, 복합쇼핑몰 등 대규모 점포의 종류를 6가지로 구분한다. 이 법에 규정된 대형마트는 '매장 면적 3000제곱미터 이상으로 점원 도움 없이 소매하는 점포 집단'이다. 그런데 해당 이마트나 롯데마트 등은 채소·과일 코너엔 제품의 무게를 재거나 포장하는 점원, 정육·생선 코너엔 제품을 손질하는 점원이 있으니 대형마트가 아니라고 재판부는 설명했다. 이마트를 '대형마트'라고 부르지 못한다니 '아버지를 아버지라고 부르지 못하는 판결'이라는 우스갯소리까지 나왔다.

재판부는 또 전통시장의 보호 효과가 뚜렷하게 드러나지 않는데도 지방자치단체가 소비자 선택권을 과도히 제한했다고 봤다. 한-EU FTA의 시장 접근 제한 금지 조항을 위반한 처분이라고도 판단했다.

대형마트를 규제한 이후 소상공인 사업체 552곳을 조사했더니 전통시장 매출액이 18.1퍼센트, 고객 수는 17.4퍼센트 증가했다는 결과는 받아들여지지 않았다.

실상은 달랐다.

"진짜로 난리가 났죠. 하루에 '품절' 방송을 몇 번 했는지 몰라요."

2013년부터 망원시장은 대형마트가 의무휴업을 하는 매달 둘째·넷째 주 일요일마다 '망원시장 난리 났네!' 할인 행사를 진행하고 있다.

서정래(53세) 망원시장 상인회 회장은 "채소가게, 정육점 여러 곳이 뭉쳐서 '생고기 1근 1900원' '동태 1000원' 전단 광고를 냈던 게 할인 행사의 시초"라고 기억했다. 대형마트 의무휴업일을 '전통시장 가는 날'이라고 각인시키려면 "조금 손해 보더라도 고객을 모아야" 한다는 취지로 시작했다. 두 번째 할인 행사 때는 우유가 품절됐고, 세 번째에는 5개 묶어 1000원에 판 오이가 동났다. 명절 대목처럼 손님이 몰렸다. 서울고등법원 재판부가 망원시장에 와봤다면 '대형마트 규제 효과가 없다'는 탁상머리 분석을 하지는 않았을 것이다.

공은 대법원으로 넘어갔다. 사건 내용을 꿰뚫고 있는 양창영 변호사, 판사 출신으로 서울시 고문 변호사이기도 한 이립 변호사가 전통시장 상인들을 대변하기 위해 동대문구청과 성동구청 쪽 변호인단에 합류했다.

대법원은 2015년 9월 18일 공개변론을 열었다.

"그날 변론할 때 보니까 목소리에 칼이 들어 있더라고. 나야 당사자지만, 변호사한테서 그런 절박함이 느껴지다니. 방청석에 앉아 있는데 양변호사가 말할 때마다 울컥울컥했다."

서정래 회장이 그때 기억을 들춰냈다.

헌법의 경제민주화 조항을 판결문에 적시한 대법원
상생 발전 위해 '우리는 조금 불편해져야 한다'

'다윗' 변호사들이 승리했다. 법무법인 태평양과 김앤장을 상대한 값진 승리였다. 2015년 11월 19일 대법원 전원합의체(주심 김창석)는 항소심 판결을 파기하고 사건을 서울고등법원으로 돌려보냈다. 대법원은 대형마트에 대한 영업시간 제한, 의무휴업일 지정이 "적법하다"고 판단했다.

해당 점포는 '대형마트'가 맞고, 의무휴업에 따라 주변 전통시장과 중소 소매업체의 매출이 실제 증가했다고 대법원은 항소심의 잘못된 판단을 바로잡았다. 또 '통상 마찰' 우려와 관련해서도 한-EU FTA 등 통상 협정을 위반한 것이 아니라고 못 박았다. 이미 시장 진입이 허용된 외국계 대형마트에 국내 기업과 같은 규제를 적용해도 '시장 접근 제한 금지' 조항에 어긋나지 않는다는 것이다.

특히 대법원은 판결문에서 헌법 제119조 2항, 이른바 '경제민주화' 조항을 자세히 인용했다. 사실상 사문화됐던 경제민주화 관련 헌법 조항을 대법원이 판결문에 적시한 것은 처음이다.

"국가는 균형 있는 국민경제의 성장 및 안정과 적정한 소득의 분배를 유지하고, 시장의 지배와 경제력의 남용을 방지하며, 경제주체 간의 조화를 통한 경제의 민주화를 위하여 경제에 관한 규제와 조정을

할 수 있다."(헌법 제119조 2항)

'대형마트 영업의 자유' '소비자의 선택권'이라는 사익과 '대형마트 경제력 남용 방지' '전통시장 보호'라는 공익이 충돌할 때 경제주체 간의 조화로운 공존은 어떻게 가능할까?

대법원은 헌법 제119조 2항을 바탕으로 방향을 잡았다.

"상생하는 경제 질서를 구축하고 공공복리를 실현하기 위해 법률로써 어느 경제주체의 경제활동의 자유 등을 제한하게 되더라도 그 제한이 정당한 목적과 합리적인 수단에 의하고, 개인의 자유와 권리의 본질적인 내용을 침해하는 것이 아니라면 해당 경제주체는 이를 받아들여야 한다."

유통산업발전법이 공익 실현을 위한 경제 규제 입법이고, 해당 지방자치단체가 이해 당사자의 의견을 청취하는 등 절차를 거친 이상 대형마트와 소비자가 다소 불이익을 입거나 불편하더라도 감수해야 한다는 뜻이다. 에둘러 말했지만 탐욕스런 자본에 대한 법원의 경고 메시지임이 분명했다. 프랑스, 독일 등 외국에선 이미 오래전부터 대형마트 출점 지역과 영업시간을 제한해왔다.

이림 변호사는 "헌법 제119조 2항을 대법원이 거론한 사건은 이례적이다. 10년 이상 논의된 끝에 국민적 합의에 따라 국회를 통과한 경제민주화 관련 법의 입법 취지를 살려야 한다는 측면에서 대법원이 아주 법리적인 차원에서 판결했다고 본다"고 말했다. 이변호사는 공개변론에서 "소비자들도 심야나 한 달에 한두 번 일요일에 대형마트 쇼핑을 하지 않는 것에 익숙해졌고, '우리는 조금 불편해져야 한다'는 인식이 자리 잡아가고 있다. 모처럼 정착돼가는 '상생 발전'의

싹을 꺾지 말아달라"고 강조한 바 있다.

시장 자생력 위해 실험 지속하는 전통시장

대법원 판결 이후, 전통시장 상인들은 놀란 가슴을 쓸어내렸다. 하지만 아직 완전히 끝난 싸움은 아니다. 서정래 회장은 "상생이라는 명목하에 일부 상인 단체와 대형마트 간에 의무휴업일을 평일로 옮기는 방안을 논의하고 있다고 들었다"며 걱정했다.

서회장은 망원시장에서 23년 동안 옷 장사를 해온 토박이다. 누구보다 전통시장의 처지를 알고 있다.

"대형마트가 의무휴업을 한다고 해도 시장이 자생력이 없으면 아무런 의미가 없다."

망원시장은 기업 사내 행사에 맞춰 준비한 '걱정마요 김대리', 전통시장 최초로 시도한 '티머니' 결제 서비스 등 여러 실험을 통해 고객 마음 잡기에 나섰다. 시장 입구에 세운 상인회 건물 지하에서는 '요리 프로그램'도 열 계획이다. 지역 상인과 주민들이 힘을 모아 기업형 슈퍼마켓 입점을 막아낸 경험이 있기에 가능한 '자신감'이다.

"대형마트랑 싸워서 이길 수는 없지만 지지는 않을 수 있다는 생각을 했다. 시장을 좀 더 좋게 만들어야 한다는 상인들의 힘도 잘 결집됐다."

대법원이 잊혀져가던 '경제민주화'를 다시 불러냈다. 하지만 예전처럼 경제민주화 열기가 뜨겁지는 않다.

"(대법원 판결로) 집 나간 자식이 돌아온 거죠."

양창영 변호사가 농담처럼 말했다. 뼈 있는 농담이다.

"선거 때나 경기 침체기에 '경제를 살리자'는 하나의 방편 정도로만 경제민주화를 바라봐서는 안 된다. 경제주체가 고르게 발전하고, 사람이 살아가는 최소한의 기본 요건이 충족되는 사회가 만들어져야 좀 더 정치적인 기본권에도 목소리를 높일 수 있다. 경제민주화가 일시적인, 정치적 구호로 끝나서는 안 되는 까닭이다."

심사위원 20자평

김태욱 | 산재보험 제도의 존재 이유를 명확히 한 올해 최고의 판결

김성진 | 법원도 인정한 경제민주화 입법, 이제는 딴소리 말자!

노희범 | 대한민국 대법관들! 드디어 대한민국 헌법에 눈길을 주었다

송소연 | 골목길이 뚫려야 큰길도 안 막히지!

양현아 | 거대 자본이라는 골리앗에 대항한 다윗의 승리

염형국 | 헌법 제119조 2항 경제민주화 조항은 죽지 않았다!

정남순 | 대형마트 영업 '잠깐' 정도는 쉬어도 좋습니다

최은배 | 골목 시장 지켜내고 공존과 상생 가능케 한 좋은 판결

— 2015년 12월 15일 양창영 변호사(오른쪽 위)와 서정래 망원시장 상인회 회장(왼쪽 아래)
이 망원시장 상인들과 함께 즐거운 표정으로 시장통 한가운데서 사진을 찍었다. 사진 류우종

대법원 2015.11.19. 선고 2015두295 전원합의체 판결

[영업시간 제한 등]

주심 김창석

판결 이후

2013년 1월 1일 유통산업발전법 개정안이 국회 본회의를 통과하면서, 대형마트 영업시간 제한이 '자정부터 오전 10시까지'로, 의무휴업은 '매월 두 번씩 휴일'로 바뀌었다. 다만 지방자치단체장이 이해당사자와 협의를 거쳐, 공휴일이 아닌 평일로 의무휴업일을 조정할 수 있도록 했다

1심인 서울행정법원 판결에 대해선, 2013년 올해의 판결 '대형마트의 영업을 규제하는 지방자치단체 조례는 적법하다는 판결' 참조.

"난
불법 해고자"

—

- 통합진보당 해산 결정 그 후…
- 배관공 된 이상규 전 의원 "정치 복직할 것"

새벽에 집을 나선다. 하루의 시작을 서두른 사람들을 버스와 지하철에서 만난다. 아침 6시 50분 조회에 참석하고, 7시부터 일을 시작한다. 38층 건물을 짓는 공사장이 요즘 그의 일터다. 무거운 파이프를 나르다 타박상을 당하기 일쑤다. 용접 불꽃이 살갗에 화상 자국도 남긴다. 그는 뜨거웠던 지난 7월 어떤 날의 하루를 페이스북에 이렇게 기록했다.

"점심밥 먹고 '깜박 잠', 오전·오후 잠시의 휴식이 없으면 못 견딜 것 같은 폭염의 노동을 모두 꾸역꾸역 해낸다. 생존이기에."

오줌이 튀는 것을 받아내며 화장실 소변기 철거 작업을 한 적도 있다. 얼굴을 알아본 현장 동료들이 의아해하며 묻는다.

"어떻게 이런 험한 일을 할 생각을 했어요?"

"국회의원을 한 사람이 공사장까지 나올 줄은 몰랐다."

그는 "먹고살아야 하니 나왔습니다"라고 얘기한다. 선거 출마로 진 빚, 집 얻을 때 대출받은 돈 등을 갚아야 하니 틀린 말도 아니다. 무엇 보다 그는 "일당을 벌지 못하면 당장 먹고사는 게 걱정인 사람들"과 공사장 위험 구간을 함께 오르며 정치가 무엇을 해야 하는지 다시 돌 아보고 있다.

2015년 12월 17일 서울 시내에서 만난 이상규 전 통합진보당 의원 은 6개월 전부터 배관공으로 살고 있다. 하루 12만 원 정도 받는 일 이다. 추석 연휴가 있던 9월만 빼고 한 달 평균 25일 일했다. 이제 "이 씨" "이상규 씨"로 불린다.

공사장으로 출근하는 전직 국회의원

"노동자와 서민을 위한 정치를 하려면 서민들의 삶이 있는 현장에 같이 있어야죠."

국회의원에 당선되기 전해인 2011년까지 배관 설비를 한 경험이 있다. 그때 파이프에 찧어 손가락 두 개의 끝마디가 으스러진 적도 있다. 배관공으로 돌아가려고 2015년 5월 기능학교에서 20일간 실 습도 했다. 공사장에서 실수할 땐 "모욕을 당하기도" 하지만, 7개월째 버텨내는 그를 현장에서도 달리 보기 시작했다.

2014년까지 그는 국회의원이었다. 2012년 총선 당시 모교 대학이 있는 '서울 관악을'에서 초선 의원이 됐다. 그는 국회의원 시절 '국정원 댓글 사건' 증거가 은폐되는 정황이 담긴 경찰의 폐회로 TV 영상을 입수해 공개했다. 군 사이버사령부의 조직적인 대선 개입 증거도 찾아냈다.

하지만 헌법재판소가 2014년 12월 19일 통합진보당 해산을 결정하면서 당과 국회의원직을 잃었다. 그날은 박근혜 대통령의 당선 두 돌을 맞은 날이다. 헌법재판소 재판관 9명 중 8명(박한철·이정미·이진성·김창중·안창호·강일원·서기석·조용호)이 해산에 찬성했다.

올해의 판결 심사위원회는 2014년 12월 말부터 2015년 12월까지의 판결 중 가장 나쁜 판결에 헌법재판소의 통합진보당 해산 결정을 꼽았다. 심사위원회는 "정당의 흥망성쇠를 국민의 선택에 맡기는 게 민주주의다. 헌법재판소가 정당 해산을 결정함으로써 '헌법을 수호하고 국민의 기본권을 지켜야 한다'는 헌법재판소의 존재 이유를 스스로 허물었다"고 설명했다.

이 전 의원은 자신이 "불법 해고됐다"고 말한다. "해산의 법적 타당성이 없다"고 보아서다. 2015년 1월 22일 대법원은 이석기 전 통합진보당 의원 사건에 대해 내란 음모 혐의를 무죄(내란 선동은 유죄)로 선고하면서, 지하혁명조직(RO)의 존재를 인정할 증거가 부족하며 내란 실행의 합의가 없었다고 판단했다(2014도10978). 앞서 헌법재판소가 정당 해산을 결정할 때의 논리가 크게 흔들린 것이다. 하지만 헌법재판소는 대법원 선고가 나오기 전에 서둘러 정당을 없앴다. '북한의 사주를 받아 폭력으로 북한식 사회주의를 건설하려는 숨은 목적'이 있다는 정부와 검찰의 논리를 그대로 받아들였다.

"통합진보당 해산은 헌법재판소의 존재 이유를 허문 결정"

이상규 전 의원은 "헌법재판소의 결정은 내란 음모와 RO의 실체가 없다는 대법원의 판단과도 위배된다"고 했다. 그는 '재판관 8대 1의 의견으로 해산된 결정'에 대해 "재판관의 소신이라기보다 정권 의도에 의해 인위적으로 만들어진 결과"라고 말했다.

특히 그는 정권을 연장하는 데 걸림돌이던 야권 연대를 깨려고 진보 정당을 해산하는 1차 목적을 달성한 뒤, 노동자를 손쉽게 해고하게 만드는 노동법 추진, 역사 교과서 국정화 등 우리 사회를 퇴행시키는 일들을 정부가 강행하고 있다고 보았다. "통합진보당 해산으로 끝나지 않을 것이라는 예상대로 흘러간다"는 것이다.

통합진보당 해산 때 우려스러웠던 것 중 하나는 10만 명이 넘는 당원들에게 가해질 '종북 딱지'였다.

"지역 시민단체 등이 서명 운동을 할 때도 같이 하자고 우리(옛 통합진보당 사람들)에게 손을 못 내미는 상황이다. 끼어주지 않으려고 한다."

그는 "일반 당원들은 당이 없어졌다는 상실감이 크다"고 했다.

"많이 겪는 일은 아니지만, 지난(2015년) 4월 관악을 보궐선거에 재출마했을 때 '빨갱이들이 북한에나 가지, 왜 선거에 나왔냐'고 말하는 아주머니도 있었죠. 어떤 식당에선 '우리 집에 왜 종북을 하는 사람이 들어오냐'고 말씀하시기도 했습니다. 그럴 땐 '부족한 게 많지만 우리가 종북이라면 벌써 잡혀갔지요. 잘 헤아려주세요'라고 말씀드립니다."

그는 정당 해산에 반대하는 사람들도 통합진보당 자체에 마음을 열어주지 않았던 흐름을 기억한다. "정권의 탄압보다 우리의 부족한 점을 10배, 100배 더 심각히 돌아봐야 한다"고 했다. "당 안팎에서 우리를 반대하는 목소리도 들을 줄 알아야 했다"는 것이다.

옛 통합진보당 인사 4명이 최근 펴낸 책 〈진보정치, 미안하다고 해야 할 때〉에서 저자들도 "진보당은 박근혜 정부와의 대결에서 패배했다. 그러나 진정한 패배는 국민의 냉담함이었다"고 적었다. 진보정치를 하며 무상 급식, 복지 문제를 우리 사회에 전면화했지만, 다른 한편으론 자신들의 신념이 '배타적인 선민의식'으로 나타난 점 등에 대한 성찰이다.

옛 통합진보당 인사들, 2016년 총선에 출마할 예정

법을 전공한 이 전 의원은 지역에서 주민들이 요청하는 민원·법률 상담도 해준다. 그는 "정치적 복직"을 위해 내년(2016년) 4월 총선에 출마하려고 한다. 같은 당 의원이었던 약사 출신 김미희 전 의원도 지역(경기 성남 중원)에서 약국을 운영하며 총선을 준비하고 있다. 김재연 전 의원도 청년을 위한 인터넷 방송을 진행하면서 경기 의정부에서 총선에 나설 채비를 하고 있다.

당 원내대표를 지낸 오병윤 전 의원은 출마할 의사 없이 호남의 한 사찰에서 지낸다. 건강이 좋지 않은 이정희 전 대표는 심신을 추스르고 있다. 이 전 대표 등 옛 통합진보당 당원 389명은 2015년 12월 17일 유엔자유권규약위원회에 정당 해산 결정의 부당함을 심리해달라는 진정을 냈다.

이 전 의원은 "한상균 민주노총 위원장이 잡혀갈 때 의원들이 보이지 않더라. 의원으로 계속 있었다면 그 자리에 내가 있었을 것이다. (제대로 운영되지 못했던) 세월호특조위 문제, 국정원 해킹 사건에도 집중했을 것"이라고 했다. 특히 그는 "공사 현장에 나가면 하루빨리 여기에서 벗어나고 싶은 서민들의 절박함을 만나게 된다"고 했다. 국회의원직에서 해고된 '배관공 이씨'가 진보 정치의 의원으로 복직을 원하는 이유이기도 하다.

심사위원 20자평

송소연 | 8대 1 치우침! 평형수 없는 헌법재판소호, 침몰이 우려됨

염형국 | 사법부가 정치화 되어선 안 된다

— 이 전 의원이 작업복을 입고 공사장에서 용접하고 있다. 사진 이상규

− 이상규 전 의원의 모습. 사진 송호진

헌법재판소 2014.12.19. 선고 2013헌다1 결정

[통합진보당 해산 청구]

사법부에
아쉽다고 전해라～

• • •

'좋은 판결' '나쁜 판결'과 함께 '아쉬운 판결'도 새로 선정…
사법부는 보수화에 이어 획일화·관료화로 치닫는 중'

좋은 판결/나쁜 판결, 주목할 판결/문제적 판결.

8년째 이어져온 〈한겨레21〉의 '올해의 판결' 선정 결과는 지금까지 크게 둘로 나뉘었다. '정의의 여신' 디케가 들고 있는 양팔 저울의 한쪽에는 좋은 판결, 다른 한쪽에는 나쁜 판결이 올려졌다. '좋다-나쁘다'라는 이분법 대신, 사회적으로 큰 파장을 일으킨 '주목할 판결'과 사법 정의에 눈감은 '문제적 판결'로 이름을 바꾼 해도 있었다. 노동·경제정의·여성 등 분야를 나눠 다양성을 꾀하기도 했다. 그러나 판결의 가치를 둘로 나누는 기본적인 큰 틀은 바뀌지 않았다.

2015년 올해의 판결 심사는 기존 잣대와 틀을 흔드는 논의로부터 출발했다. 꼭 판결을 양팔 저울로 나눠야 할까? 심사위원장인 양현

− 2015년 12월 9일 저녁 서울 공덕동 한겨레신문사 4층 회의실에서 2015년 '올해의 판결' 최종 심사회의가 열렸다. 심사위원들은 3시간여 열띤 토론 끝에 올해의 판결 18건을 선정했다. 사진 김진수

아 서울대 법학전문대학원 교수를 포함한 7명의 심사위원들은 범주를 셋으로 늘리기로 의견을 모았다. 박수 쳐주고 싶은 판결과 재판부에 경고장을 날려주고 싶은 판결로 나누되, '중간 지대'를 설정하기로 한 것이다. 간통죄 위헌 결정, 이주노조 합법화 등 사회적으로 의미 있는 판결이지만, 여러 측면에서 아쉬움이 남아 흔쾌히 칭찬할 수만은 없는 판결들이 '중간 지대'에 들어갔다.

올해의 판결을 뽑는 최종 심사회의는 12월 9일 저녁 서울 공덕동 한겨레신문사 4층 회의실에서 진행됐다. 3시간여 열띤 토론이 이어졌다. 1차 심사를 거쳐 선정된 후보작이 58건이나 됐지만 모두 고개를 끄덕이며 '이거다' 싶은 최고의 판결이 눈에 띄지 않은 탓이 크다.

'최고의 판결'은 심사위원들의 치열한 찬반 토론과 표결을 거쳐 뽑

혔다. 이날 심사회의를 지상 중계한다. 정남순 변호사(환경운동연합 환경법률센터)와 정승환 고려대 법학전문대학원 교수는 후보작 선정과 1차 심사 과정까지는 참여했지만, 개인 사정으로 이날 회의에는 함께하지 못했다.

..

양현아 2015년 판결들을 되돌아보면서 어떤 생각을 하셨는지 궁금하다. 이번 학기에 '법사회학 판례 분석'이라는 강의를 준비하면서 판사들의 커뮤니티를 들여다볼 기회가 있었는데 판사들 스스로 '튀는 판결'이라는 말을 쓰고 있더라. 하급심에서 튀는 판결을 하더라도 결국 상급심(대법원)에 가서 보정이 되어버리니, 튀지 않아야 할 것 같다는 뉘앙스가 읽혔다. 올해 잇따라 나온 양심적 병역거부 무죄 판결이 대표적이다. 하급심의 튀는 판결을 주목하면 좋겠다. 총평과 함께, 최고의 판결을 추천해달라.

김성진 전체적으로 보수화하는 법원의 경향을 따끔하게 지적하면서, 그 와중에도 법원이 기본권 옹호의 마지막 보루로서 좀 더 한발 나아간 판결에 주목했으면 한다. 대형마트 영업시간 제한에 대한 대법원 판결은 헌법 제119조 2항을 적시해 경제민주화에 명확한 태도를 표명했다는 점에서 높이 평가하고 싶다.

"보수화는 차라리 괜찮다. 보수냐 진보냐는 가치관의 문제이기 때문이다. 최근엔 법원이 너무 획일화됐다. 특히 올해 대법원이 집단

이기주의에 매몰되는 경향이 노골적으로 나타났다."

이광수 보수화는 차라리 괜찮다. 보수냐 진보냐는 가치관의 문제다. 그런데 최근 법원이 너무 획일화돼 있다. 특히 올해 들어서는 대법원이 집단 이기주의에 매몰되는 경향이 노골적으로 나타났다. 애초에 대법관 구성의 다양성이 무너지면서 예상됐던 문제이기는 하다.

최근 대법원이 변호사가 형사사건 재판에서 이기면 성공보수금을 받기로 약정한 게 무효라고 판결했다. 사람을 풀어주는 대가로 수천만 원에서 수억 원까지 왔다 갔다 하는 비상식적 구조를 깨뜨렸다는 점은 분명 긍정적이다. 하지만 '무효'라면 과거부터 전부 무효여야지, 앞으로 들어올 사건부터 전부 무효로 보겠다는 건 대법원이 추상적인 법 원리를 만들어내겠다는 움직임이라 할 수 있다. 헌법재판소와 경쟁하는 차원에서 정책법원으로서 절대 밀리지 않겠다는 이기심이 자꾸 그런 전원합의체 판결에 표출되는 게 아닌가 싶다.

최은배 사법부는 원래 선출되지 않은 권력으로서, 다수결 원리가 아니라 소수자나 약자의 권리를 지켜주는 기능을 해야 한다. 그런 역할을 한 판결의 가치에 주목하고 싶다.

이주노조 합법화 판결은 소송 10년 만에, 대법원이 6년을 질질 끌다가 내려진 판결이라서 아쉽기는 하지만, 이주노동자라는 소외된 소수자의 권리를 담았다는 점에서 추천한다. 12월 5일 2차 민중총궐기 집회를 금지한 경찰 처분을 집행 정지한 가처분 결정도 집회·시위의 자유와 민주주의라는 측면에서 중요하게 논의해야 할 것 같다.

송소연 법원의 보수화는 이미 오래된 문제다. 최근엔 공정한 재판을 받을 권리마저 심각하게 침해받는 느낌이다. 법이라는 건 일관되게 적용되고 예측 가능해야 하는데, 판결 이유조차 빠진 판결문이 많다. 그래서 국민의 신뢰를 잃는 거다.

개인적으로는 대법원이 파기 환송한 '전교조 법외노조 통보처분 효력정지'를 다시 인용한 서울고등법원 결정에 높은 점수를 주고 싶다. 대법원이나 헌법재판소가 전교조를 인정하지 않는 상황에서 교원 노조의 지위를 인정하기까지, 판사가 인간적 고뇌를 얼마나 했겠나. 출세를 포기하겠다는 선언에 가까운 용기 있는 결정으로 보인다.

노희범 최근 사법부는 관료화된 사법의 정점에 이르렀다. 하급심 판사들이 대법원과 배치되는 판결을 한다는 게 어마어마한 용기와 소신이 없으면 정말 어렵다. '문제의 판사'로 찍히기 때문이다.

그 와중에 나온 전교조 가처분 결정은 무척 용기 있는 결정이었다. 관료화된 사법부 내에서 판결의 자체적인 발전과 진보가 필요하다는 점에서 특히 그렇다. 훌륭한 판결을 한 판사에게 용기를 주는 차원에서라도 평가가 이뤄졌으면 한다. 나쁜 판결로는 헌법재판소의 통합진보당 해산 결정을 꼽는다. 대한민국 헌법의 자유권을 제약한 데다, 재판 과정의 졸속성과 합리성의 빈약함을 총체적으로 보여줬다. 1년 전 사건이기는 하지만, 시간의 망각을 다시 일으켜 세워 새길 필요가 있다.

'선출되지 않은 권력' 사법부는 약자 편이라야

염형국 문제적 판결은 뽑기가 쉬웠는데 사실 '정말 이 판결이다' 싶은 판결이 딱 눈에 띄지 않았다. 법원의 위계 구조 측면에서 대법원을 치받거나 튀는 하급심 판결도 의미 있기는 하지만, 최고의 판결로는 간통죄 위헌 결정을 꼽고 싶다. 사회적 파급도 크고, 헌법재판소가 성적 자기결정권을 보장해야 한다고 선언했다는 점에 의의를 둔다. 법이 결혼 제도, 특히 개인 사생활 부분에서 한발 뒤로 물러서는 중요한 계기가 된 것 같다.

양현아 간통죄 위헌 결정에 대해선 개인적으로 양가적 판단을 갖고 있다. 사회적 파급이 크다는 면에는 동의하지만, 여성에게 불리한 현행 이혼 제도를 그대로 둔 상태에서 젠더 불평등이나 성규범 문란 등에 오히려 빗장을 열어놓은 측면도 있는 탓이다.

그런 측면에서 '주목할 판결'과 '문제적 판결'이라는 용어와 범주 자체를 다시 생각해봤으면 한다. '주목한다'에는 긍정적이다, 사회적으로 유의미하다는 의미가 뒤섞여 있기 때문이다. 긍정/부정으로 판결을 명확히 나누면 선명하기는 하지만, 안 그래도 우리 사회가 극단적으로 양극화돼 있는데 빨주노초파남보 다양한 스펙트럼이 있는 판결을 '빨갛거나 파랗거나' 획일적으로 둘로 나눠버리는 것 같다. 둘 사이에 '중간 지대' 범주를 넣어보면 어떨까?

염형국 그렇게 하면 변호사 형사사건 성공보수금이나 간통죄 위헌, 이주노조 합법화 문제 등을 중간 지대에 넣을 수 있겠다. 좋은 점과 나쁜 점을 두루 평가하면 되겠다.

이광수 김신혜 재심 결정 사건의 경우에도, 판사가 '무죄라고 볼 증거가 부족해서 풀어주지 못하겠다'는 식의 표현을 판결문에 써놓았다. 복역 중인 무기수에 대한 최초의 재심 개시 결정이라는 점에서 의미 있기는 하지만, 무죄 증거가 있어야만 석방이 가능한 것인지 의문이다.

"긍정/부정으로 판결을 명확히 나누면 선명하기는 하지만, 안 그래도 우리 사회가 극단적으로 양극화돼 있는데, 다양한 스펙트럼이 있는 판결을 획일적으로 둘로 나눠버리는 것 같다."

양현아 그럼, 의미 있지만 아쉬운 판결은 이렇게 4건으로 정리하고, 박수 쳐줘야 할 판결을 정리해보자. 1차 심사에서 높은 점수를 받은 대형마트 영업시간 제한, 긴급조치 9호에 대한 하급심 판결, 전교조 가처분 결정 등 이외에 추가로 꼭 들어갔으면 하는 판결을 추천 부탁한다.

송소연 강기훈 재심 무죄 판결*은 점수는 높지만 올해의 판결에 포함되는 게 맞나 싶다. 너무 지연된 정의는 정의가 아니듯이. 재심에 의미를 부여하자면 '하늘의 별 따기' '낙타가 바늘구멍 통과하기' 수준으로 어려웠던 형사사건 재심 개시 결정이 난 김신혜 사건이 들어가는 게 맞다.

세월호 관련해서는 이준석 선장에게 살인죄를 적용한 대법원 판결이 심사위원들 1차 채점표 점수상 높지만, 세월호 구조를 지휘한 해경 123정장의 업무상 과실치사 혐의를 인정한 광주고등법원 판결을 더 높이 평가하고 싶다. 1심 판결은 참사 당일 오전 9시 44분 이후 숨진 56명에 대한 과실치사 혐의만 인정했지만, 항소심은 피해자 전원에 대한 과실치사를 인정하는 등 업무의 책임을 더 무겁게 지웠다.

"최근 사법부는 관료화의 정점에 이르렀다. 하급심 판사들이 대법원과 배치되는 판결을 한다는 게 어마어마한 용기와 소신이 없으면 정말 어렵다. '문제의 판사'로 찍히기 때문이다."

· ·

'경찰이 12월 5일 민중총궐기 집회를 금지한 것은 부당하다'고 판단한 서울행정법원 결정은 최종 후보작이 선정된 이후 판결이 나왔지만, 심사위원 만장일치로 '박수친다, 이 판결'에 뽑혔다. 그 밖에 심사위원들의 강력한 추천을 받았지만 숫자(7건) 제약 때문에 아깝게 탈락한 판결이 많았다.

'밀입국 사실을 자진 신고한 난민에게 그 자리에서 곧장 강제 퇴거 명령을 내린 것은 부당하다'고 판단한 서울행정법원 판결*, 상지대 이사 선임 취소 소송에서 교수와 학생을 이해관계자로 인정해준 대법원 판결*, 에버랜드 놀이기구 탑승을 거부당한 지적장애인과 부모가 낸 손해배상 소송에서 에버랜드에 지적장애인에 대한 차별적 문구를 수정하라고 한 서울중앙지방법원 판결* 등이다.

사법부의 판단에 문제가 있다고 본 '경고한다, 이 판결' 선정은 큰 이견이 없었다. 2014년 올해의 판결 심사 직후인 2014년 12월 말에 나온 통합진보당 해산 결정, 고문 피해자가 국가를 상대로 낸 손해배상 청구권의 소멸시효를 6개월로 한정한 대법원 판결을 심사 대상에 포함할지만 결정하면 됐다. 심사위원들은 두 판결이 가장 나쁜 판결이라는 데 입을 모았다.

2015년 3월 대법원이 유신헌법에 근거한 대통령의 긴급조치 9호 권력 행사에 대해 "국민 개개인에 대한 민사상 불법행위를 구성한다고 볼 수 없다"고 판시한 판결은 1차 심사에서는 나쁜 판결 다섯 손가락 안에 들어갔지만, 최종 선정작에서는 빠졌다. 같은 쟁점을 두고서 대법원과 정반대로 '긴급조치 9호는 위법이자 손해배상 대상'이라고 판결한 하급심(서울중앙지방법원 민사11부·재판장 김기영)의 용기에 더 무게를 실어주기 위해서다.

'대형마트—전교조—집회금지' 최고의 판결 삼파전

마지막으로 '최고의 판결'을 뽑는 과정에선 어느 해보다 격렬한 논쟁이 벌어졌다. 대법원 전원합의체(주심 김창석)의 대형마트 영업시간 제한 판결, 서울고등법원(행정10부·재판장 김명수)의 전교조 노조 아님 통보 효력정지 가처분 결정, 서울행정법원(행정6부·재판장 김정숙)의 2차 민중총궐기 집회금지에 대한 집행정지 가처분 결정 등 3개 판결을 놓고 찬반 의견이 팽팽히 갈렸다. 심사위원들이 법정에서 최후 변론을 하듯이 강력히 민 '최고의 판결' 추천 이유를 아래와 같이 전한다. 유례없는 1차, 2차 투표 끝에, 최종적으로 대형마트 영업시간 제한 판결이 선정됐다.

전교조 가처분 결정

"대법원이 경제민주화 헌법 조항을 끌어들였다고 하지만, 그동안 헌법재판소가 합헌이라고 결정했던 사안 중에도 경제민주화에 근거한 결정이 상당히 많았다. 각종 규제와 관련한 입법 제한 규정들에 대한 합헌 결정이 대표적이다. 대법원의 대형마트 판결이 헌법 제119조 2항 경제민주화 조항의 시금석이 될 만한 새로운 이론을 제공한 것은 아니라는 뜻이다. 반면 전교조 결정은 법관의 결단을 높이 평가한다. 옷 벗을 각오를 하고 내린 외로운 결정이라는 점에서 평가되어야 한다."(노희범 변호사)

"이미 대법원과 헌법재판소가 전교조에 대해 내렸던 판단과 다른 이야기를 조목조목 짚어줬다는 점에서 단연 돋보이는 판결이었다. 법관이 법률과 양심에 따라 독립적으로 판결한다는 원칙이 이미 몇 년 전부터 후퇴해오지 않았나. 디케가 눈을 헝겊으로도 안 가리고 빤히 쳐다보는 꼴이었다. 전교조 결정과 같은 선언적이고 규범적인 법관의 판단에 힘을 실어주고 싶다."(송소연 '진실의힘' 이사)

집회금지에 대한 집행정지 가처분 결정

"원래 대종상을 뽑을 때도 전반기보다 후반기에 히트한 영화가 더 많이 상을 받지 않는가.(웃음) 12월 5일 민중총궐기 집회 허용 결정은 판사로서 용기 있는 판결이었다는 점, 법치주의를 권력에서 분리해 세워냈다는 점에서 높이 평가하고 싶다."(최은배 변호사)

"정말 순수하게 법만 갖고 판단한 결정이었다. 눈앞에 보이지도, 현실화되지도 않은 위험성만 갖고 어떻게 집회를 금지하냐는 거다. 법관이 가져야 할 기본 자질을 보여줬다고 생각한다. 대형마트 판결이 가치관의 문제라면, 집회금지 가처분 결정은 헌법이 보장한 자유와 권리를 최대한 존중한다는 점에서 누구도 이론을 달 수 없는 판단이

다."(이광수 변호사)

대형마트 판결

"대형마트 영업시간 제한 등 경제민주화를 위한 입법 운동을 할 때, 행정부가 사실 '통상 마찰 우려' '위헌 논란' 등을 내세워 거대 경제 권력의 편을 많이 들어줬다. 법이 만들어지고 나서도 대형마트들이 소송을 계속 냈다. 2014년에는 항소심에서 "우리나라에는 대형마트가 없다" "도움을 주는 점원이 있는데 이게 무슨 대형마트냐"면서 대형마트 손을 들어주기까지 했다. 그런데 대법원이 헌법의 경제민주화 조항을 꺼내, 영업의 자유 제한이 가능하고 통상 마찰은 국가 대 국가의 문제라고 정리해준 거다. 앞으로도 경제민주화와 관련한 입법이 많이 추진될 텐데, 법원이 정당성에 손을 들어줘서 다행스럽다. 대법원이 시대적 흐름, 국민의 목소리를 무시할 수 없었던 셈이다."(김성진 변호사)

"경제민주화 세력 대 대형 자본, 대형 로펌 간의 싸움이었다. 골리앗과 다윗의 싸움에서 대법원이 골리앗에 넘어가지 않는 판단을 했다는 점에서 한번 격려해주는 것도 좋을 듯하다."(양현아 교수)

— 상단 왼쪽부터 양현아 교수, 김성진, 노희범, 최은배 변호사. 하단 왼쪽부터 송소연 이사, 염형국, 이광수 변호사. 사진 김진수

2015년 올해의 판결 심사위원

- 양현아 서울대 법학전문대학원 교수(심사위원장)

- 김성진 변호사(사단법인 선)

- 노희범 변호사(법무법인 우면)

- 송소연 재단법인 진실의힘 상임이사

- 염형국 변호사(공익인권법재단 공감)

- 이광수 변호사(이광수법률사무소)

- 정남순 변호사(환경운동연합 환경법률센터)

- 정승환 고려대 법학전문대학원 교수

- 최은배 변호사(법무법인 엘케이비앤파트너스)

• 밀입국 난민도 무조건 추방 안 된다는 판결: 2014년 한국에 도착한 A씨는 자진해서 출입국관리사무소를 찾아가 밀입국한 사실을 털어놓고 긴박한 피난 과정을 설명하려다, 곧바로 강제퇴거명령 및 보호명령을 받고 구금되었다. 2015년 6월 18일 서울행정법원 행정6단독 하태헌 판사는 당국이 A씨에게 명한 강제퇴거명령이 재량 일탈 또는 남용이라고 판시했다(2015구단50576). 밀입국을 했다는 이유만으로 난민 신청자의 사정도 안 들어보고 기계적으로 강제퇴거명령 및 보호명령을 내리는 출입국관리사무소의 관행에 제동을 건 판결이다.

• 상지대 이사 취소소송 학생도 낼 수 있다는 판결: 2015년 7월 23일 대법원 3부(주심 권순일)는 상지대 교수협의회와 총학생회 등이 교육부 장관을 상대로 낸 상지학원 이사 선임처분 취소소송에서 교육부의 손을 들어준 원심을 파기하고 사건을 서울고등법원으로 돌려보냈다(2012두19496). 교수협의회와 총학생회의 원고 적격을 인정한 것으로 그들도 재단 이사 선임 과정에 문제를 제기하며 소송을 낼 수 있다는 판단이다.

파기환송심을 맡은 서울고등법원 행정7부(재판장 윤성원)는 2016년 6월 23일, 교육부가 사학분쟁조정위원회를 거쳐 2010년과 2011년 진행한 이사 선임처분을 취소한다며 원고 승소 판결했다(2015누1535). 2010년 8월 사분위의 정상화에 불복해 소송을 제기한 지 6년 만에 상지대 정이사 선임처분이 무효가 되면서 구재단의 복귀는 무산되었다. 교육부가 불복해 상고했지만 대법원은 2016년 10월 27일 기각함으로써 원심을 최종 확정했다.

• **지적장애인 놀이기구 탑승 제한 손해배상 승소**: 법원이 지적장애를 이유로 놀이기구 탑승을 제한한 에버랜드의 장애인 차별 행위를 인정해, 손해배상액을 지급하고 가이드북의 탑승 제한 문구를 수정하라는 판결을 내렸다. 2015년 9월 4일 서울중앙지방법원 민사12부(재판장 이태수)는 지적장애 아동과 부모 등이 에버랜드를 운영하고 있는 제일모직을 상대로 낸 손해배상 소송에서 원고 일부 승소 판결했다(2014가합593279). 가이드북의 탑승 제한 문구에 대해선 "'정신적 장애가 있으신 분'은 '신체적 또는 정신적으로 불안정하여 탑승시 자신의 안전을 저해할 우려가 있는 분'으로 수정해야 한다"고 판시했다. 재판부는 "가이드북 내용이 정신적 장애가 있는 사람으로 특정함으로써 일반 이용객들에게 정신적 장애가 있는 사람은 안전을 저해할 우려가 있는 사람이라는 편견을 조장할 수 있다"고 설명했다.

• **강기훈 유서 대필 조작 사건 재심 대법원 무죄 확정**: 1992년 7월 대법원은 전민련 간부 김기설 씨의 유서를 대신 써주고 자살을 방조했다는 혐의 등으로 강기훈 씨에게 유죄 판결했다. 강씨는 3년을 복역하고 만기 출소했다. 2007년 진실·화해를위한 과거사정리위원회가 추가된 필적 감정 등에 기초해 재심 권고 결정을 내리자, 강씨가 이를 근거로 2008년 5월 재심 개시를 청구했다. 2009년 서울고등법원이 재심 개시 결정을 내리고, 2012년 대법원이 검찰의 재항고를 기각하면서, 본격적으로 재심 심리가 시작되었다. 2014년 2월 13일 서울고등법원이 무죄를 선고하면서 판결을 뒤집었다. 2015년 5월 14일 대법원은 강씨에 대한 재심 사건의 상고심에서 무죄를 확정했다. 23년 만이었다. 국가보안법 위반 혐의는 재심 대상이 아니었기 때문에 별도 심리 없이 징역 1년이 확정되었다.

박수친다, 이 판결

- 대형마트 영업시간 제한 인정(최고의 판결)
- 2차 민중총궐기 집회금지 통보 집행정지 인용
- 파기 환송된 '전교조 법외노조 통보 효력정지'를 다시 인용
- 긴급조치 9호 위법성 인정해 국가에 손해배상 책임 인정
- 비봉 석면 폐광산에 대해 석면 관련 법의 '사전 예방' 강조
- 대부업자의 이자율 폭리 '꼼수' 제한
- 세월호 구조 실패한 123정장의 업무상 과실치사 인정

NO!
'아몰랑 집회금지'

—

• 경찰 2차 민중총궐기 금지 통고처분에 철퇴…
• "집회금지는 모든 가능성 뒤 고려되는 최종 수단" 판단

　무법자는 경찰이었다. 물대포로 농민 백남기 씨를 쓰러트리는 과정부터 그랬다. 2015년 11월 14일 1차 민중총궐기에서 경찰청 훈령 '경찰장비관리규칙'이 정한 '발사 각도 15도 이상 유지' '20미터 이내 근거리 시위대를 향해서는 직접 살수 금지' 같은 규정 따위는 지켜지지 않았다. 시위대가 20미터 거리에 있는 경우 2000아르피엠 내외로 살수하도록 정한 살수차 운용지침도 무시됐다.

　"사고 당시 백씨가 20미터 거리에 있었고, 직사 살수는 최대 2800아르피엠의 물 세기를 유지했다"는 경찰의 설명은 외려 거리낌이 없었다. 구은수 서울지방경찰청장은 "운용지침에 나와 있는 것은 예시일 뿐"이라고 주장했다. 무법자임을 자인하는 말이다.

경찰관직무집행법은 제10조에서 "위해성 경찰 장비는 필요한 최소한도 내에서 사용해야 한다"고 규정하고 있다. 동법 시행령 제13조도 "부득이한 경우에 현장 책임자의 판단에 의해 필요한 최소한의 범위 안에서 가스차 또는 살수차를 사용할 수 있다"고 적고 있다. 시행령 제13조 3항은 물포를 사용하더라도 "사람을 향해 직접 물포를 발사하여서는 아니 된다"고 했다. 어느 것 하나 지켜진 게 없다.

특정 집회를 사전에 불법으로 규정해 금지 통고를 내리고 참가한 시민을 범법자로 규정하는 방식

경찰이 서울 광화문광장 일대에 친 차벽은 헌법재판소가 '마지막 수단으로 쓸 수 있는 것'이라며 2011년 6월 이미 위헌적 요소를 인정한 것이다(2011년 올해의 판결).

"(차벽은) 서울광장에서 개최될 여지가 있는 일체의 집회를 금지하고 일반 시민들의 통행조차 금지하는 전면적이고 광범위하며 극단적인 조치이므로, 집회의 조건부 허용이나 개별적 집회의 금지나 해산으로는 방지할 수 없는 급박하고 명백하며 중대한 위험이 있는 경우에 한해 비로소 취할 수 있는 거의 마지막 수단에 해당한다."

이날(1차 민중총궐기) 경찰은 오후 3시부터 차벽을 설치했다. 일부 집회 참가자와 경찰 사이의 충돌이나 백남기 씨 사건도 차벽이 설치된 후에 일어난 일이다.

가장 큰 문제는 경찰이 특정 집회를 사전에 불법으로 규정해 금지통고를 내린다는 점이다. 이후 집회에 참가한 시민들을 범법자로 규정해 형사처벌 대상으로 삼는 식이다. 정부는 1차 민중총궐기가 열리기 전부터 이 집회를 불법 시위로 규정했다.

교육·법무·행정자치·농림축산식품·고용노동부 등 5개 부처 장차관은 공동 담화에서 "불법과 폭력으로 수많은 수험생과 그 가족을 애태우거나 생업에 종사하는 많은 분들에게 불편을 끼치는 일이 없도록 해주시기 바란다. 극렬 폭력 행위자는 끝까지 추적, 검거해 사법조치 하겠다"며 엄포를 놓았다. 행정자치부 장관은 당시 집회에 참가하려던 공무원을, 교육부 장관은 교사를, 농림축산식품부 차관은 농민을, 고용노동부 장관은 노동자를 직접 거론하며 겨냥했다. 법무부 장관은 담화에서 "집회 참가자 여러분, 내가 주먹을 휘두를 자유는 상대의 코앞에서 멈춰야 한다는 말이 있다"고도 했다. 모두 집회 이틀 전의 일이다.

하지만 우리 헌법 제21조 1항은 "모든 국민은 언론·출판의 자유와 집회·결사의 자유를 가진다"고 말하고 있다. 헌법재판소도 2003년 10월 30일 "헌법이 집회의 자유를 보장하는 것은 관용과 다양한 견해가 공존하는 다원적인 열린 사회에 대한 헌법적 결단"이라고 판단했다(2000헌바67 등).

민중총궐기 집회가 끝난 뒤에도 경찰의 불법적 행위가 잇따랐다. '민중총궐기 국가폭력 조사단'이 2015년 12월 3일 낸 진상 조사 자료를 보면, 알바노조 인천지부 준비위원장인 이경호 씨, 정의당 대전시당 홍보국장 홍진원 씨, 단양군 친환경농업인연합회 사무국장 유문철 씨 등이 민중총궐기 당시 불법행위를 했다는 이유로 경찰이 찾아오거나, 수차례 출석요구서를 받았다. 이들은 이날 집회에 참가하지 않았다.

　김 모 학생은 민중총궐기에 참석했다는 이유만으로 재학 중인 고등학교와 집에 경찰이 무작정 찾아오거나, 그들이 통신 가입자 조회를 통해 휴대전화 번호를 임의로 확보해 연락하는 일도 벌어졌다. 경기 안산상록경찰서는 민중총궐기에 참석한 이들을 색출하기 위해 홈플러스, 한국가스공사 등에 노조원 명단을 요청하거나, 이들이 상경 버스에 타는 장면이 기록된 폐회로 TV 자료를 회사 쪽에 요구하기도 했다. 모두 경찰이 민중총궐기를 사전에, 자의적으로 불법 취급하면서 벌어진 일이다.

'사전 집회금지'가 잘못된 이유 9가지, "경찰 주장에 따르면 앞으로 민주노총이 주최하는 모든 집회는 허가될 수 없지 않겠는가"

　경찰은 12월 5일 2차 민중총궐기를 앞두고 다시 '불법 집회 통지' 카드를 꺼냈다. '백남기 농민 쾌유와 국가폭력 규탄 범국민대책위원회'(백남기 범대위)는 이날 오후 3시부터 4시까지 서울광장에서 집회를 연 뒤, 이후 2시간 동안 서울광장·무교로·모전교·광교·보신각 교차로·종로를 거쳐 백남기 씨가 있는 서울대병원 앞까지 2개 차로를 이용해 행진하겠다고 경찰에 신고했다. 이에 대해 경찰은 "1차 민중총궐기의 연장선상에서 불법 폭력 시위로 개최될 가능성이 높다"며 집회금지를 통고했다. 당시 서울광장이 스케이트장 설치로 절반밖에 사용할 수 없고, 인근 도로의 극심한 혼잡이 예상된다는 따위의 이유도 댔다.

법원이 경찰의 오랜 관행에 제동을 걸었다. 범대위가 경찰의 집회 금지 처분을 막아달라며 낸 '집회금지에 대한 집행정지' 신청을 12월 3일 서울행정법원 행정6부(재판장 김정숙)가 받아들였다. 재판부는 A4 용지 3장 분량의 짧은 결정문에서 경찰의 태도가 잘못된 이유를 무려 9가지로 나눈 뒤, 꼼꼼한 설명을 곁들였다.

민주노총(전국민주노동조합총연맹)이 집회의 주된 세력이라는 사정 만으로 집회에서 집단적 폭행·협박·방화 등이 발생할 것이라고 확신할 수 없다거나, 1차 민중총궐기와 주최자가 다르다는 점, 해당 집회가 주변 교통에 심각한 불편을 줄 것이라는 증거를 경찰이 제시하지 못했다는 것들이다.

집회를 주최하는 쪽이 평화적인 집회가 될 것을 여러 차례 약속했고, 자체적으로 질서유지인 300명을 두고 도로 행진을 하겠다고 신고한 점, 1차 민중총궐기 이후인 11월 28일에도 같은 목적의 집회를 평화적으로 치른 점 등도 이유가 됐다.

가장 중요한 대목은 "집회의 금지는 집회의 자유를 좀 더 적게 제한하는 다른 수단, 즉 조건을 붙여 집회를 허용하는 가능성을 모두 소진한 후에 비로소 고려될 수 있는 최종적인 수단"이라고 설명한 곳이다.

이 대목을 설명하기 위해 재판부는 헌법재판소의 판단을 끌어왔다.

"집회의 자유를 제한하는 대표적인 공권력의 행위는 집시법에서 규정하는 집회의 금지, 해산과 조건부 허용이다. 집회의 금지와 해산은 집회의 자유를 좀 더 적게 제한하는 다른 수단, 즉 조건을 붙여 집회를 허용하는 가능성을 모두 소진한 후에 비로소 고려될 수 있는 최종적인 수단이다."(헌법재판소 2003년 10월 30일 결정)

재판부는 "경찰 주장에 따르면, 앞으로 민주노총이 주최하거나 참석하는 모든 집회는 허가될 수 없게 된다"는 지극히 당연한 판단도 내렸다. 경찰은 "아쉽지만, 법원의 판결을 존중한다"는 촌평을 냈다.

며칠 뒤, 강신명 경찰청장은 "앞으로 경찰은 집시법 제5조에 있는 시위 금지 권한을 어떻게 사용해야 할지 난감해진다. 집행정지 결정에 대한 본안 소송에서 논리적인 법원의 판결을 구할 것"이라고 말했다.

2차 민중총궐기엔 차벽도, 폭력도 없었다

이에 대해 박주민 변호사(민변)는 "그동안 경찰이 도로 소통 방해 같은 터무니없는 근거로 헌법적 권리를 막아왔다. 집회·시위의 자유는 고도로 보장된 기본권인데, 앞으로는 경찰이 대규모 집회를 사전에 막을 명분이 사라진 것"이라며 "폭력 시위로 번질 것이라는 막연한 예측만으로 집회를 불법으로 규정하고, 사실상의 허가제로 운영하려고 한 경찰의 관행에 재판부가 쐐기를 박은 것"이라고 평가했다. 또 "집행정지 결정은 본안 소송과 거의 동일한 의미를 갖고 있다. 경찰이 본안 판결을 거론하는 것은 이번 판결의 의미를 떨어뜨리려는 의도에 불과하다"고 말했다.

12월 5일, 2차 민중총궐기는 평화롭게 끝났다. 5만여 명의 시민(경찰은 1만 4000명으로 추산)이 6시간에 걸쳐 서울광장 일대에서 집회

를 마치고 대학로까지 4킬로미터가량 행진을 벌였다. 차벽도, 폭력
도 없었다.

– 경찰은 특정 집회를 사전에, 자의적으로 불법 취급해왔다. 2015년 11월 14일 1차 민중 총궐기에서 경찰과 시민의 충돌도 이 지점에서 시작됐다. 12월 3일 서울행정법원 행정 6부(재판장 김정숙)는 경찰의 '사전 집회금지 통고' 관행에 제동을 걸었다. 사진 김봉규

서울행정법원 2015.12.03. 선고 2015아11800 결정 [집행정지]

행정6부 재판장 김정숙

고등법원의
용기 있는 '레드카드'

—

• 대법원의 파기환송 결정에 법리로 차분하게 응답하며
전교조의 '법내 노조' 지위를 또 한 번 보장한 판결

서울시교육청 마당 한쪽. 전교조 서울지부 조합원들이 새벽녘이
면 영하 5~6도까지 내려가는 날씨에 철야 농성을 벌이고 있다. 12월
2일부터 18일 현재까지 이어진 농성에서 전교조 서울지부는 시교육
청에 "단체협약을 체결하라"고 촉구하고 있다. 전교조가 헌법이 보장
하는 '단체교섭권'을 두고 농성을 벌이는 것은 불안한 전교조의 법적
지위 때문이다.

**"지금 우리 법외야, 아니야?" 할 정도로 전교조의 법적 지위는 왔다
갔다 했다**

2013년 10월 24일. 고용노동부는 전교조가 '부당 해고된 교원은 조합원이 될 수 있다'는 규약을 시정하라는 명령을 따르지 않았다며 "전교조를 교원노조법(교원의 노동조합 설립 및 운영 등에 관한 법률)에 의한 노동조합으로 보지 아니함"을 통보했다. 해직 교사 9명을 조합원으로 받아들였다는 이유로 다른 조합원 5만 9991명의 '단결권'을 훼손하겠다는 통보였다.

고용노동부의 주장대로 해직 교사의 노동조합원 부적격성을 인정한다 하더라도, 단결권 보장 여부는 다른 문제이다. 0.00015퍼센트의 '부적격성'이 99.99985퍼센트의 헌법적 기본권을 훼손할 수 있는지에 대한 질문이 던져졌다. '법외 노조'라는 기이한 단어가 전교조 앞에 따라붙게 된 때이기도 하다.

통보 직후 교육부는 전교조 전임자는 학교로 복귀하라고 요구했고, 월급에서 노조 조합비 원천징수를 중단했다. 각종 위원회에서 전교조가 추천한 교사를 배제했고 단체교섭을 중단하도록 시도 교육청에 알렸다.

2013년의 '통보' 이후 전교조의 법적 지위는 '아노미' 그 자체였다. 전교조가 고용노동부의 '법외노조 통보'에 대응해 제기한 '법외노조 통보의 적법성을 따지는 소송'과 '법외노조 통보 효력정지 가처분 신청'의 결과에 따라 법적 지위가 왔다 갔다 했다. 2년여 사이 여섯 차례 '합법 노조'와 '법외 노조'로 옷을 갈아입었다.

송재혁 전교조 대변인은 "'지금 우리 법외야, 아니야?' 서로 물을 정도로 헷갈릴 지경이었다"고 말했다. 송대변인이 걱정하는 것은 확정판결이 나기 전임에도 법외 노조로 몰리는 것이었다.

전교조의 법적 지위 변동 일지

2013년 10월 24일 고용노동부, 법외노조 통보
↑
〈법외노조〉
↓
2013년 11월 13일 서울행정법원, 법외노조 통보처분 효력정지 인용
↑
〈합법노조〉
↓
2014년 6월 19일 서울행정법원(본안 1심), 법외노조 통보처분 취소소송 기각
↑
〈법외노조〉
↓
2014년 9월 19일 서울고등법원, 법외노조 통보처분 효력정지 인용
↑
〈합법노조〉
↓
2015년 6월 2일 대법원, 법외노조 통보처분 효력정지 인용에 대한 파기 결정
↑
〈법외노조〉
↓
2015년 11월 16일 서울고등법원, 법외노조 통보처분 효력정지 인용
↑
〈합법노조〉
↓
2016년 1월 21일 서울고등법원(2심), 법외노조 통보처분 취소소송 기각

"가장 나쁜 상황은 아직 확정판결이 있기 전임에도 불구하고 고용노동부의 법적 근거 없는 통보에 따라 '법외 노조'인 양 취급되고 있다는 점이다."

웃지 못할 일도 많았다. 2014년 6월 19일 서울행정법원 행정13부(재판장 반정우)가 '전교조에 대한 법외노조 통보처분이 정당하다'고 판단한 1심 선고 뒤, 교육부는 전교조 전임자들에게 모두 학교에 복귀하라고 명령했다. 당시 70명의 전임자 가운데 41명은 학교로 복귀

했다. 전교조 업무는 당연히 마비됐다. 29명은 복귀하지 않았다.

당시 전교조 경북지부장을 맡고 있던 이용기 현 전교조 정책실장은 복귀하지 않은 29명에 속해 있었다.

"대한민국 법체계는 3심제잖아요. 확정판결이 아닌데 1심 판결이 나자마자 복귀하라고 하니 따를 수 없었죠. 기본적으로 '전교조를 법외 노조라고 보는 판단 자체가 틀렸다'는 신념의 문제이기도 했죠."

이용기 정책실장은 이후 복귀하지 않았다는 이유로 경북도교육청으로부터 '정직 1개월'의 징계를 받았다. 여름방학이 끝난 9월 1일부터 30일까지로 통보된 정직은 2014년 9월 19일 서울고등법원이 전교조가 제기한 '법외노조 통보처분 효력정지 신청'을 받아들이자(2014년 올해의 판결) 정지됐다. 전교조가 다시 합법 노조의 지위를 갖게 되자 9월 20일자로 징계 처분도 '집행 정지'된 것이다.

이용기 실장과 징계 처분을 받은 다른 조합원 1명은 현재 '부당징계 무효소송'을 별도로 진행하고 있다. 고등법원의 '법외노조화 효력정지' 결정으로 학교로 돌아갔던 전임 조합원 27명은 다시 노조로 복귀했다. 14명은 노조 전임 기간에 채용할 계약직 교사 문제나 학생들과의 관계 등 다양한 이유로 아직 복귀하지 못했다. 전임자들이 학교와 노조를 오가는 동안 전교조의 업무는 마비되고 학교 현장도 혼란을 겪었다.

헌법재판소와 대법원의 '부창부수'
하지만 고등법원이 대법원의 결정을 치받는다

전교조와 고용노동부 간의 법정 공방은 지금까지 3승 3패다. 한 번씩 승패를 주고받다가 축이 한쪽으로 급격히 기울어지는 판결이 두 차례 있었다. 2015년 5월 28일, 전교조 창립 기념일에 헌법재판소는 정부가 전교조를 법외 노조라고 통보하는 근거로 내세운 교원노조법 제2조가 합헌이라고 결정했다(2013헌마671). 해직 교원을 조합원에서 제외하도록 한 법 조항이 노동자의 단결권이나 노동조합의 자주적 운영을 크게 침해하지 않는다고 판단했다. 이 결정이 있자마자 2015년 6월 2일 대법원은 재항고 소송에서 '법외노조 통보처분 효력 정지 인용을 다시 검토하라'며 파기환송 결정을 했다(2014무548). 두 최고법원이 정부 손을 들어준 셈이다.

헌법재판소와 대법원의 결정이 있은 뒤 교육부는 즉각 일선 교육청에 공문을 보냈다.

"대법원 결정으로 고용노동부 장관의 '법상 노조 아님' 통보의 효력이 회복되어 전교조는 현재 교원노조법상 노동조합의 지위를 상실한 상태입니다. 따라서 귀 교육청에서는 현재 진행 중인 단체교섭, 난체협약 및 이행 점검 등을 유보해주시기 바랍니다."

공문이 발행된 뒤 서울시교육청의 경우 2014년 11월부터 본 교섭을 시작해 17차례 실무 교섭을 끝내고 단체협약 문구 합의도 마친 상태에서 더 이상 협상을 진전하지 않고 있다. 경북도교육청도 전교조 경북지부와 단체협약 이행 상황을 점검하기로 합의했지만, 대법원 파기환송 뒤 이행 상황을 점검하지 않고 있다. 부산시교육청과 대전시교육청 역시 교육부의 공문을 근거로 단체교섭 등의 절차를 중단한다고 통지했다.

이런 상황에서 서울고등법원은 최고법원인 대법원과 헌법재판소의 결정에 '레드카드'를 내밀었다. 김명수 재판장이 이끈 서울고등법원 행정10부는 "교원노조법 제2조가 합헌이라는 결정이 났으니 이 점을 고려해 '법외노조 통보처분 효력정지 인용'을 다시 심리·판단하라"는 대법원의 파기환송 결정에 대해 차근차근 법리로 답했다.

서울고등법원 재판부는 결정문에서 고용노동부의 '법외노조 통보'가 노조법 시행령 제9조 2항에 근거했는데 시행령에 근거한 행정 규제가 적법한지 등을 본안 소송에서 더 따져봐야 한다고 밝혔다. 또한 본안 소송 판결이 있기 전 '법외노조 통보처분 효력정지'를 하지 않을 경우, 노동조합 명칭을 사용할 수 없게 되고, 부당노동행위 구제도 어렵고, 단체교섭·단체협약 체결권을 제대로 행사하지 못하며, 교육활동사업 보조금을 지급받을 수 없는 점 등 전교조에 회복할 수 없는 손해가 발생한다고도 명시했다.

송소연 재단법인 '진실의힘' 상임이사는 "대법원이나 헌법재판소가 전교조를 인정하지 않는 상황에서 교원 노조의 지위를 인정하기까지 판사가 인간적 고뇌를 얼마나 했겠나. 출세를 포기하겠다는 선언에 가까운 용기 있는 결정으로 보인다"고 말했다.

"단체협상권과 단결권은 헌법이 보장한 기본권"

효력정지에 대한 파기환송심에서 서울고등법원이 대법원의 결정을 치받은 판단을 내리자, 전교조 서울지부는 성명을 내고 철야 농성에 돌입했다. 이성대 전교조 서울지부장은 "서울고등법원 결정문을 보면 본안 소송이 있기 전까지 노동조합이 누려야 하는 권익에 대한 심각한 손실이 있어서는 안 된다고 쓰여 있다. 단체협상권, 단결권은 헌법이 정한 기본권이다. 진보 교육감에게 이 기본권을 행사하게 해 달라고 철야 농성까지 해야 하니, 참 답답하고 안타깝다"고 말했다. 전교조의 '법외노조 통보처분 취소소송' 항소심 본안 선고는 2016년 1월 21일로 예정돼 있다.

심사위원 20자평

송소연 　헌법재판소도 대법원도 팽개친 헌법 가치, 근본을 사수하다!

김성진 　서울고등법원, "누가 뭐래도 끝날 때까지 끝난 게 아니다"

— 2015년 5월 28일 헌법재판소가 정부가 전교조를 법외 노조라고 통보하는 근거가 된 교원노조법 제2조가 합헌이라고 결정한 뒤, 변성호 전교조 위원장과 노조원들이 서울 종로구 헌법재판소 앞에서 결정을 비판하는 기자회견을 열었다. 사진 신소영

서울고등법원 2015.11.16. 선고 2015아328 결정 [집행정지]

행정10부 재판장 김명수

판결 이후

본안 소송 항소심에선, 2016년 1월 21일 서울고등법원 행정7부(재판장 황병하)는 전교조가 고용노동부를 상대로 낸 법외노조 통보처분 취소소송에서 1심과 같이 원고 패소 판결했다(2014누54228). 노조법과 교원노조법은 교원이 아닌 자를 노조원으로 허용하면 노조로 보지 않는다며, 고용노동부의 법외노조 통보처분은 법에 어긋나지 않는다고 판단했다.

전교조는 항소심의 판결에 불복해 바로 상고했고, 고용노동부의 법외노조 통보처분 효력을 정지해달라는 가처분 신청도 함께 냈다.

전교조에 대한 법외노조 통보처분의 효력을 1심 판결 선고일까지 정지한 결정에 대해선, 2013년 올해의 판결 '전교조 법외노조 통보 효력정지 인용' 참조.

법외노조 통보처분의 효력을 항소심 판결 선고일까지 정지한 결정에 대해선, 2014년 올해의 판결 '전교조 법외노조 통보 근거 조항인 교원노조법 제2조 위헌법률심판 제청' 참조.

'정치'하지 말고
'법대로' 하자

—

• 긴급조치 9호에 대한 대법원 '역주행'
  판결과 달리 국가 배상 인정한 하급심

먼저 대법원의 역주행 판결이 있었다. 2014년 10월 27일 대법원은 "당시엔 긴급조치 9호가 위헌·무효로 선언되지 않았으므로 긴급조치로 인한 복역은 국가기관의 불법행위가 아니다"라고 선언했다 (2014년 올해의 판결). 앞서 2013년 4월 18일 "긴급조치 9호는 당시 유신헌법으로 비춰봐도 위헌·무효"라고 판단한 대법원 전원합의체 판결(2011초기689)을 뒤집은 것이다.

더 나아가 2015년 3월 26일에는 역주행의 완주라 할 만한 대법원 판결(2012다48824)이 나왔다. "유신헌법에 근거한 대통령의 긴급조치권 행사는 고도의 정치성을 띤 국가 행위"라는 문구가 인구에 회자됐다. 당시 대통령의 긴급조치 9호 행사는 국민 개개인이 손해배상을 청구할 대상이 아니라는 말이었다.

하지만 2015년 9월 11일 서울중앙지방법원 민사11부(재판장 김기영)는 긴급조치 9호 피해자인 송상환 씨가 낸 손해배상 소송에서 앞선 대법원 판결을 적시하며 긴급조치 9호를 위법행위라고 반박했다. "대통령의 헌법 수호 의무를 위반한 것으로서… 대통령의 긴급조치 제9호 발령 행위는 고의 내지 과실에 의한 위법행위에 해당한다."

위법행위에 해당하므로 "국가배상법에 따라 (국가가) 원고 송상환 등이 입은 손해를 배상할 책임이 있다"고 인정했다. 송상환 씨는 목포에서 선원 생활을 하다가 1968년 납북되었다가 6개월 만에 풀려난 적이 있다. 그러다가 박정희 당시 대통령을 비판했다는 이유 등으로 수감되었고 이후 재심에서 무죄 판결을 받았다.

앞서 2015년 2월 5일 광주지방법원 목포지원 민사1부(재판장 이옥형)도 긴급조치 9호에 대한 국가 배상 책임을 인정하는 판결을 했다. 대법원이 '고도의 정치 행위'를 하면 하급심이 이의를 제기하는 양상이 벌어진 것이다. '법대로' 하자는 양심의 울림을 어떤 위계도 막지 못했다.

심사위원 20자평

양현아 "고도의 정치 행위"라는 수사 뒤로 숨어버린 대법원의 허구성을 벗겨낸 소신 있는 하급심

최은배 헌법 위반 긴급조치 9호가 불법행위임을 다시금 일깨운 용기 있는 판결

송소연 긴급조치 옹호로 뇌사한 대법원, 하급심이 '응급조치'

KTV

학생의 불법집회. 시위. 정치관여 금지

– 1975년 5월 13일 긴급조치 9호가 선포되었을 무렵 제작된 대한뉴스 한 장면. 사진 화면 캡처

서울중앙지방법원 2015.09.11. 선고 2013가합544225 판결

[손해배상]

민사11부 재판장 김기영

판결 이후

송상환 씨 등의 국가 상대 손해배상 항소심에서, 2015년 12월 24일 서울고등법원 민사8부는 원심을 뒤집고 원고 패소 판결했다. 송씨 등은 상고를 했지만, 2016년 5월 대법원은 심리를 하지 않고 기각했다.

2015년 3월의 대법원의 판단에 반기를 든 하급심 판결도 계속 나오고 있다. 2016년 2월 4일 광주지방법원 민사13부(재판장 마은혁)는 긴급조치 비방 유인물을 배포했다가 유죄 판결을 받은 당시 대학생들이 국가를 상대로 낸 손해배상 청구소송에서 원고 승소 판결했다.

하지만 2016년 7월 유신정권 시절 긴급조치 9호 위반으로 옥살이를 한 조희연 서울시교육감의 국가 상대 손해배상 상고심에서, 대법원 2부(주심 조희대)는 원고 패소 판결한 원심을 확정했다.

긴급조치 당시 국가기관의 불법행위를 인정하지 않은 판결에 대해선, 2014년 올해의 판결 '긴급조치가 위헌이라도 당시 수사·재판은 불법 아니라고 본 판결' 참조.

충남의
'강정'은 아프다

—

• 석면 폐광산에 '폐기물 최종처리장' 만들려던 업체에 제동…
• 주민들 피해에 감응한 판결

충남 청양군 비봉면 강정리는 '또 다른 강정'이다. 제주 강정마을이 해군 기지 건설에 맞서 평화를 깃발로 올려 투쟁했다면, 청양 강정마을은 '침묵의 살인자'로 일컫는 석면의 위험성을 외면하는 지방자치단체와 업체에 맞서 지금도 고통을 겪고 있다.

2013년 10월 강정리 폐광산(비봉광산) 터에 자리한 폐기물 중간처리업체 A사가 그곳에 폐기물 처리 시설을 만들어 일반폐기물 최종처리업까지 하겠다며 청양군에 사업계획서를 내자, 청양군이 부적정하다고 통보했다. 비봉광산 터는 1급 발암 물질인 석면이 나오는 곳으로 사업의 대상 부지로는 부적합하다는 이유였다. 무엇보다 사업자가 매립장을 지으며 대규모 채굴 작업을 하는 과정에서 석면이 외부로 날아갈 위험이 크다는 이유였다. 인근 주민들의 생명을 위협하고 환경을 오염시킬 것이 예상됐다.

대전지방법원 행정2부(재판장 이현우)는 2015년 8월 27일 사업자 A사가 청양군의 '폐기물처리 사업계획서 부적정 통보처분'을 취소해달라며 낸 소송에서 군과 주민들의 손을 들었다. 재판부는 '국가와 지방자치단체는 환경오염과 피해를 사전 예방할 의무가 있다'고 규정한 정책기본법 제8조에 주목했다. 특히 사업자의 '석면 위험성 없다'는 주장을 두고 재판부는 "(토양 석면 관리 기준에서) 1퍼센트라는 위험성 기준은 환경부가 토양 복원의 경제성 등을 반영해 결정한 것으로 '토양 정화'를 목적으로 설정된 것일 뿐 1퍼센트 농도 이하라고 해서 개발 행위를 해 석면이 비산하게 되더라도 위험하지 않다는 의미로는 보기 어렵다"고 판시했다.

2014년 10월 15일 문을 연 국가인권위원회 대전인권사무소의 '1호 진정'도 강정리 주민들의 피해 호소였다. 그러나 대전인권사무소는 주민들의 진정을 각하하고 업체의 일부 불법 혐의만을 검찰에 넘기는 데 그쳤다. 최근 4년 동안 비봉광산에서 반경 2킬로미터 안의 주민 9명이 석면 피해를 인정받았고 이 가운데 5명이 숨졌다. 사업자는 항소했고, 강정은 지금도 아프다.

정남순 │ 사전 예방 원칙이 살아 있음을 보여준 고맙고 반가운 판결

염형국 │ 지방자치단체는 석면 피해로부터 주민을 보호할 책임이 있다!

김성진 │ 눈앞의 돈보다 사람의 생명과 안전이 소중하다

— 석면 폐광산에 자리한 폐기물 중간처리업체가 일반폐기물 최종처리업까지 하겠다고 하자 주민들이 반대하고 나섰다. 사진 전진식

대전지방법원 2015.08.27. 선고 2014구합1484 판결

[폐기물처리 사업계획서 부적정통보처분 취소]

행정2부 재판장 이현우

판결 이후

업체의 일반폐기물 매립장 설치는 백지화됐지만, 건설폐기물 중간 처리업은 여전히 운영되고 있다. 석면 광산 부지에 있는 폐기물 매립 장 문제는 해결되지 않고 있다.

어떤 핑계로든
넘으면 안 된다

—

• 대부업 폭리 제한 판결…
• 최고이자율은 연 34.9퍼센트 넘으면 불법

성경에서는 고리대금을 금지했다.

"너희는 너희 형제에게 돈을 빌려주고 고리대금을 얻지 말지어다. 돈에 대한 폭리이건, 음식물에 대한 폭리이건, 어떤 것에 대해서도 폭리를 취하지 말지어다."(신명기)

그러나 고리대금업자들은 자신을 금지하는 성경이나 법에 대해 코웃음을 치고 살았다. 법을 피하는 교묘한 수법으로 서민을 착취했다.

대법원 3부(주심 민일영)는 2015년 7월 23일, 점점 지능화하는 고리대금업자들의 수법 하나를 금지하는 판결을 내렸다. 대법원은 "돈을 빌려주면서 '투자금'이라는 명목으로 뗀 돈 역시 이자로 인정해야 한다"며, 대부업자에게 무죄를 선고한 원심 판결을 부산지방법원으로 돌려보냈다. 이 대부업자들은 최고 제한이자율을 피하기 위해 돈을 빌려주면서 투자금 형식으로 미리 17퍼센트 상당의 '선이자'를 뗐다가 돌려주지 않아 적발됐다.

대법원의 판결은 간명했다. 투자금이든 다른 어떤 이름을 붙이든 간에 제한이자율을 넘어서는 이자를 받았다면 대부업법을 위반했을 가능성이 크다는 것이다. 현행 대부업법(대부업 등의 등록 및 금융이용자 보호에 관한 법률)은 돈을 빌려줄 때 최고이자율을 연 34.9퍼센트로 제한하고 있다.

이 판결이 중요한 이유는 내년(2016년)부터 대부업법상 최고이자율이 더 내려갈 가능성이 크기 때문이다. 국회 정무위원회는 최고이자율을 27.9퍼센트로 내리는 대부업법 개정안에 합의한 상태다. 대부업자들은 "신용 등급이 낮은 서민들의 대출은 힘들어질 것"이라며 앓는 소리를 한다. 일부 대부업자들은 낮춰진 이자율만큼 돈을 더 뽑기 위해 여러 꼼수를 동원할 가능성이 크다. 대법원의 판단처럼 정해진 이자 외에 돈을 더 뜯어 가는 것은 모두 불법이다.

심사위원 20자평

이광수 | 커다란 정의 앞에 빠져나갈 꼼수는 없다

김성진 | 대부업 폭리 뒤의 꼼수, 법원에 발각되다

양현아 | '살아 있는' 현실에 입각한 판결

— 거리에 뿌려진 대부업체 전단지들. 사진 한겨레

대법원 2015.07.23. 선고 2014도8289 판결

[대부업법 위반, 대부업법 위반 방조]

3부 주심 민일영

: 대부업법 제8조 2항의 취지는 대부업자가 사례금·할인금·수수료·공제금·연체이자·체당금 등의 명목으로 채무자에게서 돈을 징수하는 탈법 행위를 방지하는 데 있다. 대부업자와 채무자 사이의 금전대차와 관련된 것으로서 금전대차의 대가로 볼 수 있는 것은 명목 여하를 불문하고 모두 이자로 간주된다.

판결 이후

2018년 1월까지는 금융회사(은행과 대부업체)는 대부업법상 최고이자율인 연 27.9퍼센트를 적용하고, 개인 간 금전 거래에선 이자제한법상 최고이자율인 연 25퍼센트가 적용되었다.

정부는 대부업법·이자제한법 시행령을 동시 개정해 2018년 2월 8일부터는 법정 최고금리를 연 24퍼센트로 일원화한다. 법정 최고금리는 2002년 연 66퍼센트 → 2007년 49퍼센트 → 2011년 39퍼센트 → 2014년 34.9퍼센트 → 2016년 27.9퍼센트 → 2018년 24퍼센트로 인하되어왔다.

꼬리라도
잡았다

—

• 세월호 참사에서 해경 지휘부의 공동 책임 인정
• 초동 대응 실패한 공직자에게 업무상 과실치사죄 인정한 첫 판결

"해경 지휘부나 사고 현장에 같이 출동한 해경들에게도 승객 구조 소홀에 대한 공동 책임이 있다."

광주고등법원 형사6부(재판장 서경환)는 2015년 7월 14일 세월 호 침몰 당시 구조 활동에 실패한 혐의로 기소된 해양경찰 김경일 123정장에 대해 징역 3년을 선고하면서, 1심과 달리 해경 지휘부와 다른 해경들의 공동 책임까지 밝혔다. 이 판결은 대법원에서 11월 27일에 확정됐다. 초동 대응에 실패한 공직자에게 업무상 과실치사 죄를 인정한 첫 판결이다.

법원이 지적한 해경 지휘부의 잘못은 김정장이 구조 활동에 전념 하기 어렵게 했다는 점이다. 2014년 4월 16일 오전 9시 36분께 해

경본청 상황실에서 김정장에게 휴대전화를 걸어 2분 2초 동안 통화하고, 서해지방해양경찰청 상황실 등에서도 주파수공용 무선통신(TRS)으로 20여 차례 통신해 보고하게 했기 때문이다. 해경 지휘부와 김정장 간의 휴대전화 통화 내용은 〈한겨레21〉 보도(제1058호 '운명의 40분, 해경은 4번의 현장 보고를 무시했다')로 처음 세상에 알려졌다.

항소심은 또 김정장의 업무상과실로 피해를 입은 사람을 크게 확대했다. 1심에서는 김정장이 현장에 도착해 승객이 선내에 대기하고 있다는 것을 알고도 퇴선을 이끌지 않은 잘못을 인정하면서도 그 책임을 "9시 44분 이후"로 못 박았다. 당시 오전 9시 44분에 김정장이 "승객이 안에 있는데 배가 기울어갔고 현재 못 나오고 있다"고 TRS로 보고했기 때문이다.

하지만 항소심에서는 김정장과 해경본청 상황실 간의 통화 내용을 근거로 김정장이 "9시 30분"부터 세월호 선내 상황을 인식했다고 봤다. 그런데도 초동 대응에 실패해 303명이 목숨을 잃었고 142명이 다쳤다고 항소심은 결론 냈다.

심사위원 20자평

송소연 | 구조 실패의 꼬리라도 잡았다! 이제 몸통을 잡을 차례!

염형국 | 세월호 참사는 국가의 책임이다!

– 광주고등법원 형사6부는 2015년 7월 14일 세월호 침몰 당시 구조 활동에 실패한 혐의로 기소된 김경일 전 해경 123정장에 대해 징역 3년을 선고했다. 김 전 정장(맨 왼쪽)을 비롯한 123정 승조원들이 2014년 4월 28일 "퇴선 방송을 했다"고 허위 인터뷰하는 모습. 사진 한겨레

대법원 2015.11.27. 선고 2015도11610 판결 [업무상과실치사 등]

2부 주심 김창석

2015년 올해의 판결

아쉽다, 이 판결

'고약한
10년'

—

- 대법원에서만 8년 4개월 머문 이주노조 합법화 판결…
- 이주노동자들은 단속 위협 등에 여전히 발목

"하루 11시간×29일=월 226시간?"

농·축산 이주노동자들이 12월 8일 성남고용노동지청(경기도 성남시 분당구)과 12월 11일 대전지방고용노동청(대전시 서구) 앞에서 계산기를 밟았다. 밤새 종이로 만든 '고용노동부 계산기'를 부수며 그들은 "노동부, 정신 차려라" 하고 외쳤다. 하루 11시간 일을 시키면서도 월 노동시간을 226시간(하루 8시간 일할 경우)으로 합산하는 고용주의 '의도적 오산'을 노동부 계산기는 잡아내지 않았다. 최저임금법을 노골적으로 위반하는 계약서도 공식 추인했다. '고장 난 계산기는 폐기돼야 한다'는 뜻으로 노동자들은 퍼포먼스를 벌였다.

이주노동자노동조합(이주노조)이 '법적 지위'를 얻어도 법적 기준에 못 미치는 그들의 삶은 달라지지 않고 있다.

"조합원의 체류 자격은 노조 설립 요건과 별개"

2015년 6월 25일 대법원 전원합의체(주심 권순일)는 서울·경기·인천 이주노조가 서울지방고용노동청을 상대로 낸 '노동조합 설립신고서 반려처분 취소소송'에서 노조의 손을 들어줬다. 소송을 제기한 지 10년이 걸려서야 국내 이주노동자들은 '합법 노조'를 갖게 됐다. 고용노동부가 발목을 잡았던 '조합원의 체류 자격'은 노조 설립 요건과 별개라는 사실을 대법원이 확인했다.

지난한 시간이었다. 2005년 4월 서울과 수도권의 이주노동자 91명은 창립총회를 열고 서울지방고용노동청에 설립신고서를 제출했다. 노동청은 '조합원 중 불법체류자가 있을 수 있다'며 조합원 명부를 요구했고, 이주노조는 거부했다. 노동청은 설립신고서를 반려했고, 이주노조는 소송을 제기했다. 2006년 2월 1심에선 노동청이 이겼고, 2007년 2월 항소심에선 노조가 승소했다.

'고약한 세월'은 대법원에서 흘렀다. 주심 대법관이 세 차례(김황식→양창수→권순일)나 바뀌었다. 양창수 대법관은 6년 동안 사건을 방치하다 무책임하게 퇴임(2014년 9월)했다. 대법원이 붙들고 있던 시간만 8년 4개월이었다. '출입국관리법상의 미등록 여부가 헌법의 노동기본권·결사의 자유를 제한할 수 없다'는 판결의 의미가 육중한 시간의 무게에 눌려 퇴색됐다.

재판부가 판결문에 붙인 '가이드라인'도 뾰족하다.

"취업 자격 없는 외국인 근로자들이 조직하려는 단체가 주로 정치운동을 목적으로 하는 경우… 에는 행정관청은 실질적인 심사를 거쳐… 설립신고서를 반려할 수 있을 뿐만 아니라 설령 노조 설립 신고를 마치고 신고증을 교부받았더라도 적법한 노조로 인정받지 못함은 물론이다."

노조 설립을 허용하면서도 이주노조를 다룰 '법 기술'을 정부에 전수했다고 할 수 있다.

상황은 대법원의 '지침'대로 전개됐다. 대법원 판결 뒤 서울지방고용노동청은 이주노조의 규약이 '정치적'이라며 설립신고서 보완을 요구했다. 이주노조의 '단속추방·고용허가제 반대' 요구를 정치운동의 사례로 들었다. 이주노조는 "노조 설립 이유를 포기하라는 주장"이라며 7월 말부터 노동청 앞에서 농성을 시작했다. 설립 필증은 결국 발급(8월 20일)됐지만 '정치운동 금지'는 언제든 노조의 목에 올가미를 걸 수 있다.

정치운동을 할 때는 적법한 노조 아니라는 가이드라인
이주노조 다룰 '법 기술'도 전수

12월 13일 서울시청 서소문 별관(서울시 중구)에선 2015년 세계 이주민의 날(12월 18일)을 맞아 이주노동자대회가 열렸다. 밭 매고 돼지 치며 한국인이 먹는 '신토불이 밥상'을 차려온 이주노동자들은 팻말을 들고 '근로기준법 제63조(농·축산업은 휴게·휴일 규정 적용 예외) 폐지'와 '사업장 이동(사업주 동의 없이는 불가)의 자유 보장'을 염원했다. 그들은 이날도 계산기를 밟았다.

— 2015년 8월 20일 서울지방고용노동청으로부터 노동조합 설립 신고 필증을 받은 서울·경기·인천 이주노조 우다야 라이 위원장(왼쪽 두번째)이 조합원들과 함께 기뻐하고 있다. 사진 김경호

대법원 2015.06.25. 선고 2007두4995 전원합의체 판결

[노동조합 설립신고서 반려처분 취소]

주심 권순일

국가의 사생활 간섭,
굿바이

—

- 성적 자기결정권 등 침해 이유로 62년 만에 간통죄 위헌 판결…
- 불륜 둘러싼 성별 권력 논의는 여전히 필요해

2015년 2월 이후 드라마의 한 장면이 사라졌다. 불륜으로 배우자를 고소해 법정 공방을 벌이는 모습, 경찰이 불륜 현장을 덮치는 장면 같은 것을 더 이상 볼 수 없게 됐다. 2월 26일 헌법재판소는 형법 제241조 간통죄 처벌 규정을 위헌이라고 결정했다. 재판관 박한철(재판장)·이진성·김창종·서기석·조용호·김이수·강일권이 위헌 의견을 냈고, 이정미·안창호 재판관은 합헌 의견을 냈다.

간통죄 폐지는 세계적 추세

간통을 둘러싼 성별 권력의 차이를 보완할 제도가 필요

반대 의견을 낸 이정미·안창호 재판관은 "우리나라는 고조선의 팔조법금에서부터 일관되게 간통을 금지하고 간통 행위를 한 자를 형사 처벌해왔다"며 간통죄에 대한 인식이 오랫동안 뿌리 깊게 이어져 왔다고 썼다. 간통죄 존재 자체만으로도 간통 행위에 나아가지 않게 하는 일반 예방적 효과를 무시할 수 없다는 의견이다.

하지만 간통죄는 1953년 제정됐을 때부터 아슬아슬하게 사회적 합의를 얻은 법률이었다. 해방 이후 아내만 처벌하는 일본의 간통죄 형벌 조항을 그대로 받아들였던 당시 법령을 두고 논쟁이 벌어졌다. 절반을 1명 넘긴 표결 결과로 간통죄가 법제화됐다. 이후에도 간통죄 존폐는 늘 논란의 대상이었고 1990년부터 1993년, 2001년, 2008년까지 총 네 차례 위헌법률심판에 올랐다. 모두 합헌 결정을 해왔지만 그때마다 위헌이라는 견해가 있었다.

성적 자기결정권과 사생활의 비밀과 자유를 국가가 지나치게 침해해왔다는 것이 간통죄 폐지의 가장 큰 이유다. 다양한 유형이 있음에도 일괄적으로 징역형으로 응징하는 것은 '책임과 형벌 간 비례의 원칙'에 위반된다는 것도 위헌 결정을 뒷받침했다.

세계적인 입법 추세 또한 간통죄 폐지와 맞닿다. 일본은 1947년, 독일은 1969년, 프랑스는 1975년, 아르헨티나는 1995년 간통죄를 폐지했다. 국민 대다수가 이슬람교를 믿는 터키 또한 유럽연합에 가입하기 위해서였지만 2004년 간통죄 조항을 삭제했다.

한편에서는 부작용도 우려한다. 남성과 여성의 성규범 잣대가 비대칭적인 한국 사회에서 성적 자기결정권이 오히려 남성의 성적 자유를 주장하는 쪽으로 남발될 수도 있다. 예컨대 간통죄 폐지 직후

방영된 드라마 '이혼변호사는 연애 중'(SBS)에서 간통을 일삼는 인물로 그려지는 간동재는 "법이 인정을 해줬잖아. 마음껏 바람피우라고!"라고 큰소리친다.

간통을 둘러싼 성별 권력의 차이를 고려하지 않았다는 지적도 있다. 2014년 한국여성정책연구원이 실시한 '간통죄 의식조사' 결과를 보면 기혼 남성의 36.9퍼센트가 "간통 경험이 있다"고 답해 여성(6.5퍼센트)의 5.5배에 달했다. 남성보다 여성이 간통죄로 배우자를 고소하고 취하하는 경우가 많았다는 얘기다. 간통죄 존치 당시에는 상대적으로 사회경제적 약자의 지위에 있는 경우가 많은 여성들이 재판상 이혼 청구를 통해 재산 분할이나 위자료를 청구해 혼인이 해소된 뒤 살아갈 방도를 마련해왔다. 간통죄가 일종의 보호 장치 역할도 해왔다는 얘기인데, 이를 보완할 제도는 간통죄 폐지가 논의되는 내내 제대로 궁리되지 않았다.

경제적 약자인 배우자를 고려해 새로운 이혼 법제 논의해야

간통은 민사상으로는 여전히 이혼 사유가 되고(민법 제840조 1호), 간통 행위를 한 사람은 배우자에게 이에 따른 재산상 및 정신적 손해를 배상할 의무를 질 수 있다(민법 제843조, 제806조). 하지만 현행 민법은 이혼시에만 재산 분할 청구가 가능하다.

경력 단절로 경제적 자립이 쉽지 않은 여성 배우자나 가정 파탄에 책임이 없는 배우자, 자녀가 경제적 곤궁에 처하지 않을 법적 보호 장치를 마련해야 한다. 징벌적 손해배상이나 위자료 상향 조정, 부부 재산제 개정 등 새로운 이혼 법제를 논의해야 할 이유다.

심사위원 20자평

염형국 간통은 나쁘다. 이에 대한 처벌은 더 나빴다

양현아 시대적 판결. 하지만 배우자의 외도가 갖는 젠더적 성격에는 완전히 침묵

— 2015년 2월 간통죄가 폐지됐다. 위헌법률심판에 오른 지 다섯 번째 만이다. 사진 김태형

헌법재판소 2015.02.26. 선고 2009헌바17 결정

[간통제 조항 위헌심판]

'전관예우'
없애라?

—

• 대법원, 형사사건 성공보수 약정 무효 판결…
• 국민에겐 달지만 법리적으로는 씁쓸한

2011년 유회원 론스타코리아 대표는 증권거래법 위반 등의 혐의로 서울고등법원에서 재판을 받았다. 유대표는 변호인으로 국내 최대 로펌인 김앤장 법률사무소와 A변호사를 선임했다. A변호사는 법원장 출신으로 당시 법복을 벗은 지 얼마 안 되었다.

유대표는 A변호사에게 성공보수를 걸었다. 자신이 보석, 무죄 또는 집행유예 등으로 석방되면 성공보수로 10억 원을 주기로 했다. A변호사는 유대표를 석방시키기 위해 적극 뛰었다. A변호사는 '유회원 대표를 구속하라'고 주장했던 장화식 전 투기자본감시센터 대표가 유대표를 위해 탄원서를 써주자, 유대표가 집행유예로 풀려날 경우 4억 원을 준다는 합의금 지급각서까지 써주기도 했다. 변호인이 자신의 이름으로 합의금 지급각서를 쓰는 것은 이례적인 일이었다. 한 법률가는 "거액의 성공보수를 받기 위해 변호사가 무리수를 둔 사건"이라고 했다.

"성공보수는 선량한 풍속과 사회질서에 위반"
전관예우가 성공보수를 얻어내는 대표적 통로

앞으로는 이처럼 형사사건에서 성공보수를 약정하는 것은 무효다. 2015년 7월 23일 대법원 전원합의체(주심 권순일)는 허 모 씨가 조 모 변호사를 상대로 "성공보수 1억 원이 지나치게 많으니 돌려달라"고 낸 부당이득금 반환소송에서 "형사사건 성공보수는 변호사 직무의 공공성을 저해해 선량한 풍속과 사회질서에 위반되므로 무효"라며 4000만 원을 돌려주라고 한 원심을 확정했다.

형사사건의 성공보수는 착수금을 받은 뒤 구속이나 실형을 면하게 해주는 결과에 따라 과도한 수임료를 받는 변호사 업계의 오랜 관행이었다. 특히 고위 검사나 판사가 변호사로 개업한 뒤 자신의 인맥을 이용해 의뢰인에게 유리한 결과를 얻어내는 이른바 '전관예우'가 성공보수를 얻어내는 대표적인 통로였다.

대법원은 성공보수의 메커니즘을 이렇게 판단했다.

"변호사로서는 성공보수를 받을 수 있는 '성공'이란 결과를 얻어내기 위해 수사나 재판의 담당자에게 직간접적으로 영향을 행사하려는 유혹에 빠질 위험이 있고, 의뢰인으로서도 성공보수를 약정함으로써 변호사가 부적절한 방법을 사용해서라도 사건의 처리 결과를 바꿀 수 있을 것이라는 그릇된 기대를 할 가능성이 없지 않다."

그러나 '올해의 판결' 심사위원들은 대법원의 이 판결을 '아쉬운 판결'로 분류했다. 심사위원들은 "모든 형사사건 성공보수가 다 무효가 되어야 하는지, 대법원이 판결의 효력을 장래의 것으로 제한하면서 일반적·추상적 규범 선언을 하는 것이 적법한지 등 대법원의 본질을 고찰해봐야 할 판결"이라고 논했다.

이 같은 우려를 낸 것은 최근 대법원이 자신들이 맡고 있는 기능을 상고법원과 정책법원으로 나누는 방안을 추진하고 있기 때문이다. 증가하는 상고 사건을 상고법원이 맡아 처리하고, 정책법원은 규범적 가치와 기준을 제시해 정책에 영향을 끼치는 기능을 수행한다는 것이다. 대법원은 판결문의 보충의견을 통해 "이번 대법원 판결을 계기로 투명한 형사 사법을 구현하는 데에도 밑거름이 될 것으로 기대한다"는 정책 제안 기능까지 비치기도 했다.

전관예우 막으려면 입법 영역에서 해결 방안 찾아야

올해의 판결 심사에 참여한 김성진 변호사는 이번 판결의 성격을 이렇게 설명했다.

"국민에게 환영받을 만한 판결이기는 하지만, 본래 입법 영역에서 성공보수를 받지 못하게 하는 등의 방법으로 가야 했는데 사적 계약의 효력을 법원이 부인하는 방법으로 과격하게 나갔다는 게 대다수 법률가들의 생각이다."

실제 전관예우를 근절하려면 일정 기간 퇴임 대법관이 변호사로 개업하거나 법무법인 등에 취업하는 것을 금지해 부당한 영향력을 행사하는 것을 막아야 한다는 의견도 많다. 그러나 대법원이 아직 이 정도의 결단은 보여주지 않아 아쉽다.

– 변호사 사무실들이 모여 있는 서울 서초동 거리. 사진 한겨레

대법원 2015.07.23. 선고 2015다200111 전원합의체 판결

[부당이득금 반환]

주심 권순일

절반의
재심 개시 결정

—

• 복역 중인 무기수에 내려진 첫 재심 결정 '김신혜 사건'
• 무죄 주장 받아들여지지 않아 수감 상태에서 재판받는 아쉬움

그녀는 아직 석방되지 않았다.

'김신혜 씨 사건'은 15년째 복역 중인 부기수에 대한 재심 개시 결정으로 주목받았다. 2015년 11월 18일 광주지방법원 해남지원(재판장 최창훈)은 존속살해와 사체유기죄 등으로 복역 중인 김신혜 씨의 재심 청구를 받아들여 재심 개시를 결정했다. 복역 중인 무기수에 내려진 첫 재심 개시 결정으로 의미가 컸다.

재판부는 당시 경찰이 영장 없이 압수수색을 하고 현장검증을 강요했으며, 조서를 허위로 작성한 정황이 있다는 이유로 형사소송법상 재심 사유에 해당한다는 판단을 내렸다. 끈질기게 무죄를 주장해온 무기수 김신혜 씨가 15년 만에 다시 재판을 받게 된 것이다.

2000년 8월 광주지방법원 해남지원은 그녀가 보험금을 노려 아버지를 음독 살해하고 주검을 유기한 죄로 그녀에게 무기징역을 선고했었다. 진술 외에는 물증이 없고 본인이 범행을 부인했지만, 고등법원과 대법원도 항소를 기각해 무기형이 확정됐다.

무죄 입증할 증거는 발견되지 않았지만
경찰의 직권남용 등이 인정되어 재심 개시

"형사소송법 제420조 5호의 '새로 발견된 증거'에 해당하지 않는다."

피고인의 억울함을 인정했을 법한 재심 개시 결정문에 가장 많이 나오는 문장이다. 46쪽에 이르는 판결문에서 피고인의 변호인이 주장한 무죄 증거 근거에 대해 법원은 "'새로 발견된 증거'에 해당되지 않는다"고 결론 낸다. 수면제에 대한 경찰의 공문서가 허위로 작성됐다는 것, 성적 학대가 범행 동기가 아니라는 것, 범행 방법이 도저히 실행 불가능했다는 것 등 무죄 주장의 근거를 법원은 줄줄이 받아들이지 않았다.

판결문의 끝에 가서야 당시 수사 경찰의 직권남용 등이 인정돼 "형사소송법 제420조 7호의 재심 사유가 있다"는 반전이 나온다. 이번 판결문은 그만큼 법원의 자기부정과 반성이 어렵다는 것을 드러내는 것처럼 보인다.

재심은 법원의 과거 판단에 오류가 있었다는 것을 인정하는 의미가 있다. 그래서 수사와 재판 과정에서 인권이 충분히 고려되지 않앗던 시절에 대한 사법부의 반성 의미도 지닌다. '진실·화해를위한 과거사정리위원회' 같은 기구가 조사한 결과가 나오고 나서야 시국 사건 일부에 대해 재심 결정이 내려졌다. 그러나 이런 기구의 도움 도 받지 못하는 일반 형사 사건은 재심 개시 결정을 받기가 더욱 어 렵다.

"인정하지 않을 수 없는 것에 대해서만 인정했다."

김신혜 씨의 변호인 박준영 변호사가 재심 개시 결정에 대해 내린 평가다. 그는 "위법한 수사라고 인정했는데, 위법한 수사의 결과를 바탕으로 피고인이 제기한 무죄 주장을 법원이 부인했다"고 모순을 지적했다.

재심 개시 결정과 관련한 법령과 법리는 법원이 '후견인적 지위'를 갖는다고 규정하는데, 법원이 이를 행사하지 않았다는 비판도 있다. 박변호사는 "검찰과 달리 권력이 없는 피고인은 무죄를 완벽히 입증 하기 어렵다"며 "법원이 진지한 무죄 주장이라고 생각되면 적극 검토 해야 할 텐데, 관련자를 부르거나 하는 노력을 전혀 하지 않았다"고 지적했다.

재심 개시 결정이 나왔지만, 무죄를 입증할 근거가 발견되지 않았 다는 이유로 김신혜 씨는 수감 상태에서 재심을 받는다. '절반의 재 심 결정'으로 여겨지는 이유다.

위법한 수사라고 인정하면서도 피고인의 무죄 주장을 부인하는 모순

'10명의 범인을 놓쳐도 1명의 무고한 범인을 만들지 말라'는 말이 있다. 적잖은 이들이 김신혜 씨 같은 억울함을 호소한다. 그러나 이들의 재심을 지원하는 시스템은 없다. 만고불변의 법은 없고, 무오류의 법정도 없다. 억울한 이들의 목소리는 감옥에만 갇혀 있다.

심사위원 20자평

이광수 의심스러울 때는 피고인의 이익으로

최은배 수형자의 억울함 호소에 작게나마 귀를 연 법원. 판결은 어떻게 나올까?

송소연 15년 8개월 노역 거부 김신혜, 수의 벗고 재심받게 하라!

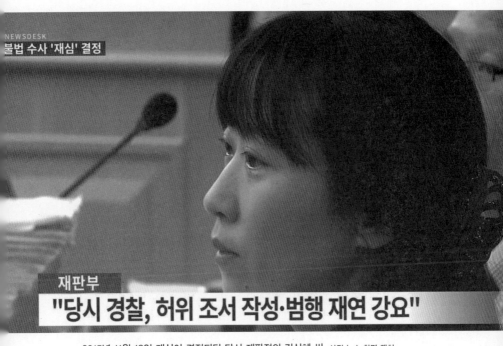

NEWSDESK
불법 수사 '재심' 결정

재판부
"당시 경찰, 허위 조서 작성·범행 재연 강요"

— 2015년 11월 18일 재심이 결정되던 당시 재판정의 김신혜 씨. 사진 뉴스 화면 캡처

광주지방법원 해남지원 2015.11.18. 선고 2015재고합1 결정 [존속살해 등]

형사1부 재판장 최창훈

판결 이후

2017년 2월 11일 광주고등법원 형사1부(재판장 노경필)는 김신혜 씨 사건 재심 개시 결정에 대해 검사가 항고를 한 것과 관련해 기각했다. 검찰은 이에 불복해 대법원에 재항고한 상황이며 재심 개시는 대법원에서 판가름된다.

2015년 올해의 판결
경고한다, 이 판결

- 통합진보당 해산 결정(최악의 판결)
- 국가 상대 손해배상의 소멸시효를 6개월로 제한
- 파업 지지한 비정규직 노동자에게 '업무방해 방조죄' 적용
- KTX 여승무원에 대한 불법파견과 위장도급 불인정
- 원세훈 전 국정원장 공직선거법 유죄 원심 파기
- 세월호 관제 소홀한 진도VTS '무죄' 선고
- 연예기획사 대표의 10대 성폭력을 '사랑'으로 판단

1심과 2심 이겼는데
국가 배상 '0원'

—

• 대법원, '2차 진도간첩단' 조작 사건 피해자에
'소멸시효 6개월 넘어' 배상 안 돼 판결

진도농협 예금계장이었던 박동운 씨는 서른한 살이던 1981년 3월 영문도 모른 채 서울 남산 지하실로 끌려갔다. 두 달 넘도록 햇볕 한 줌 들지 않는 국가안전기획부(현 국가정보원)에서 죽음보다 징그러운 고문을 겪은 끝에 간첩이 됐다. 이른바 '2차 진도간첩단 사건'이다. 박씨가 남파 간첩인 아버지를 따라 두 차례나 북한에 다녀오는 등 24년간 고정간첩으로 활동했다는 죄목이었다.

당시 안기부 발표대로라면 박씨는 열두 살 때부터 간첩 활동을 한 셈이다. 실제로는 항일운동을 하던 아버지가 한국전쟁 때 행방불명 돼 박씨는 아버지의 얼굴도 모르고 자랐다. 무기징역을 선고받은 박씨는 16년을, 어머니와 동생, 삼촌은 2~6년간 감옥살이했다.

박동운 씨 등은 2009년 1월 '진실·화해를위한 과거사정리위원회'에서 진실 규명을 받고 재심을 청구해 그해 11월 무죄가 확정됐다. 당시 재판부는 "20년 이상 피고인 가족이 당한 고초는 이루 말할 수 없을 것"이라며 "우리 모두가 함께 부끄러워해야 할 과거의 일"이라고 말했다.

2010년 9월 형사보상 결정을 받고 8개월 뒤 국가를 상대로 낸 손해배상 소송에서 1심, 2심 모두 승소했다. '소멸시효'는 일정 기간 동안 권리를 행사하지 않으면 그 권리를 소멸시키는 제도다. 불법행위로 생긴 손해배상 청구권은 손해 및 가해자를 안 날로부터 3년, 불법행위를 한 날로부터 5년이 지나면 시효로 인해 소멸한다(민법 제766조, 국가재정법 제96조). 다행히 1심과 2심은 이런 소멸시효 주장을 인정하지 않았던 것이다.

당시 2011년 1월 대법원은 울릉도 간첩단 사건과 아람회 등의 피해자들이 낸 손해배상 판결에서 '국가가 소멸시효 완성을 주장하는 것은 부적절한 대응'이라고 판단했다. 같은 해 6월 대법원은 울산보도연맹 학살 사건에서도 같은 취지의 판결을 내렸다.

이때만 해도 재심 무죄 사건의 국가 책임을 인정하는 판결이 뒤집힐 줄 몰랐다. 그런데 난데없이 2013년 12월 12일 다른 사건에서, 대법원 1부(주심 박병대)가 재심 무죄 사건의 손해배상 소송 제기 소멸시효를 '형사보상 결정 확정일로부터 6개월'로 못 박는 판결을 내린 것이다(2013다201844). 박동운 씨가 소송을 낸 지 2년 7개월 지난 시점에 날아든 청천벽력이었다.

이 판결이 나온 지 1년 뒤인 2014년 12월 24일 대법원 3부(주심 민일영)는 박동운 씨 사건의 상고심에서 "형사보상 결정 확정일로부터 6개월 내에 손해배상을 제기하지 않았다"며 국가의 손을 들어줬다.

박동운 씨의 국가 배상 소송은 그렇게 원고 패소 취지로 서울고등법원으로 파기 환송되었다가, 결국 2015년 9월 22일 패소로 끝났다. 소송이 두 달 늦었다고 손해배상금을 한 푼도 못 받게 되었다.

심사위원 20자평

양현아 | 바늘구멍을 빠져나온 낙타를 도로 바늘 저쪽으로 밀쳐낸 판결

송소연 | 대법원의 '묻지 마' 몽니, 국가 범죄를 완성하다!

– 간첩 누명을 쓰고 17년 동안 옥살이를 하다가 재심에서 무죄 판결을 받은 박동운 씨가 2012년 〈한겨레21〉과의 인터뷰에서 소회를 밝히며 착잡한 표정을 짓고 있다. 사진 정용일

판결 이후

2013년 12월 12일 대법원의 2013다201844 판결 이후 과거사 손해배상 청구권의 소멸시효는 재심 판결 확정일로부터 6개월인 것으로 간주되어, 하급심은 그에 따라 판단하고 있다. 하지만 이 대법원 판결에 반하는 하급심 판결이 나왔다. 2016년 12월 2일 서울중앙지방법원 민사합의20부(재판장 윤성식)는 민청학련 피해자와 가족들이 국가를 상대로 낸 손해배상 청구소송에서, 해당 대법원 판결 이전에 제기된 소송이라는 이유로 이를 적용하지 않으면서 원고 일부 승소 판결했다(2013가합507530).

대법원 판결로 배상금을 토해낼 처지가 된 박동운 씨 등 여러 사건의 피해자들은 '형사보상 결정 확정일로부터 6개월'의 근거가 된 민법 시효 정지 조항 등이 위헌이라며 2014~2015년 사이 각각 헌법소원을 제기했다.

2016년 6월 13일 대한민국은 박동운 씨 등을 상대로 부당이득금 반환소송을 냈다. 같은 해 6월 16일 서울중앙지방법원 민사27부는 '부당이득금'이 된 손해배상금에 이자까지 더해 토해내라고 판결했다.

어떻게든
처벌하겠다

—

- 1심서 업무방해 무죄 판결 나자 2심서 '업무방해 방조죄'…
- 미래의 일을 과거의 죄목에 더하는 '시공 초월 판결'

재판부가 '타임 슬립' 영화를 연출했다. 현대자동차 사내하청 해고 노동자 최병승에 대한 부산고등법원 형사1부(재판장 박영재)의 '업무 방해 방조죄' 선고(2015년 7월 22일·벌금 400만 원)는 초현실적이고 초논리적이다.

죄의 근거는 2010년 11월 15일~12월 9일 현대차비정규직지회 노동자들이 울산1공장 생산라인을 점거 농성할 당시 최병승(당시 금속노조 미조직국장)이 행한 집회 참여, 지지 발언 등이었다. 재판부 논리대로라면 파업 지지 활동을 하는 모든 사람은 처벌받게 된다. 전두환 신군부가 만든 '제삼자 개입 금지'(2007년 폐지)의 부활이라는 비판이 끓었다.

이 사건의 1심 재판부(울산지방법원)는 최병승의 업무방해 혐의에 무죄를 선고(2014년 10월 17일)했다. 사흘 뒤 검찰은 업무방해죄에서 업무방해 방조죄로 공소장을 바꿔 항소했다.

부산고등법원 선고로부터 정확히 5년 전인 2010년 7월 22일 대법원은 최병승에 대한 현대차의 불법파견을 인정하며 직접고용 관계에 있다고 판결했다. 한국 비정규직 노동운동사에 기록되는 의미 있는 판결이었다. 비정규직지회의 점거 농성도 이 판결을 근거로 모든 사내하청 노동자의 직접고용을 요구하며 일어났다.

방조죄 적용은 이 '상징'을 꺾으려는 흐름과 맞닿아 있다. 최병승의 상징성은 판결문이 밝히는 유죄 성립의 핵심 판단 기준이기도 하다.

재판부는 그의 영향력을 부각하기 위해 점거 농성 2년 뒤의 일까지 불러냈다. 최병승이 296일 철탑 농성(2012년 10월 7일~2013년 8월 8일)을 거치며 "상당한 파급력"을 갖게 됐다는 이유였다. 죄의 근거를 행동보다 영향력에서 찾고 미래의 일을 과거의 죄목에 더하는 '시공 초월 판결'이다. 논리는 희박하고 처벌 의지만 선명하다.

– 2013년 8월 8일 현대자동차 사내하청 해고 노동자 최병승 씨가 296일간의 철탑 농성을 마치고 내려온 뒤 동료들과 기자들에게 소회를 밝히고 있다. 사진 김명진

부산고등법원 2015.07.22. 선고 2014노781 판결 [업무방해 방조]

형사1부 재판장 박영재

판결 이후

이 형사 항소심에서 내린 '업무방해 방조죄' 유죄 판결에 근거해, 같은 사건의 민사 항소심도 배상 책임을 인정하는 않은 1심을 뒤집었다. 2017년 올해의 판결 '현대차 파업 지지 발언에 20억 원 연대 손해배상 판결' 참조.

현대차 사내하청 대법원 판결은 2010년 올해의 판결 '현대차의 사내하청 노동자도 2년 이상 근무하면 직접 고용한 것으로 간주해야 한다는 파기환송 판결', 2013년 올해의 판결 '현대차의 사내하청은 불법파견임을 다시 확인한 확정판결' 참조.

사용자에
너무 관대한 판결

—

- KTX 여승무원과 한국철도공사의 근로계약 관계 부정한 대법원 판결…
- 열차팀장 한 사람만 승객 안전을 책임지라고?

주문을 읽는 시간은 10초도 되지 않았다. 10초는 10년의 세월을 거슬렀다. 2015년 2월 26일 대법원 1부(주심 고영한)는 'KTX 여승무원들은 한국철도공사(코레일)가 직접 고용한 노동자가 아니다'라고 판결했다.

2004~2005년 홍익회, 한국철도유통 소속으로 KTX에서 일하던 KTX 승무원들은 두 차례 단기 계약에 이어 2006년 다시 코레일이 지분 51퍼센트를 가진 자회사 'KTX관광레저'와 계약하라고 하자, 정규직 전환을 요구하며 2006년 5월 파업에 들어갔다. 이들은 전원 해고됐다. KTX 여승무원 34명은 '우리의 진짜 사장은 코레일'이라며 근로자지위 확인소송을 냈다. 1심(2008가합118219)과 2심(2010나90816) 재판부는 '해고된 KTX 승무원은 코레일 직원'이라고 판단했

다. 뒤이어 115명의 KTX 여승무원이 추가로 한국철도공사를 상대로 근로자지위 확인소송을 냈지만 이 소송은 2012년 10월 5일 2심에서 패소했다(2011나78974).

대법원은 'KTX 승무원의 진짜 사장을 찾는' 두 엇갈린 판결에서 노동자가 아닌 사장님의 손을 들어줬다. 원고 승소한 원심을 깨고 원고 패소 취지로 사건을 서울고등법원으로 돌려보낸 것이다. KTX 여승무원들의 업무는 안전을 책임지는 열차팀장(코레일 소속)과는 전혀 별개이며, 독립적으로 이뤄져 '적법한 도급'이라고 판단했다. 이는 결국 KTX 승객의 안전은 열차팀장 한 사람만 책임져도 된다는 뜻이기도 해 '위험한 판결'이라는 비판을 받기도 했다.

그 외에도 대법원은 조목조목 '사장님'을 이해했다. 한국철도유통이 독자적 시설과 장비를 갖추지 않고 한국철도공사의 시설과 장비를 활용한 것은 "비용과 효율 측면에서 수긍이 갈 만"하다고 봤다. 한국철도공사가 직접 KTX 여승무원을 교육하고 'KTX 승무원 서비스 매뉴얼'을 제공한 것도 "KTX 승객서비스 업무가 균질적으로 수행되도록 위탁 협약 당사자의 지위에서 주문하는 취지로 못 볼 바 아니다"라고 했다.

심사위원 20자평

최은배 | 비정규직 폐해 극심한 간접고용, 법원마저 노동자 저버리면 어떡해!

송소연 | KTX 특실에 앉아 여승무원 노동 현실 외면한 대법관님

양현아 | 여승무원의 고객 '응대 업무'를 고객 안전과 분리해 바라본 '성 통념sex stereotyping' 내재한 판결

– 2015년 2월 26일 대법원 판결이 내려진 뒤 철도노조 KTX열차승무
지부 김승하 지부장이 법정 앞에서 소회를 밝히고 있다. 사진 김태형

대법원 2015.02.26. 선고 2011다78316 판결 [근로자지위확인]

1부 주심 고영한

판결 이후

2015년 11월 27일 서울고등법원 민사1부(재판장 신광렬)는 해고된 KTX 여승무원 34명이 한국철도공사를 상대로 낸 근로자지위 확인 등 사건의 파기환송심에서 원고 패소 판결했다.

박근혜 정부
'정통성' 수호한 법원

—

- 원세훈 전 국정원장의 대선 개입을 외면…
- 항소심 유죄 핵심 증거 부정하고 유무죄 판단도 안 한 대법원

대법원 전원합의체(주심 민일영)는 2015년 7월 16일 공직선거법과 국가정보원법 위반 혐의로 기소된 원세훈(64세) 전 국정원장의 상고심에서, 원심 판결을 파기하고 사건을 서울고등법원으로 돌려보냈다. 원 전 원장은 2012년 대통령 선거를 앞두고 국정원 심리전단 직원들에게 조직적인 선거운동을 지시한 혐의를 받아왔다. 법원에서 국정원의 대선 개입 혐의를 유죄로 최종 판단할 경우 박근혜 정부의 '절차적 정통성'이 갈리는 사건이었다.

공직선거법 위반 여부의 핵심 쟁점이었던 김 모 국정원 심리전단 직원의 전자문서 2건('425지논' '시큐리티' 파일)에 대해 대법원은 '업무상 문서'로 볼 수 없다며 증거능력을 인정하지 않았다. "두 파일에

는 출처나 기재 경위가 불분명한 트위터 글과 계정이 담겨 있고, 김 씨가 개인적으로 수집한 증거도 있다"는 게 이유였다.

이런 판단은 성매매 여성들의 '고객정보 메모리카드'나 선거운동원들을 모집·관리하기 위한 파일 등을 업무상 문서로 보고 증거능력을 인정한 대법원 판례를 무시했다는 비판에 부닥쳤다. 유무죄조차 판단하지 않은 대법원 판결을 두고 '지록위마 1심 판결의 재탕' '기회주의적 판결' '대법원의 직무유기'라는 지적이 쏟아졌다.

앞서 2015년 2월 9일 항소심을 맡은 서울고등법원 형사6부(재판장 김상환)는 전자문서 등을 분석해 국정원이 활발한 선거 개입 활동을 한 것으로 결론 내리고, 원 전 원장의 공직선거법과 국가정보원법 위반 혐의를 모두 인정해 징역 3년과 자격정지 3년을 선고하면서 법정구속했었다(2014노2820). 파기환송심을 맡은 서울고등법원 형사7부(재판장 김시철)는 2015년 10월 7일 원 전 원장의 보석을 허가했다.

심사위원 20자평

김성진 | 대법원의 비겁한 변명 "증거능력 없음"

이광수 | 공직선거법 위반이 파기되지 않았으니 다행인가?

— 원세훈 전 국정원장의 모습. 사진 김명진

대법원 2015.07.16. 선고 2015도2625 전원합의체 판결

[공직선거법 위반, 국가정보원법 위반]

주심 민일영

304명 죽음에도
직무유기 면죄부

—

- 세월호 사고 늑장·부실 관제한 진도VTS 해경 13명에게 무죄 판결
  교신일지를 조작한 부분만 유죄 인정

광주고등법원 형사6부(재판장 서경환)는 2015년 6월 30일 세월호 사고 당시 늑장 대처하고 부실 관제한 혐의 등으로 기소된 진도 해상교통관제센터(VTS) 소속 해양경찰 13명에게 벌금 200만~300만 원을 선고했다. VTS는 선박을 관찰해 좌초·충돌을 예방하고 사고가 발생하면 초동 조치하는 곳이다.

2014년 4월 16일 오전 8시 48분 세월호가 100도 이상 급선회하며 전남 진도 병풍도 부근에서 멈췄을 때 사고 수역을 관할하는 진도 VTS는 이를 발견하지 못했다. 당시 관제실에는 센터장과 관제사 8명이 근무하고 있었다. 사고가 발생한 지 18분이 지난 9시 6분 해경 상황실에서 전화를 받고야 세월호를 호출했다.

진도VTS의 부실 관제는 관행 탓이었다. 원래는 관제 수역이 넓어서 1·2섹터를 나눠 2명이 한 섹터씩 관찰해야 하는데, 야간에는 관제사 1명이 1·2섹터를 모두 관찰했다. 이때도 모니터를 줄곧 보지 않고 골프를 치거나 잠을 자거나 자리를 비웠다. 또 변칙 근무나 부실 관제를 하는지 모니터하는 관제실 폐쇄회로 TV를 돌려놓았고 교신일지도 조작했다. 세월호 참사 이후에는 그 폐쇄회로 TV마저 떼어 냈다.

진도VTS 센터장을 포함한 해경 13명은 직무유기(변칙 근무)와 공용물건 손상(폐쇄회로 TV 제거), 허위 공문서 작성(교신일지 조작) 등의 혐의로 기소됐다. 1심에서는 세 혐의 모두 유죄로 판단했지만, 항소심에서는 허위 공문서 작성만 유죄로 인정했다. 직무유기와 공용물건 손상 부분에 대해서는 무죄였다. "직무를 게을리 하거나 소홀히 했을 뿐 의식적으로 포기했다고 보기 어려워"라는 이유에서다. 2015년 11월 27일 대법원은 이 판결을 확정했다.

심사위원 20자평

염형국 직무유기 면죄부는 고스란히 국민의 피해

송소연 항상 그랬으니 앞으로도 그러라는 제2의 참사 예약!

김성진 잘못은 했지만, 법적 책임은 없다?

양현아 사법부, 겹겹의 '관행'에 대해 법적 책임을 구성해낼 의지도, 능력도 없다

— 세월호 참사 직후인 2014년 4월 20일, 전남 진도군 팽목항에서 경비 경찰의 어깨 너머로 서해지방해양경찰청 소속인 진도VTS 모습이 보인다. 사진 김태형

대법원 2015.11.27. 선고 2015도10460 판결 [직무유기, 공용물건손상, 공용전자기록 등 손상, 허위공문서 작성, 허위작성공문서 행사]

2부 주심 김창석

판결 이후

센터장은 이후 해경 내에서 정직 3개월 징계 처분을 받자, 부당하다며 정직처분 취소소송을 제기했다. 1심, 2심 재판부는 센터장에 대한 중징계가 부당하다며 정직 3개월 처분을 취소하라고 판결했다. 1심 재판부는 '세월호 사고는 관제 업무의 문제뿐만 아니라 지휘 계통 혼선, 승무원의 구조 의무 불이행, 구조 작업 지연 등이 복합적으로 발생했다'며 판단했다.

하지만 대법원은 진도VTS 센터장을 징계 처분한 것은 적법하다고 판단했다. 2017년 11월 19일 대법원 1부(주심 박정화)는 센터장에 대한 징계 처분을 취소하도록 한 원심을 깨고 사건을 광주고등법원으로 돌려보냈다. 형사재판에서 무죄를 받았더라도 공무원의 성실의무와 품위 유지 의무를 위반한 점에 대해선 징계 사유가 되며, 또 "독단적으로 폐쇄회로 TV 영상 자료 원본을 삭제하도록 한 것은 단순히 정해진 보존 기간을 뒤늦게 준수하기 위한 것이라기보다 자신들에게 미칠 수 있는 처벌이나 제재를 피하려고 VTS 근무자들의 변칙 근무 행태를 은폐하기 위한 것이라고 볼 여지가 크다"고 지적했다.

판결컨대
사랑이었다?

—

• 여중생 성폭행범으로 기소된 연예기획사 대표…
• 1심 12년, 2심 9년 징역형 판결 깨고 무죄

판결에 따르면 그것은 사랑이었다.

자신보다 스물일곱 살 어린 여중생을 성폭행하고 임신까지 시킨 연예기획사 대표 조 모(46세) 씨가 결국 무죄 판결을 받았다. 2015년 10월 16일 서울고등법원 형사8부(재판장 이광만)는 '아동·청소년의 성보호에 관한 법률'상 강간 등의 혐의로 기소된 조씨에 대한 파기환송심에서, 원심 판결을 파기하고 무죄를 선고했다. 재판장에서 조씨는 연신 "고맙다"며 눈물을 흘렸다.

피고인과 피해자의 주장은 모든 지점에서 반대로 갈렸다. 조씨는 2011년 8월 14일 피해자 김 모(당시 15세) 씨를 처음 만난 지 며칠 뒤에 성폭행했다. 김씨는 조씨가 첫 만남에서부터 위력으로 자신을 제압해 추행하고 이후 성폭행했다고 진술했다. 미성년자인 자신이 판단력이 부족함을 이용해 "집에 이야기하지 말고 거짓말을 해서 가출하라"고 말하며 부모에게 허위 편지를 쓰도록 유도했다고 했다. 2012년 5월 다른 사건으로 감옥에 갇힌 그에게 전한 여러 통의 편지 또한 평소 폭력적인 언행을 하던 중년의 조씨가 무서워 마지못해 적은 것이라고 주장했다.

조씨에게 각각 12년형과 9년형을 선고한 1심과 2심은 피해자 김씨의 진술에 무게를 두었다. 하지만 조씨는 이 모든 행위가 사랑했기 때문에 이뤄진 것이라고 주장했다. 김씨가 성폭행을 당하고도 그 사실을 아무에게 알리지 않았으며, 그 뒤에도 자신과 함께 교회에 가는 등 만남을 계속 가졌다는 것이다.

법원은 조씨가 김씨를 폭행하거나 협박하지 않았다는 주장을 인정하면서 김씨의 진술을 "쉽게 믿기 어렵다"고 판결문에 썼다. 피해자의 진술보다 피고인의 주장이 받아들여진 것이다. 무죄 판결 직후 상식적으로 받아들일 수 없다는 여론이 들끓었고 검찰은 재상고했다.

심사위원 20자평

양현아 | 법원의 맹점을 보여주다. 남녀 관계에 내재한 권력적 차원은 어디에?

최은배 | 42세 남자가 15세 여중생과 나눈 사랑이 진정한 사랑이었을까?

송소연 | 누구를 재판했나? 가해자 아닌 피해자(진술)를 재판한 기괴한 사건

서울고등법원 2015.10.16. 선고 2014노3514 판결

[아동·청소년의 성보호에 관한 법률 위반(강간 등)]

형사8부 재판장 이광만

판결 이후

2017년 11월 9일 대법원 2부(주심 조희대)는 조씨에게 무죄를 선고한 원심을 확정했다. 재판부는 "피해자가 조씨의 강요 또는 두려움으로 인해 조씨를 접견하고 허위의 감정 표현이 담긴 서신을 보냈다는 피해자의 진술을 그대로 믿기 어렵다"고 판단 이유를 밝혔다.

2014년

올해의 판결

후진의 시대, 사법부의 전진을 희망함

81건 후보작 가운데 뽑은 올해의 '좋은 판결'과 '나쁜 판결'
'원전 인근 거주민 갑상선암 발병에 대한 한수원 책임 인정'이 최고의 판결

'좀 더 나은 사회를 앞당기는 데 기여한 판결.'

〈한겨레21〉이 2008년부터 해마다 선정해온 '올해의 판결' 목록은 이러한 가치를 지닌 판례로 채워졌다. 2011년 노동자들의 파업에 대해 업무방해죄를 남용하는 관행에 제동을 건 대법원 판결은 그해 올해의 판결 중 하나였다. 올해 심사 과정에선 3년 전 그 판례를 대법원이 스스로 깨고 철도노조 파업을 업무방해죄로 인정한 판결을 마주해야 했다. 사법부마저 '리턴' 중이다.

2014년 올해의 판결 선정 작업은 10월 26일부터 12월 6일까지 한 달여 동안 진행됐다. 한국형사법학회장이자 사법 감시 활동을 해온 하태훈 고려대 법학전문대학원 교수가 심사위원장을 맡았다. 그리고 학계·법조계·시민사회 인사 8명이 심사위원으로 참여했다.

올해의 판결 선정은 후보작 추천→1차 심사→최종 심사 등 세 단계를 거쳤다. 심사위원뿐 아니라 참여연대 공익법센터, 민주노총 금속노조법률원·공공운수노조법률원, 공익인권법재단 공감, 공익인권변호사모임 희망을만드는법, 공익법센터 어필, 천주교인권위원회, 진보네트워크 등 여러 단체가 후보작 추천에 참여했다. 심사가 순조롭게 진행된 데는 대법원·헌법재판소 홍보심의관실의 도움이 컸다.

— 일러스트레이션 장광석

　후보작은 모두 81건이었다. 심사는 좋은 판결과 나쁜 판결로 나뉘어 진행됐다. 심사위원들은 좋고 나쁜 판결을 가르는 기준에 대해 많은 고민을 했다. 인권과 사회적 약자 보호, 사회에 큰 영향을 미친 판례, 새로운 법리 제시, 기존 관행에 매몰되지 않은 결정 등을 좋은 판결로 꼽아야 한다고 보았다. 우리 사회 일각에선 좋다고 평가받는 판결이, 또 다른 쪽에선 정반대의 평가를 받을 수 있다. 그러므로 좋은 판결과 나쁜 판결을 구분 짓는 건 어렵다는 의견도 있었다.

　심사위원들은 인권, 표현의 자유, 민주주의, 국가 폭력, 노동, 경제정의, 여성, 환경 등 되도록 다양한 분야에서 올해의 판결을 선정하기 위해 심사숙고했다.

　2014년 올해의 판결 후보와 선정작에는 유독 비정규직·파업·해고·산업재해 등 '노동' 관련 판례가 많았다. 생계뿐 아니라 정치적 의사 표현과도 연관된 노동 관련 권리 침해가 심각한 현실을 보여주는 대목이다. 현대자동차 사내하청 노동자를 직접고용으로 봐야 한다는 대법원 판결은 2010년과 2012년 두 차례나 올해의 판결로 꼽혔다. 올해도 같은 취지의 서울중앙지방법원 판결이 '좋은 판결'로 선택됐다. 사법부 판결이 거듭되는 동안 정부와 국회는 비정규직 확산을 막아내지 않았다.

올해를 빛낸 최고의 판결로는 부산지방법원 동부지원 민사2부(재판장 최호식)의 '원자력발전소 인근에 사는 주민에게 발병한 갑상선암에 대해 원전 쪽 책임을 인정한 첫 판결'이 선정됐다.

최고의 판결과 좋은 판결 10건 가운데 6건은 하급심 판례다. 반면 나쁜 판결 7건 가운데 무려 6건이 대법원과 헌법재판소 판례였다. 사법부의 양대 산맥인 두 기관이 과연 법관이 헌법과 양심에 따라 '공정한 판결'을 내리는 구조를 갖추었는지 되짚어볼 필요가 있다. 올해의 판결 최종 심사 자리에서도 대법원과 헌법재판소의 인적 구성을 바꿀 수 있는 방법을 고민해야 한다는 지적이 이어졌다.

좋은 판결

- 원전 인근 주민 갑상선암 한수원 책임 인정(최고의 판결)
- 공정 방송을 위한 MBC 파업 정당하다고 본 판결
- 전교조 법외노조 통보 근거 조항인 교원노조법 제2조 위헌법률심판 제청
- 반도체 노동자 '뇌종양' 사망 산재 첫 인정
- 현대차 사내하청 노동자는 불법파견임을 거듭 인정

- 퇴직연금도 이혼시 재산 분할 대상 인정
- '강제 낙태·단종' 한센인들 국가 상대 손해배상 청구 인정
- 골프장 개발자에게까지 준 '토지수용권' 헌법불합치 결정
- 가맹본부의 가맹점에 대한 부당 계약 해지에 배상 책임 인정
- 모든 의료기관을 요양기관으로 규정한 법 조항 합헌 재확인

나쁜 판결

- 국정원장 공직선거법 위반 혐의 무죄 선고
- 쌍용차 정리해고 적법하다고 본 판결
- 2009년 철도노조 파업이 업무방해죄에 해당한다는 판결
- 공무원 집단 행위, 교원 정치 활동 금지 합헌 결정
- 긴급조치가 위헌이라도 당시 수사·재판은 불법 아니라고 본 판결
- 청소년 대상 온라인게임 '셧다운제' 합헌
- 베팅 한도 넘긴 고객의 거액 손실에 대해 강원랜드에 책임 없다고 한 판결

최소의 기준과
안전의 기준은 다르다

—

- 고리 원전과 인근 거주민의 갑상선암 발병 간에 관계있다 판단
- 주민 180여 명 손해배상 소송 청구할 예정

1977년 6월 21일 경남 양산군 장안면(현 부산광역시 기장군 장안읍 좌천리)에 들어선 국내 최초의 원자력발전소(원전)인 고리 1호기가 시험 가동을 시작한다. 당시 경향신문은 그날의 순간을 이렇게 기록했다.

"우라늄 핵연료에서 핵분열이 시작돼 역사적인 제3의 불이 켜지기에 이르렀다."

부산 해운대에서 태어난 이진섭(48세) 씨가 열한 살 되던 해였다. 해운대는 원전으로 출퇴근하는 사람들을 싣고 달리는 통근버스의 출발지였다. 월급도 많은 데다가 교대 근무가 꼬박꼬박 지켜지는 원전은 어린아이가 보기에도 꿈의 직장이었다. 고리 1호기 주변으로 고리

2호기(1983년부터 가동), 고리 3호기(1985년 가동), 고리 4호기(1986년 가동), 신고리 1호기·신고리 2호기(2011년 가동)가 속속 들어섰다.

몇 집 건너 갑상선암,
우리가 걸린 암은 원전과 아무런 관련이 없을까

1990년 진섭씨는 박금선(48세) 씨와 결혼했다. 고리 원전에서 3.5킬로미터가량 떨어진 기장군 마을에서 신혼 살림을 시작했다. 직장과 처갓집이 가까웠던 까닭이다. 아내는 스무 살 무렵부터 기장군에서 살았다. 원전 인근 마을은 개발이 제한됐다. 자연환경이 보존될 수밖에 없었다. 조용한 동네가 되레 마음에 들었다. 2년 뒤 부부는 이곳에서 첫아들 균도를 얻었다. 균도는 다른 아이들과 달랐다. 나면서부터 자폐성 장애가 있었다. 아들의 병원 치료를 위해 1993년 10월 경기도로 집을 옮겼다. 2년여 타향살이 끝에 다시 기장군으로 돌아왔다. 고리 원전에서 7킬로미터가량 떨어진 곳이었다. 지금까지 살고 있는 삶의 터전이다.

2010년 균도의 고향 바로 옆 마을에 동남권원자력의학원이 설립됐다. 병원은 개원 기념으로 지역 주민들에게 무료 건강검진을 시행했다. 2011년 진섭씨는 이곳에서 대장암(직장암) 진단을 받았다. 다행히 초기였다. 가족은 가슴을 쓸어내렸다. 2012년 2월 이번엔 아내가 같은 병원에서 갑상선암 진단을 받았다. 갑상선을 떼어냈지만, 갑상선 호르몬제를 평생 복용해야 한다.

"아내를 간호하러 병원에 갔더니 아는 사람이 너무 많은 거예요.

원자력의학원은 암 전문 병원이라 입원한 사람들은 보나 마나 암 환자 아닙니까. 안내데스크에 농담 삼아 물어봤어요. 이 동네 암 환자가 얼마나 되냐고. 개인정보라면서 안 알려주더라고요."

그즈음 울산지방검찰청은 고리 원전 3호기에 '짝퉁' 부품이 설치돼 있다는 사실을 발표한다. 한국수력원자력(한수원)은 짝퉁 부품이 사용된 건 맞으나 안전에는 문제가 없다고 했다. 자꾸만 의구심이 들었다.

'자동차도 부품을 잘못 넣으면 멈춰 서는데, 방사능이 정말 유출되지 않을까. 우리가 걸린 암, 그리고 균도의 자폐증은 원전과 아무런 관련이 없을까.'

그해 7월 진섭씨 가족 셋은 부산지방법원에 원전 운영 사업자인 한수원을 상대로 손해배상 청구소송을 제기했다. 지지부진한 소송은 2년간 이어졌다.

2014년 10월 17일 부산지방법원 동부지원 민사2부(재판장 최호식)는 "한수원은 원고 중 박금선 씨에게 1500만 원의 위자료를 지급하라"며 원고 일부 승소 판결을 내린다. 고리 원전으로부터 10킬로미터 안팎 지역에서 20년 이상 살면서 방사선에 노출돼 갑상선암 진단을 받았다고 봄이 상당하므로, 원전을 운영하는 한수원이 배상할 책임이 있다는 것이다. 평상시 가동되는 원전에서 배출되는 방사선으로 인한 갑상선암 발병을 인정한 첫 판결이다.

한수원은 고리 원전에서 방출한 방사선량은 관련 법령과 고시에서 정한 한도치를 넘지 않았기 때문에 주변 지역 주민 건강에 영향을 주지 않았다고 주장했다. 이에 대해 재판부는 전혀 다른 판단을 했다.

＊고리 원전 영향권 거리별 인구 수.

"이 사건 원전에서 방출된 연간 방사선량은 원자력안전법 시행령
이나 원자력안전위원회 고시에서 규정한 연간 유효선량에 미치지 못
한다. 그러나 법령에서 정한 연간 유효선량은 국민 건강상 위해를 방
지하기 위한 최소한의 기준으로 절대적으로 안전을 담보할 수 있는
수치라고 단정할 수 없다."

진섭씨는 판결문에서 발견한 이 문구를 잊을 수 없다. 방사선량이
기준치 이하니까 영향이 없다고 하면 그만이었을 것이다. 흔히 손해
배상 청구에서 가해 행위와 손해 발생 사이의 인과관계는 피해자가
입증해야 한다. 환경문제로 생긴 피해를 일반 시민들이 증명하기는
쉽지 않다. 그런데 환경오염 소송에서 가해 기업이 '피해가 없음'을
입증하도록 한 대법원 판례에 따라, 재판부는 한수원에 입증 책임을

부여했다.

법령에서 정한 방사선량은 최소한의 기준이지
안전을 담보하는 수치가 아니다

방사선 노출은 갑상선암 발병에 영향을 주는 것으로 알려졌다. 그러나 원전이 갑상선암 발병에 영향을 미치는지에 대해서는 여전히 논란이 뜨겁다. 국내에서 원전 인근 주민들의 피폭 피해 가능성이 대두된 건 1989년이었다. 1987년 3월부터 1988년 5월까지 전남 영광 원전에서 일했던 한 직원의 아내가 '뇌 없는 태아'를 두 번이나 사산·유산한 일이 언론 보도로 알려진다.

사회적으로 우려가 커지자 정부는 원전이 건강에 미치는 영향을 규명하겠다고 공언했다. 당시 원전을 운영하던 한국전력공사는 영광 원전 인근 주민들의 건강 실태를 조사한 뒤 '안전하다'고 밝혔으나, 불안감을 잠재우지 못했다. 정부는 서울대 의학연구원 원자력영향·역학연구소에 의뢰해 대규모 역학조사에 나선다. 1991년 12월부터 2011년 2월까지 진행된 이 연구에는 영광·월성·고리·울진 원전 주변 주민과 비교 대상 지역 주민 3만 6000여 명이 참여했다. 연구진은 2011년 4월 정부에 '원전종사자 및 주변지역 주민 역학조사 연구' 최종보고서를 제출한다. 그해 12월 원자력위원회는 연구 결과를 공개하며 "원전은 주변 지역 암 발병에 영향을 미치지 않는다"고 발표했다.

보고서에는 "원전 5킬로미터 이내 여자 주민의 갑상선암 발병률은 원전 30킬로미터 이상 떨어진 지역에 사는 경우보다 2.5배에 이른다"는 내용이 포함돼 있다. 그러나 원전으로 생긴 영향은 아니라고 보았다. 연구 책임자인 안윤옥 서울대 의대 교수는 "원전 주변 주민들의 건강검진율이 높아 갑상선암 환자가 많이 발견된 것으로 추정한다"고 선을 그었다.

이번 소송이 제기되기 두 달 전, 2012년 5월 대한직업환경의학회 춘계 학술대회에선 같은 서울대 의학연구원 보고서를 놓고 정부가 내놓은 결론과 상반된 내용이 발표된다. 주영수 한림대 의대 교수는 보고서를 재검토한 결과 "방사선에 많이 노출된 종사자들의 염색체형 이상이 건강한 일반 성인보다 높게 나타나 암 발생 가능성이 높은 것으로 조사됐다"고 밝혔다.

진섭씨 가족 소송 대리인들은 재판부에 의료 감정을 요청했다. 변영철 변호사의 말이다.

"원전에서 방사선이 얼마나 나오는지 우리는 모르지 않나. 2011년 서울대 의학연구원 보고서에 유출량이 기록돼 있더라. 대한직업환경의학회에 해마다 이런 정도의 방사선이 유출돼왔다면 갑상선암 발병과의 인과관계가 있는지를 물었다."

대한직업환경의학회 임상위원회는 2014년 6월 재판부에 다음과 같은 내용을 회신했다.

"갑상선암의 가장 중요한 위험 요인은 방사선 노출이다. 체르노빌 원전 사고에서도 여성들에게서 갑상선암이 유의하게 증가됐다는 보고가 있다. '원전종사자 및 주변지역 주민 역학조사 연구' 보고서에 따르면 원전 주변 지역에서의 방사선 노출이 갑상선암 증가의 한 원인일 가능성이 높다."

변호사조차 이번 소송에서 이기리라고 기대하지 않았다. 단지 기장군에 암 환자가 얼마나 되는지 알아보고 싶었다. 재판 과정에서 이들의 궁금증을 약간이나마 해소하는 숫자가 나왔다. 동남권원자력의학원은 2010년 7월부터 2013년 12월까지 기장군민 4910명을 대상으로 종합 건강검진을 실시한다. 암 검진을 받은 3301명 가운데 암 진단을 받은 사람은 94명(2.84퍼센트)이었다. 수도권 대형 종합병원 검진센터의 암 진단율의 3배가량 되는 수치다. 암 종류별로는 갑상선암이 41건으로 가장 많았다.

**"원전 주변 지역에서의 방사선 노출이
갑상선암 증가의 한 원인일 가능성이 높다."**

이번 판결로 진섭씨는 더 이상 '사기꾼' 취급을 받지 않게 됐다고 했다. '원전이 안전하다'는 믿음이 뿌리 깊은 지역사회에서 다른 목소리도 나오고 있다. 부산시 상수도사업본부는 최근 기장군 기장읍에 바닷물을 식수로 바꿀 수 있는 해수 담수화 시설을 준공했다. 원전 인근 바닷물을 끌어와 기장군 주민들에게 식수를 공급하겠다는 계획이었다. 주민들은 방사선 오염 우려가 있다며 사업 철회를 요구하고 나섰다.

그는 이러한 움직임이 반갑다. 그러면서도 자신은 탈핵 운동가가 아니라고 했다.

"원전을 30년 쓰겠다고 주민들과 약속했으면 그만큼만 쓰고, 제대로 점검해서 안전하지 않으면 사용하지 않아야 합리적인 거 아닙니까?"

진섭씨는 아들 균도로 인해 장애인 복지 문제에도 눈을 떴다. 사회복지사이자 부산장애인부모회 기장·해운대지회 지회장을 맡고 있다.

12월 9일 기장군 대라리에 위치한 지회 사무실을 찾았다. 사무실로 올라가는 엘리베이터 옆엔 '갑상선암 주민 공동소송 접수처'라고 쓰인 A4 용지가 붙어 있다. 사무실은 고리 원전 문제를 고민하는 군민들의 사랑방이 돼 있었다. 재판 과정에서 아내뿐 아니라 또 다른 갑상선암 환자들이 있음을 확인하면서 공동소송을 돕게 됐다. 2014년 12월 10일까지 고리 원전 인근 주민 180명가량이 한수원에 손해배상 청구소송을 하겠다고 나섰다. 이들은 원전으로부터 10킬로미터 이내에 5년 이상 살거나 근무했던 주민들로 갑상선암 진단을 받은 경우다.

집값과 특산물 가치가 떨어진다며 진섭씨 활동을 못마땅해하는 주민들도 있다. 정수희 에너지정의행동 활동가는 지역 분위기를 이렇게 전했다.

"주민들은 지금 자신들이 어떤 환경에서 살고 있는지 궁금해한다. 그러면서도 지역경제가 원전에 종속돼 있다 보니 경제적 피해가 나타나지 않을까 불안해하는 것이다."

한수원은 이번 판결에 즉각 항소했다. 진섭씨는 고리 원전 인근 주민들에 대해 투명하고 신뢰성 있는 건강 실태 조사를 해줄 것을 촉구했다. 그렇게 되면 소송에 나설 까닭도 없다고 했다. 설마설마했던 피해가 판결로 확인됐다. 지금 사는 곳을 떠나고 싶진 않을까.

"어쩔 수 없이 사는 거예요. 고향이란 게 그런 겁니다. 일본 사람들이 왜 후쿠시마로 들어가겠습니까. 더 나은 사회를 만들어서 함께 살아야죠."

이미 설계 수명을 넘긴 채 가동되고 있는 고리 1호기 지척에도 사람이 살고 있었다.

심사위원 20자평

김성진 ┃ 원전 문제, 더 이상 가깝고도 먼 나라 이야기가 아니다

문병효 ┃ 국가 사업 원전, 국민의 안전은 뒷전

박 진 ┃ 고리 원전이 아직도 돌아가고 있답니다

오정진 ┃ 맞습니다. 국가 시설이 시민에게 해를 끼쳤습니다

이광수 ┃ 큰 나무에 가렸지만 그늘 속에서도 새싹이 자란다

장완익 ┃ 암 발병 원인이 되는 원자력발전소는 당연히 폐기해야

정남순 ┃ 바위에 깨진 무수한 달걀 중 하나, 병아리가 되는 날이 오리라는 희망을 보다

최은배 ┃ 원자력발전은 더 이상 값싸고 안전하지 않다

하태훈 ┃ 암 발병과 고리 원전의 연결고리 밝혀지다

- 위 : 암수술을 받기 전 이진섭 씨 가족이 한자리에 모여 사진을 찍었다. 사진 이진섭
- 아래 : 2014년 12월 9일 부산 기장군에서 만난 이진섭 씨가 2012년 아내·아들과 함께 한국수력원자력을 상대로 낸 손해배상 청구소송에 대한 소회를 들려주고 있다. 사진 류우종

– 부산 기장군 장안읍에 위치한 동남권원자력의학원 앞에 이진섭 씨와 아들 균도가 서 있다. 진섭씨 부부는 이 병원에서 각각 대장암 · 갑상선암 진단을 받았다. 사진 류우종

부산지방법원 동부지원 2014.10.17. 선고 2012가합100370 판결

[손해배상]

민사2부 재판장 최호식

판결 이후

국내 원전 주변 지역 주민들이 한국수력원자력을 상대로 갑상선암 피해에 대한 집단소송을 제기한 상태다. 또 월성 1호기의 수명을 10년 연장한 원자력안전위원회의 처분이 위법하다며 인근 주민들이 행정소송을 냈고, 서울행정법원은 2016년 2월 원고 승소 판결했다. 그러나 월성 1호기의 가동을 즉시 멈춰달라며 주민들이 낸 집행정지 신청을, 2017년 7월 3일 서울고등법원 행정1부는 기각했다(2017아1196).

2017년 6월 고리 1호기가 영구 정지되었다. 신고리 5호기, 6호기 원자력 발전소 공사에 대해서도 임시 중단 결정이 나왔다.

심사회의

사법부,
너마저…

· · ·

나쁜 판결 간 경쟁 심했던 한 해, 하급심에서 의미 있는 판결
대법원과 헌법재판소는 스스로 보장된 독립성 지키지 않는 모습

대략 '더' 난감.

2014년 올해의 판결 심사는 '대략 난감'으로 표현된 지난해보다 더
암담했다. 사법부는 헌법을 유린한 국정원엔 면죄부를, 정리해고를
당한 노동자들에겐 한 맺힌 눈물을 주었다. 올해의 판결 후보작 81건
에도 생존권과 정치적 자유가 거듭 위협받는 현실이 고스란히 녹아
있었다.

한파가 몰아친 12월 2일 저녁 심사위원 9명이 서울 공덕동 한겨레
신문사 8층 회의실에 모였다. 심사위원장인 하태훈 고려대 법학전문
대학원 교수를 비롯한 9명의 심사위원들은 올해의 판결을 선정하기
위해 늦은 밤까지 열띤 토론을 거듭했다. 예년과 다르게 사회적 채찍

− 2014년 12월 2일 저녁, 올해의 판결 심사위원 9명이 서울 공덕동 한겨레신문사에 모여 최종 선정작을 추려내기 위해 열띤 토론을 하고 있다. 사진 정용일

질이 필요한 '나쁜 판결'에 대해 먼저 논의했다.

후보작 25건 중 심사위원 모두에게 추천을 받은 문제적 판결이 있었다. 원세훈 전 국정원장의 공직선거법 위반 혐의에 무죄를 선고한 서울중앙지방법원 판결이다. 2012년 대선 당시 국정원이 조직적으로 '정치 개입'을 한 것은 맞지만 '선거 개입'을 한 것은 아니라는 판단이다.

..

이광수 국정원장 공직선거법 무죄 사건에서 핵심은 '선거운동' 해석을 어떻게 하느냐는 점이다. 구체적 사건에서 어느 것이 선거운동에 해당하고 어느 것이 해당하지 않는가를 판단하려면, 그저 '선거운동'이라는 단어에 집착할 것이 아니라 행위가 이뤄진 상황과 연관해 살

펴야 한다. 재판부는 노무현 대통령이 2004년 총선에서 특정 정당에 대한 지지 발언을 한 것을 선거운동으로 볼 수 없다고 한 헌법재판소 판단을 끌어왔다. 그러나 수백 명을 선출하는 총선과 여야 후보가 특정돼 경합하는 대선에 같은 잣대를 들이대는 것은 적절하지 못하다.

최은배 대선 기간에 국정원이 댓글을 다는 방법으로 여론에 영향을 미쳤다면 국가정보원법상 정치 관여 행위가 성립된다. 아울러 '선거에 영향을 미치는 행위'임과 동시에 '선거운동'을 했다고 보는 것이 상식에 부합한다. 양형 면에서도 아쉬움이 있다. 정치에 관여한 사실만으로도 국정원 수장에게 실형을 선고해 민주주의를 왜곡하는 행위에 경종을 울렸어야 했으나, 집행유예 판결을 했다.

문병효 검찰이 수사를 제대로 했어야 한다. 검찰총장까지 물러난 상황에서 사실관계가 제대로 드러나지 않고 축소된 부분이 있다. 그럼에도 판사는 사실관계를 명확히 밝혔어야 했다. 일반 시민들에게는 이해되지 않는, 법률 전문가들만 납득되는 판결은 결국 좋은 판결이 아니다.

"국정원 수장이 정치에 관여한 사실만으로도 실형을 선고해 민주주의를 왜곡시키는 행위에 경종을 울렸어야 했으나 집행유예 판결을 했다."

하태훈 쌍용차 정리해고 판결도 많은 분들이 추천했다. 서울고등법원 판결은 좋은 판결 후보에, 이를 파기 환송한 대법원 판결은 나쁜 판결 후보에 올라와 있다.

최은배 약자 보호와 인권 옹호 관점에서 볼 때 경영상 해고를 정당하다고 인정하는 요건을 엄격히 해석해야 한다. 대법원이 사용자 처지를 지나치게 우호적으로 여기고, 근로자 생계는 무겁게 고려하지 않았다고 생각한다. 대법원에서 파기됐다 하더라도 정리해고를 무효라고 본 2심 판결 역시 판사의 생각이 담긴 판례다. 좋은 판결로 올려 항의의 메시지를 전하면 어떨까 했다.

이광수 개인적으로 쌍용차 대법원 판결을 나쁜 판결로 꼽지 않았다. 한쪽에서 좋다고 평가받는 판결이 또 다른 쪽에서는 문제가 있다는 평가를 받기도 한다. 이러한 판결을 '좋다, 나쁘다'로 구분할 수 있을지 의문이다. 노동계로서는 매우 섭섭한 판결이겠지만, 법리에서는 고등법원처럼 볼 수도 있고 대법원처럼 볼 수도 있는 사안이라고 생각한다.

하태훈 긴급조치 9호에 따른 수사나 재판을 불법이라고 볼 수 없다는 판결은 어떤가.

장완익 긴급조치 9호에 대해 위헌 결정이 나자 재심을 통해 무죄를 선고받은 피해자들이 국가를 상대로 손해배상 청구를 했다. 대법원은 당시 법에 따라 사람을 끌고 가 고문한 경우 가혹 행위 자체는 불법이지만, 끌고 간 행위는 불법이 아니라고 보았다.

최은배 국가의 잘못에 대해 재심을 통해 명예를 회복시키기는 하지만, 당시 수사관들이 무슨 죄가 있었겠느냐는 시각이다.

문병효 그렇게 보면 나치의 명령에 따라 불법행위를 한 공무원들은 처벌할 수 없다는 문제가 발생한다.

오정진 '디엔에이법' 합헌 결정*은 사소해 보이지만, 우리 사회에서 개개인의 신체적 주권이 어떻게 박탈되고 있는지를 보여준다. 강제적 셧다운제 같은 무조건적 통제에 대해 합헌 결정이 계속 나오는 건 불운한 일이다.

김성진 분야를 안배하는 차원에서 경제 이슈를 나쁜 판결에 넣으면 어떨까 한다. 초과 베팅을 묵인한 강원랜드에 대해 대법원이 면책 판결을 내렸다. 아버지가 도박에 너무 빠져 아들이 도박을 못 하게 해 달라고 요청했는데, 강원랜드가 제대로 처리하지 않았다. 1심과 2심에서는 강원랜드의 잘못을 일부 인정했다. 도박 중독 폐해를 고려하지 않고 '도박을 한 사람이 잘못이다'라는 통념에 토대해 내린 판결이라고 생각한다.

하태훈 분야를 고려하다 보니 나쁜 판결을 5건만 꼽을 수가 없다. 최종적으로 7건을 선정하는 것으로 정리하자. 좋은 판결을 선정할 차례다. 추천 수는 적었지만 논의해야 할 판결을 꼽아달라.

"한센인 판결은 소멸시효 시점을 새로 계산했다는 점에서 좀 더 의미가 있다."

정남순 골프장 민간 개발자에게까지 토지 수용 권한을 주는 조항을 문제 삼은 헌법재판소의 결정이 꼭 좋은 판결에 들어갔으면 한다. 대형 개발 사업을 '공공'이라는 이름으로 하는 경우가 있는데, 절차를 다 지키기 때문에 법적으로 손쓰기 어렵다. 공공 개발을 한다며 수십 년 살던 지역 주민들을 내쫓는 거다. 관광 특구 개발 같은 사업도 주민을 내쫓고 사업자 권한만 보장한다. 골프장에 한정돼 있기는 하지만 의미 있는 판결이다.

김성진 헌법재판소 결정 중 하나를 꼽으라면 나도 이 판결을 꼽고 싶다.

하태훈 한센인에 대한 국가 배상 판결은 어떻게 보나.

장완익 한센병이 전염된다며 한센인에 대해 국가가 단종과 낙태를 시행했다. 그나마 특별법이 제정돼 진상규명위원회가 피해자 결정을 통지한 이후로 소멸시효 시점을 보면서, 국가의 책임이 인정된 사례다. 과거 부산 형제복지원에서도 감금 등 인권 침해가 있었지만, 소멸시효 문제 때문에 소송을 못 하지 않나. 형제복지원 사건에 대해서도 특별법 제정 운동이 있다.

박진 우리 사회에서 성소수자 혐오가 확산되고 있다. 한센인 사례처럼 국가 폭력에 의한 소수자들의 희생을 짚어볼 필요가 있다.

김성진 한센인 판결보다 이동통신 요금 원가 공개 판결*, 한일 군사정보보호협정 공개 판결*이 의미 있다고 생각한다.

문병효 공공기관이 정보 공개를 거부하는 사유 가운데 가장 빈번하게 등장하는 것이 바로 영업 기밀과 국가 안전 보장이다. 말씀한 판결엔 두 사유가 다 들어가 있다.

이광수 굳이 둘 중 하나를 꼽으라면 한센인 판결이 더 의미 있다고 생각한다. 이동통신 원가 공개만으로는 요금 인하로 이어지지 않았다. 그런 면에서 한계가 있고, 공공기관의 정보 공개 거부를 법원에서 깬 사례가 많다. 한센인 판결은 소멸시효 시점을 새로 계산했다는 점에서 좀 더 의미가 있지 않나 싶다.

정남순 강기훈 유서 대필 재심 무죄 선고가 기간으로만 따지면 나쁜 판결에 들어가야 하는 거 아닌가. 사실관계가 드러나 있는데 이제야 확인했으니까.

하태훈 법원이 버티고 버티다 인정한 것이기 때문에 칭찬할 만한 판결이 아닐 수도 있지만, 그럼에도 불구하고 의미가 있다.

박진 한센인 판결을 이야기하면서 과거 국가 폭력과 관련해 강기훈 씨 사건도 언급할 수 있다고 생각한다.

"원전 판결은 상급심에서 뒤집어질 수 있다. 그래서 값진 판결이 될 것이다."

하태훈 좋은 판결 중에서 올해 〈한겨레21〉 표지를 장식할 최고의 판결을 꼽아야 한다. 추천 수가 가장 많은 건 원자력발전소 방사선 노출과 갑상선암 발병 간의 상관관계를 인정한 부산지방법원 동부지원 판결이다.

박진 여기 오기 전에 삼성 반도체 산업재해 판결을 일등으로 만들어야지 생각했다. 그런데 2013년에도 올해의 판결로 선정됐더라. 어쨌든 올해 2014년은 세월호 참사나 안전 문제를 빼놓을 수 없다. 고리 원전 문제가 여전히 남아 있으니 이 판결에 한 표를 던지고 싶다.

정남순 원전 판결은 상급심에서 뒤집어질 수 있다. 그래서 값진 판결이 될 것이다. 논쟁 지점이 많은 판결이지만, 쉬쉬하던 문제를 공론화했다는 점에서 최고의 판결로 꼽기에 손색이 없다. 원전의 위험성은 두말할 것이 없다. 한국 사회의 기술 맹신이 깨지는 계기가 되면 좋겠다.

문병효 정부가 원전을 더 짓겠다고 하는 상황에서 이러한 정책을 다른 방향으로 돌려놓을 단초를 제공했다는 점에서 의미 있는 판결이라고 생각한다.

이광수 공정 방송을 위한 MBC의 파업을 정당하다고 본 서울남부지방법원 판결을 추천한다. 현 정권에서 가장 위협받는 부분이 표현의 자유다. 경종을 울리는 판결이라고 생각한다.

장완익 전교조에 대한 법외노조 통고처분 근거인 교원노조법 제2조에 대해 법원이 나서서 위헌법률심판 제청을 한 것도 의미가 있다.

김성진 교원노조법 조항에 대한 위헌법률심판 제청은 '이건 좀 아니다'라는 부분을 법원이 나서서 문제 제기한 깃이라면, 원전 판결은 보통 법률가의 판단을 뛰어넘은 거 아닌가. 한 표를 행사하라면 후자를 꼽고 싶다.

정남순 최고의 판결은 꼭 하나만 꼽아야 하는가. 방송사 파업을 정당하다고 본 판결은, 표현의 자유가 심각하게 후퇴하는 상황에 대한 우려 표명이 될 것 같다. 원전 판결에는 안전한 에너지 정책이 필요하다는 미래 지향적 내용이 들어 있다. 둘을 잘 엮어서 쓰면 안 될까.

"그런데 헌법재판소나 대법원의 인적 구성을 보면 불공정한 결과를 예상할 수 있다."

하태훈 원전 판결엔 여러 의미를 부여할 수 있을 듯하다. 올해 사법부 판결에 대해 종합적으로 이야기를 한번 해보자. 불만이 많은 것 같은데, 나는 '사법부, 너마저'라는 표현을 쓰고 싶다. 삼권분립 원칙을 사법부조차 지키지 못한 것 아닌가 싶다. 사법은 선출되지 않은 힘이기에 강자의 권력에 기울어서는 안 되는데 그쪽으로 향하는 것 같아 우려된다. 대법원에서 다양한 의견이 나오고 있지 않다.

최은배 소수자, 사회적 약자, 노동 분야에 대한 대법원 판결이 많이 아쉬웠다. 여성, 비서울대, 재야, 소수자 및 사회적 약자를 대표하는 분들이 대법관으로 많이 들어갔다면 올해처럼 우울한 판결이 많이 나왔을까. 유럽에도 대법원장이 있기는 하지만 판사들이 잘 재판하도록 지원하는 역할이다. 우리는 인사권 등 사법 행정이 너무 한곳에 집중돼 있다. 고등법원장에게 또는 지역별로 인사권을 분산한다든지, 인사에 외부 인사를 참여시키고 위원회 제도 등을 도입하는 것이 필요하다.

문병효 우리가 뽑은 판결을 보면 환경, 노동, 정치, 표현의 자유, 강자와 약자의 관계 등 우리 사회가 안고 있는 문제들이 너무 심각하다. 판사의 역할이 매우 중요하다는 생각이 든다. 그런데 헌법재판소나 대법원의 인적 구성을 보면 불공정한 결과를 예상할 수 있다. 헌법재판소는 재판관이 9명인데 대통령이 대법원장을 뽑고, 대법원장이 다시 재판관 3명을 추천한다. 독일처럼 국회 구성에 따라 재판관을 추천한다든지, 최소한 헌법재판소를 바꿀 수 있는 조처가 있어야 하지 않나 싶다.

김성진 2년 연속 올해의 판결 심사에 참여했는데 올해는 지난해보다 나쁜 판결 심사 논의가 길어졌다. 나쁜 판결 간 경쟁이 심각한 한 해였다고 정리할 수 있겠다. 나쁜 판결을 보면 대법원과 헌법재판소 판결이 많다. 결과적으로 대법원이나 헌법재판소가 소수자 권리 보호라는 사명을 소홀히 하지 않았나 싶다.

"사법부에 대한 기대가 없지만 거기에 기댈 수밖에 없는 사람이 많다는 게 중요하다. 그들은 우리 사회가 올바르게 가고 있지 않다는 위험신호다."

장완익 국가 폭력을 행사한 주체가 잘못을 바로잡기 바랐는데 정부는 꿈쩍도 안 하고, 사법부는 계속 후퇴하고 있다. 사법부가 정부 자신들보다 정부를 더 위해주는 거 아닌가. 국가 폭력 피해자들이 다시 국회로 가고 있다. 정부나 국회가 할 일, 사법부가 할 일이 있는데, 이러한 기대가 완전히 무너진 한 해가 아닌가 싶다.

이광수 좋은 판결과 나쁜 판결을 가려내다 보니 나쁜 판결을 골라내기는 쉬웠고, 좋은 판결을 골라내기는 어려웠다. 인권이라는 가치는 그 보편성을 인정받을 수 있음에도 우리 사법 현실에선 그렇지 못한 것 같아 안타까웠다. 그럼에도 소수자 인권 보호에 애쓴 사법부에는 무한한 존경을 표한다.

정남순 나는 좋은 판결이 없을 거라고 생각했다. 특히 환경 관련 소송을 많이 하면서 번번이 지다보니 법원에 기대할 게 있을까 했는데, 생각보다 좋은 판결이 많구나 싶었다. 대법원에 대한 기대는 별로 없지만 최소한 하급심에서 숨통을 틔우는 판결이 많이 나왔으면 좋겠다.

박진 여기 있는 분들은 누군가를 변호하지만, 나는 내 사건으로 무수한 재판을 받았다. 도저히 인정할 수 없는 판결을 보면서 사법부는 정의로운 심판자가 될 수 없다고 생각했다. 그런데 사법부가 정의로운 심판자이기를, 우리 사회는 간절히 원한다. 서울고등법원 앞에서 쌍용자동차 해고 노동자들이 지금까지의 억울함이 모두 풀린 듯 눈물을 흘렸다. 사법부에 대한 기대가 없지만 거기에 기댈 수밖에 없는 사람이 많다는 게 중요하다. 그들은 우리 사회가 올바르게 가고 있지 않다는 위험신호다. 사법부가 이러한 위험신호를 알아보고 합리적으로 판단하면 좋겠다.

오정진 모든 문제가 법원에서만 논의되는 것은 바람직하지 않지만, 어떤 사람들에게 법원은 마지막 희망이다. 사법부가 당연한 것을 당연하다고 판단하면 좋겠고, 부당한 건 더욱 강건히 부당하다고 하면 좋겠다.

— 상단 왼쪽부터 김성진 변호사, 문병효 교수, 김진 활동가, 오정진 교수, 이광수 변호사. 하단 왼쪽부터 장완익, 정남순, 최은배 변호사, 하태훈 교수. 사진 정용일

2014년 올해의 판결 심사위원

- 하태훈 고려대 법학전문대학원 교수(심사위원장)

- 김성진 변호사(사단법인 선)

- 문병효 강원대 법학전문대학원 교수(행정법)

- 박진 다산인권센터 상임활동가

- 오정진 부산대 법학전문대학원 교수(법사회학 · 법여성학)

- 이광수 변호사(이광수법률사무소)

- 장완익 변호사(법무법인 해마루)

- 정남순 변호사(환경법률센터 부소장)

- 최은배 변호사(법무법인 엘케이비앤파트너스 · 노동법)

• DNA법(디엔에이신원확인정보의 이용 및 보호에 관한 법률) 합헌 결정: 2014년 8월 28일 헌법재판소는 DNA법에 대한 헌법소원 사건에서 재판관 5(합헌)대 4(위헌) 의견으로 합헌 결정했다(2011헌마28 등). DNA 감식시료 채취 규정에 대해선 대상 범죄가 재발 위험이 높아 관리할 필요가 있고, DNA 신원확인정보 수록 및 데이터베이스 관리에 대해선 적법 절차에 따라 침해를 최소화하고 있으며, 법률의 소급 적용에 대해선 정보 수집은 형벌이 아니므로 처벌적 성격이 없다고 판단했다. 반대 의견에서는 '재범의 위험성은 행위자별로 판단해야 할 문제인데 특정 범죄를 저질렀다는 이유만으로 채취가 가능하도록 한 것'은 위법하며, '이미 형이 선고된 수용자에 대한 DNA 신원확인정보의 수집·이용'은 보안 처분이고 이는 형벌에 다름없다고 지적했다.

• 이동통신 요금 원가 공개 판결: 2014년 2월 6일 서울고등법원 행정 4부(재판장 성기문)는 참여연대가 미래창조과학부를 상대로 낸 정보공개 거부처분 취소소송에서, 이동통신서비스의 공공적 특성을 인정하며 통신비 관련 원가 자료를 공개하라고 판결했다(2012누31313). 재판부는 "설사 영업 비밀이라고 해도 비밀로서 가치는 크지 않다. 오히려 이동통신사의 독과점적 지배구조와 과다한 영업이익, 과도한 마케팅 비용 등으로 발생한 국민적 불신을 해소하는 공익적 요청이 더 크다"고 밝혔다.

• 한일 군사정보보호협정 협상 정보공개 판결: 한일 군사정보보호협정 협상 과정을 알 수 있는 회의록과 공문 등 공개하는 문제를 두고 하급심의 판결이 엇갈렸다. 2015년 6월 11일 서울고등법원 행정3부(재판장

정형식)는 참여연대가 외교부를 상대로 낸 정보공개 거부처분 취소소송에서 원고 일부 승소한 1심 판결을 취소하고 원고 패소 판결했다(2014누53829). 재판부는 '관련 문건에는 우리나라의 대응 전략 등이 담겨 있는데 노출되면 타국과의 유사한 협정에서 불리하게 된다'고 밝히면서, 사건 정보는 정보공개법에서 비공개 정보로 명시한 '국가 안전 보장, 국방, 통일, 외교 등에 관한 사항으로서 공개될 경우 국가의 중대한 이익을 현저히 해할 우려가 있다고 인정되는 정보'에 해당한다고 판단했다.

2014년 올해의 판결

좋은 판결

- 원전 인근 주민 갑상선암 한수원 책임 인정(최고의 판결)
- 공정 방송을 위한 MBC 파업 정당하다고 본 판결
- 전교조 법외노조 통보 근거 조항인 교원노조법 제2조 위헌법률심판 제청
- 반도체 노동자 '뇌종양' 사망 산재 첫 인정
- 현대차 사내하청 노동자는 불법파견임을 거듭 인정
- 퇴직연금도 이혼시 재산 분할 대상 인정
- '강제 낙태·단종' 한센인들 국가 상대 손해배상 청구 인정
- 골프장 개발자에게까지 준 '토지수용권' 헌법불합치 결정
- 가맹본부의 가맹점에 대한 부당 계약 해지에 배상 책임 인정
- 모든 의료기관을 요양기관으로 규정한 법 조항 합헌 재확인

노동의 조건,
공정 방송

—

• 해고와 손해배상 소송 휘두르며 파업에 참가한
MBC 노동자들을 몰아세운 사 측에 제동⋯
• 대법원, 비슷한 이유로 파업한 YTN 기자 해고는 정당하다고 봐

1990년 만들어진 영화 〈파업 전야〉는 파업에 이르기까지 고통받고 고뇌하는 노동자들의 이야기를 담고 있다. 이 영화는 멍키스패너를 들고 달려가는 노동자의 비장한 모습으로 끝난다. 〈파업 전야〉를 지금 리메이크한다면, 영화의 제목은 '파업 이후'가 되어야 할지 모른다. 그만큼 파업 이후 겪는 고통이 심하다. 파업에 참가했다가 해고되는 일은 기본이다. 2000년대 이후 손해배상과 가압류는 사 쪽이 휘두르는 또 다른 탄압의 무기가 되어왔다. 오죽하면 손해배상과 가압류에 시달리는 노동자들을 돕는 캠페인이 벌어졌겠는가.

2012년 1월, MBC 노동조합 파업이 시작됐다. 이들의 주장은 하나였다. 편파 방송을 중단하고 공정 방송을 하자는 것이었다. 파업은

1월 30일부터 7월 17일까지 170일 동안 지속됐다. 노조는 김재철 당시 MBC 사장의 출근을 저지하는 투쟁도 벌였다. 파업 중 김사장이 법인카드를 사적 전용한 의혹 등이 불거지며 경영진에 대한 비판 여론이 높았다. 하지만 사 쪽은 2012년 2월부터 6월까지 여섯 차례 인사위원회를 열어 정영하 당시 노조위원장 등 6명을 해고하고, 38명을 정직 처분했다. 이에 정 전 위원장 등은 "징계 처분이 부당하다"며 사 쪽을 상대로 해고무효 확인소송을 제기했다.

징계만이 아니었다. 사 쪽은 파업 중이던 2012년 3월 5일, 업무방해를 이유로 노조와 집행부를 상대로 33억 원의 손해배상 청구소송을 제기했다. 같은 해 6월에는 광고 손실 등을 이유로 청구 금액을 195억 원으로 올렸다. 파업에 대한 보복 성격이 짙었다.

2014년 1월, 법원이 해고와 손해배상 소송이라는 양날의 검을 마구 휘두른 사 쪽에 제동을 걸었다. 초점은 공정 방송 요구가 파업 사유에 해당하는지였다. 서울남부지방법원 민사 15부(재판장 유승룡)는 1월 23일 "공정 방송 확보 요구는 방송사 근로자의 근로조건에 해당해 파업의 정당성이 인정된다"며 손해배상 청구소송에서 원고인 사쪽에 패소 판결을 내렸다. 이어 판결문에서 "김재철 전 사장과 경영진이 정당한 이유 없이 정권을 비판하는 방송 제작을 거부하는 등 다양성과 중립성의 의무를 지키지 않았으며 인사권을 남용했다"고 판시했다. 앞서 1월 17일 나온 해고 및 정직처분 무효 확인소송에서도 사 쪽이 노조원에게 내린 징계가 모두 무효라고 판결했다.

이렇게 법원은 언론과 방송의 특수성을 인정해 쟁의행위의 범위를 폭넓게 인정했다. 거액의 손해배상 소송을 통해 파업의 자유를 옥죄던 관행에도 제동을 걸었다. 그러나 이것이 끝이 아니다.

2014년 11월 27일 대법원 민사1부(주심 김용덕)는 YTN 해직 기자 6명 중 3명(노종면·조승호·현덕수)에 대한 해고가 정당하다는 2심 판결을 인정했다(2011다41429). YTN 노조는 2009년 이명박 대통령 후보 언론특보 출신의 구본홍 씨가 사장에 임명되자 출근 저지 투쟁을 벌이며 공정 방송 제작을 요구했었다. 대법원이 노종면 전 위원장 등이 YTN을 상대로 낸 징계 무효소송에서 원고 패소 판결한 원심을 확정한 것이다. MBC 노조에 대한 판결과 다른 결과였다. 이렇게 끈질기게 노조를 괴롭혀온 해고와 손해배상 소송의 악몽은 아직 끝나지 않았다.

심사위원 20자평

이광수 | 방송의 공정성 보장을 단체협약이나 취업규칙에 꼭 집어넣어야…

장완익 | 그럼에도 불구하고 부당한 인사 조치는 지금도

최은배 | 언론노동자에게 공정성은 근로조건이다

– 2012년 파업 당시 MBC 노동조합은 공정 방송 실현과 김재철 사장의 퇴진을 요구했
다. 파업은 여론의 지지를 얻었지만, 파업 지도부는 해고되고 손해배상 소송에 휘말렸
다. 사진 류우종

서울남부지방법원 2014.01.23. 선고 2012가합3891 판결

[손해배상]

민사15부 재판장 유승룡

판결 이후

2015년 6월 12일 서울고등법원 민사15부(재판장 김우진)는 손해배상 청구소송에서 MBC의 항소를 기각하고 노조의 손을 들어주었다. 이로써 2012년 MBC 파업과 관련한 해고 무효 확인, 업무방해, 손해배상 세 건의 소송 모두에서 법원은 노조의 손을 들었다. 장기 파업으로 기소된 MBC 노조 집행부는 1심에서 재물 손괴 혐의만 유죄로 인정돼 벌금형을 선고받았다. 항소심도 업무방해 혐의에 대해 무죄로 판단했다. 해고·정직 무효소송 항소심에서도 원심과 같이 승소했다. 공정 방송 의무는 노조법상 단체교섭의 대상이므로 정당한 파업이라는 판단이었다.

언론노조 YTN지부도 2012년 파업과 관련한 업무방해 소송에서는 최종 승소했다. 2017년 3월 16일 대법원 2부(주심 조희대)는 김종욱 전 지부장 등에게 무죄를 선고했다.

교사도
'노동자'다

—

• 정부의 끝없는 전교조 법외노조화 움직임…
• 항소심이 효력정지 다시 인용하면서
교원노조법 제2조에 대한 위헌법률심판 제청도

정치가 빼앗은 권리를 법이 되찾았다. 법이 이만치 존재의 맡은 바를 다한 적이 있을까.

"해직 교사 9명을 탈퇴시키지 않을 경우 노조가 아님을 통보하겠다."

2013년 9월 23일 고용노동부가 전교조에 보내온 경고다. 1999년 합법화 이후 14년, 전교조가 맞은 최대 위기였다. 6만여 명의 전교조 조합원들은 쉬 물러나지 않았다. 해고 조합원들은 사학 비리에 맞서다, 교육 개혁에 앞장서다 거리로 내몰린 교사들이었다. 조합원 86.4퍼센트가 투표에 참여해서 그 가운데 67.9퍼센트가 정부의 압력을 거부하기로 뜻을 모았다. 경고를 보내온 지 한 달 만인 2013년

10월 24일 고용노동부는 통지서 한 장으로 전교조에 '노조 아님'을 선언했다.

박근혜 정부만큼 노골적이지는 않았지만 전교조의 조합 지위를 박탈하려는 위협은 이명박 정부에서도 몇 번 있었다. 이명박 정부는 2010년과 2012년 두 차례 전교조에 해고자 조합원 규약을 개정하라고 명령한 바 있다.

전교조의 법적 지위를 규정하는 교원노조법이 현실과 맞지 않았다. 교원노조법 제2조는 해고된 교원의 경우 "중앙노동위원회의 재심 판정이 있을 때까지 교원으로 본다"고 밝힌다. 정부는 이를 근거로 해직 교사들이 중앙노동위원회 재심에서도 구제를 받지 못했으니 교원 노조의 조합원 자격이 없다고 본 것이다.

해고자를 조합에서 배제하는 것은 한국 정부가 아끼는 '글로벌 스탠더드'와도 맞지 않다. 현직 교원이 아닌 사람의 교원 노조 가입을 법으로 금지하는 곳은 사례를 찾아보기 어렵다. 프랑스·독일·일본·영국·미국 등에서는 해고자에게도 조합원 자격을 주고 있다. 국제노동기구(ILO)는 열 차례 넘게 한국 정부에 "조합원의 자격 요건에 행정 당국이 개입해서는 안 된다"며 관련 법 개정을 권고하기도 했다.

한국 정부의 '스탠더드'와 국제사회의 '스탠더드'가 엇갈릴 때, 법의 무게중심도 뒤뚱거렸다. 1심 법원은 정부의 손을 들어줬다. 2014년 6월 19일 서울행정법원 행정13부(재판장 반정우)는 전교조가 고용노동부를 상대로 낸 법외노조 통보처분 취소소송에서, "전교조가 설립 신고 당시 이미 규약이 노조법에 위배됐는데 거짓 규약을 제출해 설립 신고를 했다. 교사는 일반 근로자와 달리 특히 윤리적·중립적·전문적이어야 하고, 교육권을 가진 학생에게 근로를 제공하는 점에 비춰 더 특별한 규율을 할 수 있다"며 원고 패소 판결했다(2013구합26309).

'교사는 노동자이기 이전에 교사'라는 정부와 법원의 시각은 2014년 9월 19일 항소심 재판부에서 뒤집혔다. 서울고등법원 행정 7부(재판장 민중기)가 전교조가 법외노조 통보처분 효력을 정지해달라고 낸 신청을 받아들이면서(2014아366), 전교조는 항소심 판결 이전까지 합법적 지위를 유지하게 되었다. 법원이 '교사도 노동자'라는 데 방점을 찍은 것이다.

재판부는 다음과 같이 밝혔다.

"교원들에게 노동삼권 가운데 하나인 단결권은 헌법상 보장된 권리이고, 그 단결권에는 노조의 형태나 조합원의 범위를 스스로 결정할 권리가 포함돼 있다. 두 기본권(단결권·교육권)이 상충하더라도 양립·조화를 모색해야 하며, 노조의 단체행동권도 아닌 단결권 행사에 의해 학생들의 학습권 등 공익이 침해될 여지가 거의 없다."

또 재판부는 교원 노조가 다른 산별·지역별·기업별 노조에 견줘 합리적 이유 없이 차별받아선 안 된다고 판단하고, 법외노조 통보처분의 근거가 된 교원노조법 제2조에 대해 헌법재판소에 위헌법률심판을 제청했다. 전교조가 항소한 뒤 집행정지 신청과 함께 냈던 위헌법률심판 제청신청을 받아들인 것이다.

'법 밖의 노조'로 내몰렸던 전교조는 법원의 판결로 다시 '법 안의 노조'로 돌아왔다. 2014년 12월 3일부터 5일까지 선거를 치른 전교조는 새 집행부와 함께 정부의 법외노조화 전략에 맞선다. 아이러니하게도 2015년 1월부터 2년간 전교조를 이끌게 될 변성호 위원장도 한때 해직 교사였다. 12월 8일 당선 기자회견에 나선 변위원장은 "정부의 전교조 법외노조화 저지를 위해 교원노조법 등 관련 법 개정을 추진하겠다. 공무원 노조, 학교 비정규직 노동자들과 연대해 노동삼권을 쟁취하겠다"고 말했다.

심사위원 20자평

김성진 | 세계 어디에도 유사한 법조차 없다잖아요, 법원이

문병효 | 헌법상 단결권과 '글로벌 스탠더드'는 어디에?

장완익 | 진지하게 고민하는 법관들에게 박수를

− 정부의 법외노조화 움직임에 맞서 싸우고 있는 전교조에 낭보가 찾아들었다. 항소심 법
원은 '교사이기 이전에 노동자'라는 취지로 법외노조 통보처분 효력정지를 인용하며 전
교조의 손을 들어줬다. 사진 이정아

서울고등법원 2014.09.19. 선고 2014아413 결정 [위헌법률심판제청]

행정7부 재판장 민중기

인정의 근거가 된
부정의 근거

—

• 삼성전자 반도체 노동자의 뇌종양 발병과
업무 사이의 인과관계를 인정한 첫 판결…
• 앞서 소 제기했다 패소한 한혜경 씨는 항소마저도 기각

'나쁜 판결'은, 언젠가 돌아올 좋은 판결의 디딤돌이다.

삼성전자 반도체 노동자였던 한혜경(36세) 씨의 어머니 김시녀 씨
는 아직 그렇게 믿고 있다. 딸 혜경씨는 1996년 열아홉의 나이로 삼
성전자에 입사해 경기도 용인 기흥공장에서 LCD를 만들었다. 납땜
일을 하던 딸은 입사한 지 3년째 되는 해부터 생리를 하지 않았다. 눈
이 어두워지고 차츰 말라갔다. 망가진 몸으로 6년 만에 퇴사한 그녀
는 2005년 뇌종양에 걸린 사실을 알게 됐다. 1급 지체장애인이 된 혜
경씨가 근로복지공단을 상대로 낸 '요양불승인처분 취소소송'에서,
2013년 12월 법원은 원고 패소를 선고했다.

"납 등 유해물질에 노출됐을 가능성이 있다는 사정만으로 뇌종양

이 재직 중 업무로 발병했다고 인정하기 어렵다."(서울행정법원 행정 4단독 정재우 판사)

정판사가 판시한 대로 "뇌종양은 현대 의학상 발병 원인이 아직 밝혀지지 않았다". 유해물질에 노출되어 생긴 뇌종양이 산업재해로 인정된 전례도 없었다. 법원의 판결에 대해 '반도체 노동자의 건강과 인권 지킴이, 반올림'의 이종란 노무사는 다음과 같이 지적했다.

"사람의 생명을 앗아갈 수 있는 무거운 병임에도, 정부와 법원이 병의 분명한 원인이 밝혀지지 않았다는 점을 (산재) 인정의 근거가 아니라 부정의 근거로 이용한 겁니다. 반도체 노동자들 가운데 뇌종양을 앓는 이들이 반올림을 찾아온 분들만 20명입니다. 백혈병 피해자에 이어 두 번째로 피해자가 많습니다."

2014년 11월, 서울행정법원 행정7단독 이상덕 판사는 전혀 다른 판결을 내놨다. 이판사는 삼성전자 충남 아산 온양공장 반도체 노동자로 일하다 2012년 뇌종양으로 숨진 이윤정(34세) 씨의 남편이 근로복지공단을 상대로 낸 요양불승인처분 취소소송에서 다음과 같이 판시했다.

"발병의 원인과 기제가 의학적·자연과학적으로 명백히 밝혀지지 않았다고 하더라도, 원고들이 삼성전자 온양사업장에서 근무하는 동안 유해 화학물질, 극저주파 자기장, 주야간 교대근무 등과 같은 작업환경상의 유해 요소들에 일정 기간 지속적·복합적으로 노출된 후 뇌종양이 발생했으므로, 이러한 질병의 발병과 업무 사이에 상당 인과관계가 있다고 볼 수 있다."

백혈병에 이어 뇌종양이 삼성전자 반도체 노동자의 직업병으로 처음 인정된 것이다.

법원은 기존 산재 판결에서 한발 나아갔다.

"특정 화학물질과 질병 사이의 관련성이 아직 연구되지 않은 상태라는 점을 관련성이 없다거나 낮다는 판단의 근거로 삼아서는 아니된다."

이종란 노무사는 "뇌종양을 인정함으로써 직업병의 영역을 확장했을 뿐 아니라 '의학적으로 입증되지 않았다고 해서 관련성이 없다고 해선 안 된다'고 명시함으로써 산재 인정을 받기 위해 싸우는 다른 피해자들에게도 희망을 열어준 판결"이라고 설명했다.

한혜경 씨의 어머니 김시녀 씨도 그런 희망의 끈을 놓지 않고 있다.

"우리가 앞서 뇌종양이 산재로 인정받는 날을 위해 싸워왔고 그 결실을 맺은 것이라고 생각해요. 다음 사람을 위한 디딤돌이었다고 생각해요."

그러나 김씨는 반가운 소식을 딸 혜경씨에겐 아직 말하지 못했다. 2014년 8월 항소마저 기각됐기 때문이다. 수술 후유증으로 눈물조차 흘리지 못하는 혜경씨는, 속 시원히 울지도 못하고 가슴을 쥐어뜯었다.

"이번 판결 덕분에 앞으로 대법원에서는 더 나은 판결이 나오지 않을까 기대돼요. 법원 앞에 저울이 왜 있겠습니까. 부디 그 저울에 맞게끔 판단해주었으면 좋겠습니다."

하나의 좋은 판결이 또 다른 좋은 판결로 이어질 수 있을까.

오정진 | 거기, AS 확실히 책임진다고 하지 않았나요

박 진 | 산업재해의 인과관계를 밝힐 책임은 기업에게 있어요

정남순 | 주야간 교대 근무도 발병에 한몫. 20세기 노동환경, 21세기 판결

— 법원은 2014년 삼성전자 반도체 노동자의 뇌종양을 산업재해로 처음 인정했다. 2012
년 5월 삼성전자에서 일하다 뇌종양으로 숨진 이윤정 씨의 노제에서 이씨의 남편과 아
이가 슬퍼하고 있다. 사진 박승화

서울행정법원 2014.11.07. 선고 2011구단8751 판결

[요양불승인처분 취소]

행정7단독 판사 이상덕

판결 이후

고 이윤정 씨 산업재해를 인정한 1심 판결에 불복해 근로복지공단이 항소했고, 2016년 10월 서울고등법원 행정9부가 이번에는 원고 패소 판결했다. 하지만 2017년 11월 14일 대법원 특별3부(주심 박보영)는 발병과 업무 사이에 인과관계가 성립한다며 원고 승소 취지로 뒤집어 원심을 파기 환송했다(2016두1066). 그 후 유족 측은 근로복지공단이 산업재해를 인정하자 2018년 2월 소송을 취하했다.

현대차,
법대로만 합시다

—

- 자동차 제작 공정에서 사내하청 노동자 쓰는 건
  불법이라는 판결 이어져…
- 회사 쪽은 200억 규모 손해배상 소송으로 노동자 옥죄는 중

법원 판결은 마침표가 되지 못했다. 11년간 이어져온 갈등이 끝나기는커녕, 오히려 노-노 대립을 겪는 등 갈등 양상이 복잡해졌다. 현대자동차 '불법파견' 이야기다.

2014년 12월 11일 현대차 울산·아산·전주 공장에 대자보가 붙었다. '더 이상 전주·아산 조합원들을 쓰레기로 모독하지 마십시오'라는 제목의 대자보였다.

4개월 전인 8월 18일 현대차와 정규직 노조인 금속노조 현대차지부, 아산·전주 공장의 비정규직 노조는 2015년까지 사내하청 노동자 4000명을 '특별 고용'하기로 합의했었다. 현재 현대차 사내하청 노동자는 5500여 명인데, 앞서 신규 채용된 2000여 명이 있기 때문

에 추가로 특별 고용할 인원은 2000명에 불과했다. 울산공장 비정규직 노조는 회사 쪽에 면죄부를 주는 안이라며 합의를 거부했다.

한 달 뒤인 9월 18과 19일 서울중앙지방법원 민사41부(재판장 정창근)와 민사42부(재판장 마용주)는 현대차 사내하청 노동자 1139명이 불법 파견됐기 때문에 "사실상 현대차에 직접 고용된 정규직 노동자이거나 회사가 직접 고용할 의무가 있다"고 판결했다. 2010년과 2012년 두 차례에 걸쳐 대법원이 최병승 씨를 불법파견 노동자로 인정한 판결의 연장선이다.

회사 쪽은 그동안 대법원 판결이 최씨 한 사람에게만 해당하는 판결이라는 이유를 들어 사내 하도급 자체가 불법이라는 사실을 인정하지 않았다. 이번 2014년 9월 판결로 현대차의 '집단'적인 불법파견 사실이 인정됐다. 더 거슬러 올라가면 이미 2004년 노동부가 현대차의 9234개 공정에 대해 불법파견이라고 판정한 바 있다.

현대차는 이번에도 '법대로' 이행하지 않았다. '8·18 특별 합의'가 빌미가 됐다. '특별 고용'은 사내하청 노동자들이 그동안 일해왔던 근속 연수를 4분의 1에서 3분의 1까지만 인정한다. 법원은 사내하청 노동자들이 정규직이었다면 받았을 임금을 '체불 임금'으로 보고 회사 쪽에 지급하라고 했지만, '특별 고용'된 노동자들은 근로자지위소송 취하가 전제 조건이라서 체불 임금을 포기해야 한다.

노동조합 내에서는 '8·18 특별 합의'를 둘러싼 갈등이 이어지고 있다. 11월 24일 금속노조 정기 대의원대회에서는 합의안을 폐기한다는 결의안이 통과됐다. 특별 고용이 아니라 사내하청 노동자 전원을 정규직으로 전환해야 한다는 주장이 법원 판결로 힘을 얻었기 때문이다. 12월 2일부터 5일까지 열린 금속노조 현대차지부 대의원대회에서도 격론이 일었다. 현대차지부는 "전주·아산 조합원들이 투표로 승인한 합의안이기 때문에 번복할 수 없다"는 태도다.

법원의 판단은 명확하다. 현대자동차를 비롯해 자동차 제작 공정에서 사내하청 노동자를 쓰는 게 모두 불법이라고 본 것이다. 파견법은 제조업에 파견노동자를 쓰는 것을 금지하고 있다. 그런데도 현대차와 기아차를 비롯한 완성차 업체들은 직접 작업 지시를 내리고, 사내하청 노동자들의 업무 범위나 담당 공정 등을 수시로 바꿔가면서 '고용 유연성'을 늘리는 방향으로 불법파견을 활용해왔다.

현대차 판결은 시작에 불과했다. 9월 25일 기아자동차 사내하청 노동자 468명, 12월 4일 한국지엠 사내하청 노동자 5명도 불법파견 판결을 받았다. 차량 뼈대를 만들고 부품을 조립하는 생산 공정뿐 아니라, 엔진·변속기 제작이나 반조립부품(CKD) 포장 등 주변 업무까지도 모두 사내하청 노동자를 쓰면 불법파견이라고 법원은 판단했다.

'제가 죽으면 꼭 정규직 들어가서 편히 사세요.'

11월 스스로 목숨을 끊으려고 시도했던 현대차 사내하청 노동자가 동료들에게 남긴 글이다. 현대차는 2010년 울산공장 점거 농성 등을 이유로 그를 비롯한 비정규직 노동자 400여 명을 상대로 무려 200억 원 넘는 손해배상 소송을 걸어놓았다. 현대차의 '법대로'는 코에 걸면 코걸이, 귀에 걸면 귀걸이다.

– "당신은 불법 파견된 현대차 정규직이다." 2014년 9월 18일 사내 하청노동자들이 현대차를 상대로 낸 근로자지위 확인소송에서 승소하면서 서울중앙지방법원 앞에서 부둥켜안고 기쁨을 나눴다. 사진 정용일

서울중앙지방법원 2014.09.18. 선고 2010가합112450 등 판결

[근로자지위확인 등]

민사41부 재판장 정창근

: 현대자동차와 사내 협력업체는 근로자 파견계약 관계가 성립하며, 현대차는 2년 이상 협력업체에서 근무한 근로자들에게 고용의 의사 표시를 할 의무가 있다.

서울중앙지방법원 2014.09.19. 선고 2010가합112511 등 판결

[근로자지위확인 등]

민사42부 재판장 마용주

판결 이후

2심에서도 현대차 사내하청은 불법파견이라는 판결은 대부분 유지되었다.

2014년 9월 19일 서울중앙지방법원 민사42부가 다룬 사건의 2심에 대해선, 2017년 올해의 판결 '현대차·기아차 2차하청과 간접공정 노동자에 불법파견 인정 판결' 참조.

2010년 11월 현대차 울산공장 파업과 관련된 사건의 손해배상 항소심에 대해선, 2017년 올해의 판결 '현대차 파업 지지 발언에 20억 원 연대 손해배상 판결' 참조.

'장래'의 급여 역시
분할 대상

—

• 19년간 유지된 판례 뒤집혀…
• 대법원, 미래의 퇴직연금에 배우자의 기여 포함됐다 보고
  재산 분할 대상 된다고 인정

2014년 6월 19일 한 40대 부부의 이혼 소송이 전국에 생중계됐다. 서울 서초동 대법원 대법정에서 열린 공개변론이었다. 대법원은 전원합의체 주요 사건의 경우 재판의 신뢰도를 끌어올리기 위해 공개변론 과정을 중계하고 있다. 교사와 연구원이라는 평범한 부부의 이혼 청구소송이 전 국민의 관심을 끈 이유가 뭘까.

사립학교에서 일하던 A(44세·여)씨는 정부 출연 연구소에 근무하는 B(44세·남)씨와 14년 동안 맞벌이 부부로 결혼 생활을 이어오다 2012년 이혼을 결심하기에 이르렀다. 남편도 이혼에 동의했지만 재산 분할을 두고는 의견이 갈렸다. 부부 양쪽의 의견이 일부만 받아들

여진 1심 재판 이후, 항소심에서 남편은 아내가 받게 될 퇴직연금도 재산 분할을 해야 한다고 주장했다. 아내의 퇴직금은 1억 원, 남편의 퇴직금은 400만 원가량이었다.

항소심 판결을 맡은 대전고등법원 가사1부(재판장 이승훈)는 대법원 판례(1995년)에 따라 부부 일방이 이혼 당시 이미 퇴직해 받은 퇴직금은 재산 분할의 대상이 되지만, 이혼 당시 아직 퇴직하지 않고 직장에 근무하는 경우 퇴직금을 받을 개연성이 있다는 가능성만으로 장래의 퇴직금을 재산 분할 대상에 포함할 수는 없다고 판단했었다.

"퇴직연금은 후불 임금의 성격을 가지므로 재산 분할 대상에서 제외하는 것은 현저히 형평성을 해치는 것입니다."(남편의 소송대리인 양정숙 변호사)

"일반적인 퇴직연금은 금액이 크고 거의 유일한 노후 대책이므로, 법원의 해석으로 장래 퇴직급여의 재산 분할을 인정하는 것은 당사자 사이의 법률관계와 노후 대책을 지나치게 불안정하게 만들어 불합리합니다."(아내의 소송대리인 임채웅 변호사)

전 국민이 지켜보는 가운데 열린 대법원 공개변론에서 양쪽의 의견은 팽팽히 맞섰다.

"불확실성이나 변동 가능성을 이유로 퇴직연금 채권을 재산 분할의 대상에서 완전히 제외할 경우 오히려 불공평한 결과를 초래할 가능성이 크다. 혼인 생활의 파탄에도 불구하고 퇴직연금을 수령할 때까지 이혼 시기를 미루도록 사실상 강제하는 결과를 초래할 수 있다."

2014년 7월 16일 대법원 전원합의체(주심 양창수)는 19년 동안 유지된 판례를 뒤집고 '장래 퇴직급여'의 재산 분할을 인정했다. 아직 받지 않은 미래의 퇴직금에서도 배우자의 기여를 인정한 것이다. 재판부는 퇴직연금도 재산 분할 대상이 되므로 재산 분할 부분을 다시 판단하라며 사건을 수원지방법원으로 돌려보냈다.

판결의 후폭풍은 거세다. 재산 분할 청구권의 소멸시효는 2년이다. 따라서 현재 이혼 소송 중인 재판 당사자뿐 아니라 재산 분할 판결을 받았다고 하더라도 이혼이 확정된 지 2년이 지나지 않았다면 소급할 수 있다. 서울에 있는 법무법인의 관계자는 "판결 직후 7월과 8월에 관련 문의가 급증했다가 최근엔 소강상태"라고 전했다.

혼란을 막기 위해 이혼 부부의 퇴직급여 분할 여부나 기준을 정하는 추가 입법이 뒤따라야 한다는 지적도 나온다. 미국의 경우 혼인 기간이 10년 이상이면 이혼한 배우자로부터 연금의 절반을 받을 수 있도록 하는 법이 마련돼 있다. 독일은 연금 청산 제도가 있어 연금 청산 의무와 청산 비율을 정해두었고, 연금을 양도할 법도 제정돼 있다.

심사위원 20자평

오정진 | 결혼의 공동체성은 뭐니 뭐니 해도 경제적인 데서

이광수 | 혼인 관계에서 양성 평등의 일보 전진

정남순 | 가정경제는 월급만이 전부가 아니지요

－ 대법원이 아직 받지 않은 미래의 퇴직급여도 이혼 부부의 재산 분할 대상
이라고 판단하면서 19년 만에 대법원 판례가 뒤집혔다. 사진 이정용

대법원 2014.07.16. 선고 2012므2888 전원합의체 판결 [이혼 등]

주심 양창수

: '공무원 퇴직연금 수급권의 재산 분할 청구 사건'

판결 이후

같은 날 대법원 전원합의체(주심 민일영)는 다른 이혼 소송 상고심에서 '장래의 퇴직급여도 재산 분할 대상이 된다'며 이를 인정하지 않은 원심을 깨고 사건을 대전고등법원으로 돌려보냈다. 그런데 대법원은 장래 퇴직급여와 현재 받고 있는 퇴직연금 사이엔 분할 방법을 달리 해야 한다고 판단했다. 퇴직급여는 2심 변론 종결 시점을 기준으로 그때 받으리라고 예상되는 금액이 재산 분할 대상이 되며, 퇴직연금의 경우 가액을 특정할 수 없으므로 일반재산에 대한 기여도까지 고려해 개별적으로 분할 비율을 정해야 한다는 것이다.

그것은 운명이
아니었습니다

—

• 한센인에게 자행한 반인륜 불법행위에
국가 배상 책임 인정한 첫 판결…
• 진상 조사로 6400여 명 피해자 확인됐으나 정부 배상은 없어

단종(정관 절제)과 낙태(임신중절) 수술을 운명처럼 받아들였다. 한
센인 강 모(78세) 씨 이야기다. 2014년 4월 29일 광주지방법원 순천
지원 민사2부(재판장 유영근)는 국가가 한센인들에게 자행한 강제 단
종과 낙태에 대해 손해배상을 해야 한다고 판결했다. 전남 장흥 출신
인 강씨는 스물다섯 살 무렵 한센인 집단촌이 있는 전남 고흥 소록도
에 들어갔다가 아내를 만났다.

"정관수술을 해야 가정을 이룰 수 있다는 허락이 떨어졌다."

재판부는 강씨 등 한센인 19명이 국가의 단종·낙태 수술 정책으로
피해를 입었다며 낸 손해배상 소송에서 "정관 절제 수술을 받은 9명
에겐 3000만 원씩, 임신중절 수술을 받은 10명에겐 4000만 원씩을

배상하라"고 판결했다. 또 "부부 동거를 원하는 한센인들을 상대로 국가가 강제 수술을 받게 한 것은, 법률상 근거 없이 신체를 훼손당하지 않을 권리와 태아의 생명권을 침해한 반인륜적 행위"라고 밝혔다.

이번 판결의 가장 큰 의미는 한센인들에게 자행된 반인륜적 불법 행위에 대한 국가의 배상 책임을 처음으로 인정했다는 점이다. 정부는 전염성이 낮고 사실상 완치가 가능하며 유전되지 않는데도 한센병 환자를 격리하는 정책을 유지했고, 자녀를 출산할 권리마저 박탈했다. 이번 판결은 한센인들의 명예 회복을 위한 첫걸음이 됐다.

재판부는 특히 소멸시효 기산점起算點을 진상 규명 시점으로 폭넓게 인정했다. 강씨 등은 1955~1977년 한센병에 걸려 국립소록도병원 등에서 생활했다. 단종과 낙태 같은 불법행위가 일어난 시점은 길게는 64년, 짧게는 36년 전이다. 민법상 손해 및 가해자를 안 때로부터 3년이 지나면 손해배상 청구권의 시효가 소멸된다. 하지만 재판부는 정부 산하 '한센인 피해사건 진상규명위원회'가 피해 사실을 통지했던 2010년 6월부터 3년 내인 2013년 3월에 손해배상 청구소송을 제기한 것은 타당하다고 판단했다.

또 재판부는 "한센인들에게 단종 또는 낙태 수술을 한 것은 모두 당사자들의 동의를 받았고, 한센병의 전염을 예방하고 병원의 수용 한계 등을 고려한 부득이한 조처였다"는 정부 주장을 받아들이지 않았다. "한센인들이 설령 결혼하기 위해 단종과 낙태 수술에 동의했다고 하더라도 일반 사회로 진출하기 힘들어 어쩔 수 없이 선택한 것"이라고 판단했다.

이번 판결은 한센인 530명이 단종과 낙태로 피해를 입었다며 국가를 상대로 낸 소송 4건 가운데 첫 판결이다. 강씨 등이 제기한 손해배상 청구는 10월 광주고등법원에서 열린 항소심에서도 1심 판결 취지가 그대로 유지됐다.

정부는 '한센인피해사건 진상규명 및 피해자 지원 등에 관한 법률'(한센인사건법)에 따라 진상 조사에 나서 2013년 7월 6400여 명을 피해자로 인정했지만, 그 피해에 대해선 배상하지 않고 있다. 일본이 1996년 인권 침해에 대해 사죄하고 동시에 800만~1400만 엔에 이르는 금액을 일괄 배상을 한 것과 비교된다. '한센인권변호단'(단장 박영립) 조영선 변호사는 "정부는 지금이라도 항소를 취하하고 일괄적인 피해자 배상 법안을 만들어 배상하고 사과해야 한다"고 지적했다.

심사위원 20자평

장완익 | 한센인은 그나마 법이 있어서 시효의 벽을 넘어섰지만…

김성진 | 야만적인 국가, 내 몸에 손대지 마

이광수 | 만시지탄이나 이제라도 부디 시미종창始微終를을

– 국가는 한센인들을 상대로 전염병을 옮긴다며 단종·낙태를 시행했다. 2006년 서울 국가
인권위원회 배움터에서 한센인 인권실태조사 결과 발표를 듣던 한 참가자가 만감이 교차
하는 듯 고개를 숙이고 있다. 사진 한겨레

광주지방법원 순천지원 2014.04.29. 선고 2013가합10285 판결

[손해배상]

민사2부 재판장 유영근

판결 이후

2017년 2월 15일 대법원 민사3부(주심 권순일)는 같은 사건의 상고심(2014다230535)에서 "낙태 피해자 10명에게 4000만 원, 단종 피해자 9명에게 3000만 원씩을 배상하라"고 판결한 원심을 확정했다. 강제로 단종·낙태 수술을 받은 한센인들에게 국가가 손해배상을 해야 할 책임이 있다는 대법원의 첫 판결이다.

골프장에 빼앗긴 땅에
봄은 오는가

—

- 지역균형개발법 강제수용 조항에 대해 헌법불합치 결정
- 골프장 건설 위해 강제수용 승인하는 것은 위헌

경남 남해군 한 아름다운 골프장엔 강제 수용된 땅이 숨겨져 있다. 넘실대는 남쪽 바다 옆에 들어선 남해 사우스케이프오너스클럽은 국내에서 아름답기로 손꼽히는 골프장 리조트다. 개장할 때부터 건축가들은 리조트를 칭찬했다. 부드러운 곡선을 가진 건물은 자연과 어울렸고, 통유리창 내부에선 다른 곳에서 보기 힘든 고급 스피커 시스템이 음악을 흘려보냈다. 독립된 각각의 호텔 방은 욕실과 침실 등에 최고급풍 인테리어를 갖추었다. 많은 비용을 들여도 최고급 시설을 이용하려는 부유층을 위한 시설이다.

그러나 이 골프장이 남해의 땅을 차지한 배경은 조금 다르다. 골프

장이 위치한 지형은 바다의 아름다운 풍광을 품고 있어 원주민들이 포기하기 어려운 곳이다. 민간 시행사는 골프장 개발을 위해 이곳에 400여 평 땅을 가진 곽 모 씨와 보상을 협의했지만, 일은 성사되지 않았다.

시행사는 이번엔 법을 들이댔다. '지역균형개발 및 지방중소기업 육성에 관한 법률'(지역균형개발법)을 근거로 경남지방토지수용위원회에 수용을 신청해 2010년 12월 강제수용(국가나 공공단체가 공공 목적을 위해 개인의 특정한 재산권을 법률의 힘으로 강제 취득하는 일)을 승인받았다. 이 법 제19조 1항은 지역균형개발을 위해 "시행자는 지구개발사업의 시행에 필요한 토지 등을 수용 또는 사용할 수 있다"고 규정하고 있다. 바야흐로 고급 리조트를 짓기 위해 지역 주민의 삶을 짓밟는 꼴이었다.

강제수용에 들어가자 곽씨는 2011년 7월 헌법소원 심판을 청구했다. 공익성이 낮은 사업에까지 시행자인 민간 개발자에게 수용 권한을 부여한 것은 위헌이라는 취지였다.

헌법재판소는 곽씨가 낸 헌법소원에 대해 2014년 10월 30일 재판관 6대 3 의견으로 헌법불합치 결정을 내렸다. 헌법재판소는 이렇게 사유를 밝혔다.

"고급 골프장 등이 넓은 부지에 많은 설치 비용을 들여 조성됨에도 불구하고 평균 고용 인원이 적고, 시설 내에서 모든 소비 행위가 이뤄지는 자족적인 영업 행태를 갖고 있어, 개발이 낙후된 지역의 균형 발전이나 주민 소득 증대 등 입법 목적에 대한 기여도가 낮다."

이어 "사업 운영 과정에서 발생하는 지방 세수 확보와 지역경제 활성화는 부수적인 공익일 뿐이고, 이 정도의 공익이 그 사업으로 인해 강제수용 당하는 주민들이 침해받는 기본권에 비해 기본권 침해를 정당화할 정도로 우월하다고 볼 수 없다"고 결론 내렸다.

개발업자와 건설업자, 이들과 이익을 나누는 공무원 등 이른바 '토건족'이 법을 근거로 민간의 땅을 강제 수용하는 것에 브레이크를 걸 수 있는 근거를 마련한 셈이다. 다만 위헌을 선고하면 공공 필요성이 있는 사업의 토지 수용까지 허용되지 않는 결과가 돼 입법 목적을 달성하기 어려운 법적 공백과 혼란이 예상된다며, 법이 개정될 때까지 효력을 유지하는 헌법불합치로 결정했다.

곽씨의 소송을 맡은 박종연 변호사는 "공익적 목적이 없음에도 영리 목적을 위해 법의 강제수용 제도가 남용되는 것을 막는 데 이번 판결의 의미가 있다"고 말했다. 이미 수용된 땅에선 서울 등 멀리서 찾아온 관광객들이 골프공을 치고 있다. 박변호사는 "강제 수용된 땅을 되찾을 것"이라고 했다.

박한철·김창종·강일원 재판관은 반대 의견을 냈다. 이들은 "행정기관이 시행자를 지정하고 실시 계획을 승인하는 과정에서 개발 사업의 공공성 유무 평가를 엄격히 하지 않은 데 기인하는 것이지, 법률 조항 자체에 위헌적인 요소가 포함된 것은 아니다"라고 했다.

지역균형개발법을 통해 남의 땅을 강제로 수용해 골프장을 짓는 것엔 제동이 걸렸지만, 강제 수용을 가능하게 하는 법들이 여전히 수두룩하다. 기업도시개발특별법이나 관광진흥법 등 다른 법률은 여전히 골프장 개발업자에게 토지수용권을 부여하고 있다.

오정진 │ 개발과 공익은 애초부터 같은 것이 아니잖아요

김성진 │ 주거는 생존, 골프장은 돈벌이! 돈벌이를 위해 생존을 빼앗지 마라

장완익 │ 전국을 골프장으로 만드는 것이 지역균형개발은 아니지

– 헌법재판소는 민간 개발자가 골프장을 만들면서 다른 사람의 땅을 강제 수용할 수 있
게 한 지역균형개발법 조항에 헌법불합치 판결을 내렸다. 경남 남해에 위치한 사우스
케이프오너스클럽. 사진 유튜브 동영상 캡처

헌법재판소 2014.10.30. 선고 2011헌바172, 129(병합) 결정

[지역균형개발법 제18조 제1항 등 위헌소원 등]

판결 이후

2015년 3월 20일 대법원 1부(주심 김소영)는 공기업인 제주개발센
터가 지역 주민의 토지를 수용해 추진 중인 예래 휴양형 주거단지 개
발 사업에 대해, 영리 추구가 목적인 사업에 허가를 내준 것은 위법
하다며 '수용 무효' 판결했다(2011두3746).

지역개발지원법(지역개발 및 지원에 관한 법률) 제27조도 '민간 시행
자의 토지 수용은 사업의 공공성이 인정되는 경우에만 허가된다'는
내용으로 개정되었고, 이 개정안은 2015년 5월 29일 국회 본회의를
통과했다.

그리고 개별 법률에 수용권을 신설하지 못하도록 하는 내용의 토
지보상법(공익사업을 위한 토지 등의 취득 및 보상에 관한 법률) 개정안
이 2015년 12월 국회 본회의를 통과했다. 공익사업에서 토지 수용에
관한 기본법인 토지보상법을 함께 개정하지 않고는 개별 법률에 수
용권을 신설할 수 없게 되었다.

'갑'의 꼼수
받아친 법의 정수

—

• 가맹점 본사의 일방적 계약 해지 부당해…
• 100미터 떨어진 곳 '보복 출점'으로 입게 된 손해까지 배상해야

"다음에 가게를 한다면 절대 프랜차이즈 가맹점을 하지 않을 겁니다. 처음 장사를 시작하는 사람에게 프랜차이즈는 좋을 수 있습니다. 하지만 경기가 안 좋아지면 본사의 강제 출고(밀어내기)를 맞추기 위해 빚까지 내야 합니다. 내 매장 옆에 또 다른 가맹점을 내주는 경우도 있어서 서민에게는 리스크가 큽니다."(점주 김 모 씨)

휴대전화에서 들리는 김씨의 목소리는 떨렸다. 김씨는 2010년 전남 여천에서 화장품을 파는 매장을 열었다. 처음 하는 가맹점 장사였다. 장사가 손에 익을 무렵인 2012년 6월, 김씨는 본사로부터 청천벽력 같은 소식을 들었다. 매장을 찾은 고객한테서 불만이 접수됐다는 것을 토대로 계약을 해지하겠다는 통보였다. 장사가 손에 익자 손 털

라는 처사였다. 김씨는 "억울하다"고 주장했지만 본사는 2012년 10월 김씨 매장에서 100미터(직선거리 기준) 떨어진 곳에 새 가맹점을 냈다. 수요가 빤한 소도시에서 영업권을 나누게 되자 김씨 매장의 매출액은 뚝 떨어지기 시작했다.

가맹점 본사는 김씨에게 가맹계약 해지확인 소송을 제기했고, 김씨는 결국 2년여의 긴 법정 공방에 들어갔다. 김씨는 "그렇게 오래갈지 몰랐고, 당시엔 빨리 지옥에서 벗어나고 싶은 심정"이었다고 표현했다.

그를 도운 것은 '소송구조' 제도였다. 소송구조는 경제적 약자에게 '재판을 받을 권리'를 보장하기 위해 국가가 비용을 대 도와주는 제도다. 소송구조를 통해 김씨는 김도준 변호사를 만나 2년여 동안 함께 싸웠다. 김씨는 "개인이 기업을 상대로 싸우면서 누구 하나 바로잡자고 도와주는 사람도 없고 힘들었는데, 김변호사가 '국선'인데도 열심히 도와줬다"고 말했다.

법원은 연달아 김씨의 손을 들어줬다. 2013년 7월 11일 서울중앙지방법원 민사10부(재판장 고영구)는 본사의 가맹계약 해지확인 청구 등을 기각하고, 본사가 새로운 가맹점을 내 김씨의 영업 지역을 침해한 것에 대해 김씨에게 일부 손해 배상하라는 판결을 내렸다.

남양유업이 대리점에 일방적으로 물량을 떠넘기는 사건으로 촉발된 '갑의 횡포'가 사회적 이슈가 됐을 때 나온 의미 있는 판결이었다. 당시 새정치연합 을지로위원회도 2013년 8월 가맹점 본사를 찾아 가맹점에 가한 불공정 거래 행위를 해결하겠다는 약속을 받았다고 했다. 그러나 본사는 국회의원들에겐 원만히 해결하겠다고 해놓고선 김씨와의 소송을 끝내지 않았다.

이어 서울고등법원 민사16부(재판장 배광국)는 2014년 5월 29일 본사의 일방적 가맹계약 해지는 부당하다는 것을 재확인한 뒤, 1심에서 인정한 손해배상금 800만 원을 6155만여 원으로 올려 지급하라는 판결을 내렸다. 다만 재판부는 김씨의 정신적 고통에 따른 손해배상은 인정하지 않았다. 같은 해 9월 26일 대법원 1부(주심 고영한)가 김씨의 승소를 확정했다.

김도준 변호사는 2심 재판부가 가맹점의 영업 손실을 폭넓게 인정한 점을 지적했다.

"가맹점 본사가 가맹점 주변에 새로운 매장을 내는 '보복 출점'을 할 때 그동안 이에 대한 손해배상을 인정받기가 힘들었다. 법원이 가맹점 영업 지역 침해와 매출 하락의 인과관계를 인정하는 데 소극적이었는데, 2심에서 그나마 많이 인정돼 의미가 있다."

김씨는 2015년 4월 가맹점 계약 갱신을 앞두고 있다. 주변에 있던 같은 본사의 새 매장도 아직 철수하지 않은 상태다. 김씨는 "대법원까지 가는 동안 정나미가 다 떨어졌지만, 몇 년을 이렇게 버텼는데…"라고 말을 흐렸다. 아직 끝나지 않았다.

심사위원 20자평

김성진 | '갑질'도 계약서 안에서 정도껏 해야

오정진 | '법대로'가 때로 약자에게도 힘이 되어준답니다

문병효 | 갑을 관계의 잔혹함. 최소한의 경고를 보낸 판결

- 서울 명동의 화장품 매장 모습. 공정거래위원회는 2014년 3월 화장품 가맹본부에 가맹점을 모집하면서 정보공개서를 제공하지 않았다며 시정 명령 및 과징금 부과를 결정한 바 있다. 사진 한겨레

대법원 2014.09.26. 선고 2014다215710 [가맹계약 해지확인 등],

2014다215727 판결 [손해배상]

1부 주심 고영한

다시 시작된
건강보험 공격

—

• 두 차례 '건강보험 당연지정제' 위헌 소송에 대해 모두 합헌 결정…
• 일부 의사들 2014년 6월 세 번째 헌법소원 내

끝났으나 끝나지 않았다. 의료가 돈벌이 영역으로 활짝 열리는 날에야 끝날 일인지도 모른다. '올해의 좋은 판결'을 뒤집으려는 시대의 흐름은 집요하고 끈질기다.

헌법재판소가 일단 '한 번 더' 문지기 역할을 했다. 2014년 4월 24일 국내 모든 의료기관이 국민건강보험 가입 환자를 의무적으로 진료하도록 한 '건강보험 당연지정제'(국민건강보험법 제42조 1항)를 합헌이라고 확인했다.

대한의사협회가 주도한 이번 위헌 소송은 의사 2명의 이름으로 2012년 제기됐다. 청구인들은 해당 조항이 의료기관 개설자에겐 직업 수행의 자유와 평등권을, 의료 소비자에겐 자기결정권을 침해한다고 주장했다. 사유재산인 의료 시설의 수익이 제한되고, 낮은 수준의 요양급여 비용을 받을 수밖에 없으며, 의료기관 시설 차이와 관계없이 동일하게 취급된다고 했다. 쉽게 말해 자유롭게 돈 벌 권리를 법이 가로막고 있다는 뜻이다.

2년 만에 헌법재판소는 재판관 전원 일치로 기각했다. "(당연지정제는) 의료 보장 체계의 기능 확보 및 국민의 의료보험 수급권 보장이라는 정당한 입법 목적을 달성하기 위한 적정한 수단"이라고 강조했다. 돈 벌 권리보다 국민의 건강권을 우선시한 판단이었다.

위헌 결정이 났다면 A(72세·여)씨는 악몽보다 더한 현실에서 절룩이고 있을 것이다. 의료기관은 건강보험 적용을 거부할 수 있다. 진료비도 건강보험 체계에 구애받지 않고 정할 수 있다. 환자들은 자신을 거부하지 않는 병원을 찾아다녀야 한다. A씨는 골다공증 환자다. 관절에 물이 차는 바람에 다리가 휘어 절면서도 청소 일을 나간다. 차상위 계층(기초생활 수급자 바로 위의 계층)인 그녀는 병원에 들려 가끔 물을 빼고 물리치료를 받으며 푸석해진 뼈를 견디고 있다. 칼슘이 필요하다며 병원이 섭취를 권하는 우유도 한 달 수입 80여 만 원을 쪼개고 아껴야 사먹을 수 있다. 당연지정제가 폐지되면 전 국민이 보험료를 내고 전 국민이 동등한 혜택을 받는 국민건강보험 제도는 무너지고 만다.

"그나마 건강보험 덕분에 병원을 다녀요. 건강보험마저 안 통하면 이 다리를 끌고 어느 병원을 찾아다니겠어요."

제도를 무력화하려는 움직임은 헌법재판소 결정에도 그치지 않는다. 의사와 의료 사업자의 집요한 '헌법소원 투쟁'은 최소 12년을 훌쩍 넘는다. 벌써 두 번째 합헌 결정이다.

2002년 1차 결정이 있었다. 헌법재판소는 "의료보험 시행이 인간의 존엄성 실현과 인간다운 생활 보장을 위해 헌법상 부여된 국가의 사회보장 의무의 일환"이라며 합헌을 분명히 했다. 2008년엔 '헌법재판소도 (2002년 결정 당시) 민간 의료기관에 당연지정제를 강제 적용하는 것의 비효율성을 인정하고 있다'며 대한의사협회가 논란을 재점화 하려 하자, 헌법재판소가 반박에 나서기도 했다. 이명박 대통령 직인수위원회의 '당연지정제 대안 모색' 움직임도 분위기를 띄웠다.

2014년 6월 의사들은 세 번째 헌법소원을 냈다. 전 대한의사협회 이사가 주도하고 의사 11명이 나섰다. 두 달 전 결정을 고려해 전략도 수정했다. '당연지정제 폐지가 아닌 제도에 따른 의료기관의 손실 보상'에 초점을 맞췄다. 이번엔 병원의 손실을 보상해달라는 것.

박근혜 정부의 의료민영화 및 영리병원 도입 방침이 휘발유가 되고 있다. 영리를 목적으로 하는 병원의 존재는 건강보험 당연지정제와 양립하기 어렵다. 낙하산(박정희대통령기념재단 이사) 논란 속에 임명된 국민건강보험공단 이사장도 대한병원협회장 출신으로 영리병원 도입을 주장해왔다. 의료를 정체된 경제성장의 출구로 여기는 한 건강보험 체계를 흔드는 위협도 끝나지 않을 것이다.

– 보건의료노조 조합원들이 2014년 6월 24일 서울역 광장에서 '의료민영화 저지' 대형 펼침막을 들고 총파업 결의대회를 열고 있다. 사진 김태형

헌법재판소 2014.04.24. 선고 2012헌마865 결정

[국민건강보험법 제40조 1항 위헌확인]

2014년 올해의 판결
나쁜 판결

- 국정원장 공직선거법 위반 혐의 무죄 선고
- 쌍용차 정리해고 적법하다고 본 판결
- 2009년 철도노조 파업이 업무방해죄에 해당한다는 판결
- 공무원 집단행위, 교원 정치 활동 금지 합헌 결정
- 긴급조치가 위헌이라도 당시 수사·재판은 불법 아니라고 본 판결
- 청소년 대상 온라인게임 '셧다운제' 합헌
- 베팅 한도 넘긴 고객의 거액 손실에 대해 강원랜드에 책임 없다고 한 판결

"판사가 대선 개입 사실을
애써 외면"

—

- "정치 개입은 맞지만 대선 개입은 아니다"
원세훈 전 국정원장 1심 선고…
- 국정원 댓글 활동 제보자 김상욱 "개인의 일탈이라는 주장은
국정원이 무능한 조직이라는 것"

"정치적 판결이죠."

그는 그렇게 보는 이유를 덧붙였다.

"국정원이 2012년 대통령 선거 직전까지 (여당 후보를 지지하고 야당
후보를 비방하는) 댓글과 트위터를 달았습니다. 그 행위의 최종 목적
이 무엇인지 삼척동자도 아는 거 아닙니까? 이게 선거 개입이 아니
라는 판결은 말이 안 됩니다."

2014년 12월 10일 만난 김상욱(51세) 씨는 국정원의 대선 여론 조
작 댓글 활동 등을 국정원 담장 밖으로 끄집어낸 제보자다. 국정원에
서 부이사관(3급)까지 지내다 2009년 퇴직한 전직 국정원 직원이다.

하지만 2014년 9월 11일, 서울중앙지방법원 형사21부(재판장 이범균)는 2012년 대선 개입을 지시한 혐의 등으로 기소된 원세훈 전 국정원장에 대한 1심 선고에서, '정치 개입은 맞지만(국가정보원법 위반은 유죄), 대선 개입은 아니다(공직선거법 위반은 무죄)'라는 판결을 내렸다. 징역 2년 6월에 집행유예 4년, 자격정지 3년을 선고했다.

올해의 판결 심사에서 심사위원 모두가 이 판결을 '나쁜 판결'로 뽑았다. 당시 재판부는 "'원 전 원장의 지시로 국정원이 정부와 여당 정치인을 찬양하고 야당 정치인을 원색적으로 비방하며 정치에 불법적으로 관여했으며, 민주주의 근간을 뒤흔들 정도로 죄가 무겁다"며 국정원의 정치 개입의 심각성을 지적했다. 그러면서도 '대선 개입은 무죄'라는 결론에 이르렀다. 이러한 재판부의 논리에 대해 김상욱 씨는 "판사가 (대선 개입 사실을) 애써 외면한 것"이라고 했다.

외면을 했다?

진실은 하나다. 재판부도 불법적으로 정치에 관여했다고 말하지 않았나. 정당이 정권 획득을 위해 겨루는 게 대선이다. 정당의 정치 행위의 핵심이 대선인데, 국정원이 정치에 관여했다면서 선거 개입을 하지 않았다고 (별개 문제로) 구분한 것은 맞지 않다.

원 전 원장이 '박근혜 후보를 도우라'고 지시하지 않았기 때문에 박후보를 당선시키려는 목적성이 뚜렷하지 않다는 게 선거 개입을 무죄로 본 재판부의 첫 번째 논리였다.

정치 개입 댓글·트위터 글이 작성된 첫 번째 요인은 원장(원세훈)이 국정원을 국가 정보기관, 국가 보위 기관이 아니라 정권 보위 기관으로 생각했기 때문이다. (원 전 원장이 직원들에게 전달한) '원장님 지시·강조 말씀'을 보면, 그건 새누리당 정권이 선거를 통한 심판을 받지 않게 해서 계속 가도록 만들자는 뜻이다. 2012년 대선 당시 유력 후보는 두 사람(박근혜와 문재인)이었다. (원장이 누구를 도우라는 건지) 다 알고 있는 것이다. 이름(박근혜)을 거명하지 않았다고 범죄가 아니냐?

(김씨의 말처럼, 원 전 원장은 '지시·강조 말씀'에서 "야당이 되지 않는 소리를 하면 강에 처넣어야" 한다거나, "인터넷을 종북 좌파 세력이 점령하고 있는데, 인터넷을 청소한다는 생각으로 일하라"고 지시했다. 1심 재판부도 "국정원 심리정보국의 게시글을 보면 원 전 원장이 지목한 정치적 쟁점이 빠짐없이 게재됐다"고 인정했다.)

재판부는 국정원 심리전단의 트위터 글 개수가 대선에 임박할수록 줄어든 것을 볼 때 박후보를 당선시키려는 계획성과 능동성이 보이지 않는다고 밝혔는데.

그건 2012년 12월 11일에 (정치 개입 관련 글을 작성한) 국정원 직원 김하영 씨의 위치가 알려진 뒤 국정원이 증거를 인멸하면서 (대선 직전에) 트위터 글 등이 없어진 거다. 그리고 (정치 개입) 글은 한 건이라도 있으면 안 되는 것 아닌가. 국정원 직원들은 '오늘 할 일과 오늘 한 일'을 보고해야 하는데, 계획성이 없다는 것은 말이 안 된다. 트위터 글 등을 작성한 국정원 직원이 단순한 타자수였나? 그게 무슨 의미(정치 개입)인 줄 알고 작성한 건데 뭐가 능동성이 보이지 않는다는 건가?

원장 지시가 아니라 직원 개인의 일탈이라는 주장은 어떻게 보나.

국정원 특성상 절대 그럴 수 없다. 오히려 그런 말은 국정원 직원들이 나가 놀면서 트위터 하고 댓글이나 다는 무능한 조직으로 만드는 거다.

재판부는 국정원의 사이버 활동은 대선 기간 훨씬 이전부터 해왔기 때문에

선거 시기에 이를 반복한다고 해서 선거운동으로 전환했다고 볼 수 없다는 논리도 폈다.

(트위터 글 등을 작성한) 국정원 심리정보국이 선거를 위한 조직이 아니라는 논리인 것 같은데, 국정원이 기존 대북 심리전단을 심리정보국으로 확대 개편한 때가 2011년 말이다. 대선이 2012년 12월인데, 그럼, 한 달 전인 2012년 11월부터 선거운동을 하겠나? 이미 정당들은 1년여 전부터 사실상 선거 체제로 들어간 상태였다. 국정원은 2011년 말에 심리정보국으로 확대 개편한 것은 명목상 '종북 좌파 세력 척결' 때문이라고 말하겠지만 활동 내용은 정치 관여였고 선거 개입이었다.

직원들은 왜 정치 개입 사이버 활동을 멈추지 못했을까.

조직 생리상 (개인이 거부하는 것은) 가능하지 않다. 국정원 직원들은 높은 경쟁률을 뚫고 국가 최고 정보기관에 들어와 자부심을 갖고 일해왔는데, (위의 지시로) 댓글이나 다는 것에 자괴감이 들었을 것이다. 직원들도 (조직의 지시를 따르는) 직장 윤리와 민주 사회 가치와의 충돌을 겪게 되는데, (정치 개입 활동을) 국정원의 담장을 넘어 알려지게 한 것이 내부 직원들이 할 수 있는 최대치였다고 본다. 그래서 나 같은 사람에게 (불법적인 활동을) 말해준 것 아닌가.

원 전 원장이 정치 개입 유죄 부분도 인정할 수 없다며 항소했다.

직원들에게 책임을 전가하고 있다. '직원들은 용서해달라'는 모습마저 보이지 않는다. 그 사람(원세훈)이 잠깐 원장을 했다고 국정원 출신이라고 하면 난 국정원 출신이었다고 말하고 싶지 않다. (원 전 원장과) 같은 국정원 배지를 달고 싶지 않다.

박근혜 대통령은 국정원의 선거 개입 여부가 '나와 무관하다'는 태도를 보여왔다.

(대통령 직속 기관의) 정치 관여 행위이니 대통령이 단호히 (불법을) 끊고 새 출발을 하겠다는 의지를 보였어야 했다. 대통령 임기는 5년이지만 대한민국은 계속 (앞으로) 가야 하지 않나.

대법원은 2014년 12월 3일, 이번 1심 판결을 두고 "법치주의는 죽었다"고 비판한 김동진 수원지방법원 부장판사에게 정직 2개월의 징계를 가했다. 제보자 김상욱 씨는 대선 여론 조작을 세상에 알린 뒤 국정원의 고발로 법정 싸움을 벌여왔다. 국정원은 김상욱 씨가 전직 직원이긴 해도 댓글 활동 등 국정원의 내부 정보를 국정원장 허가 없이 당시 민주당에 유출했다며 국가정보원법 위반 혐의 등으로 그를 고발했다. 2014년 7월 2심 재판부는 김씨에게 벌금 200만 원을 선고한 원심을 깨고 관련 혐의에 대해 모두 무죄를 선고했다.

새누리당은 김씨가 2012년 총선에서 민주당 예비후보로 등록(공천은 받지 못함)한 전력 등을 들어 "국정원 정보를 제보하고 공직을 얻으려는 매관 매직 시도"라고 공격해왔다. 하지만 참여연대는 2014년 12월 8일 "외부 감시와 통제가 거의 불가능한 국정원의 대선 개입 사건을 드러냈다"며 올해의 의인상 6명 중 한 사람으로 김씨를 선정했다. 그는 "잘못된 것을 잘못했다고 얘기한 것"이라며 "국정원 직원들이 입을 닫고 지내지만 나와 비슷한 생각을 가진 사람이 많을 것"이라고 했다.

심사위원 20자평

김성진 | '창조 경제'만큼이나 창조적인 판결

문병효 | 정해진 결론, 놀라운 판결, 실증주의 법 해석의 전형!

박 진 | 돌아갈 수 없는 사법부에 대한 불신의 루비콘강

오정진 | 충정 어린 일꾼은 그리 보살핌을 받는군요

이광수 | 그건 아니올시다

정남순 | 선거운동을 금지하고 있는 국가정보원법은 위반했으나 선거운동을 금지하고 있는 공직선거법 위반은 아니다?

하태훈 | 대선 때 정치 관여가 선거 개입은 아니라는 재판부 상식은 어느 나라 상식일까

− 국정원의 대선 여론 조작 댓글 활동 등을 제보한 뒤 국정원 내부 정보를 유출한 혐의
등으로 기소된 국정원 전 직원 김상욱 씨가 2014년 2월 1심 선고가 이뤄진 뒤 기자들
의 질문을 받고 있다. 김씨는 1심에서 공직선거법 위반 혐의 무죄, 국가정보원법 위
반 혐의 등에 대해선 벌금 200만 원을 선고받았지만, 2심에선 모두 무죄를 선고받았
다. 사진 김성광

— 원세훈 전 국정원장이 2014년 9월, 대선 개입 혐의는 무죄, 정치 개입 혐의에 대해선 유죄를 인정한 1심 선고가 나오자 항소할 뜻을 밝히고 있다. 사진 신소영

서울중앙지방법원 2014.09.11. 선고 2013고합577,

2013고합1060 판결 [공직선거법 위반, 국가정보원법 위반]

형사21부 재판장 이범균

오매불망
하루 2000배의 화답이

—

• "2009년 쌍용차 정리해고는 정당" 판결…
• 기업의 정리해고에는 '이보다 더 좋을 수 없는' 판결

한 달 만이다. 김정운 금속노조 쌍용자동차지부 수석부위원장은 12월 11일 서울 서초동 대법원을 다시 찾았다. 2014년 11월 13일 "쌍용차 해고노동자들에게 대못을 박았던 바로 그 대법원"이다. '공정한 판결'을 요구하며 열흘 가까이 하루 2000배씩 올렸던 그곳이다. 경기도 평택에서 대법원까지 가는 길이 썩 내키지 않았다. 뻔한 답이 예상됐기 때문이다. 이번에는 대법관이 주문을 읽는 데 10초도 걸리지 않았다.

"한상균 외 9명의 해고 무효소송, 상고를 기각한다."

김수석부위원장은 2009년 정리해고 투쟁 당시에 노조 간부로서 파업을 주도한 혐의로 구속됐다가 징계 해고됐다.

기대가 없었으니, 실망도 없었다. 다만 "평택에서 왔다 갔다 한 시간과 차비가 아까울 뿐"이다. 그나마 판결을 귀로 확인하는 시간도 한 달 전보다 짧아졌다.

"노석주 외 152명의 해고 무효소송, 원심을 파기하고 사건을 서울고등법원으로 파기 환송한다."

그땐 20초 남짓은 걸렸다. 11월 13일 그날 대법원 3부(주심 박보영)는 "2009년 정리해고는 정당했다"고 판단했었다. 6년 동안 계속된 해고 노동자들의 질긴 싸움이 시작됐던 뿌리 자체를 흔드는 판결이었다. 재판부는 "회사가 해고 회피 노력을 다하지 않은 것으로 보기 어렵다" "특별한 사정이 없는 한 경영자의 판단을 존중해야 한다" 등 회사 쪽의 주장을 거의 모두 받아들였다.

근로기준법 제24조(경영상 이유에 의한 해고의 제한)에는 정리해고 요건이 이렇게 나와 있다:

긴박한 경영상의 필요가 있어야 하고, 회사는 해고를 회피하기 위한 노력을 다해야 하고, 합리적이고 공정한 해고 기준을 정해, 해고 회피 방법 등에 대해 근로자 대표와 협의해야 한다.

1998년 개정한 근로기준법에 정리해고 절차 규정을 도입하면서 최소한의 '안전장치'로 심어둔 요건이다. 하지만 대법원은 쌍용차 판결에서 이 요건을 상당히 완화해 해석했다.

"법원이 예전엔 기업이 도산을 피하기 위한 예외적인 경우에만 정리해고를 허용한다는 '도산회피설'을 기준 삼아 판결했지만, 콜텍 정리해고 무효소송에서도 '미래에 다가올 경영상 위기를 이유로 정리 해고할 수 있다'고 판결하는 등 판결이 보수화되고 있다."(2014년 11월 17일 '쌍용차 정리해고에 대한 대법원 판결 관련 긴급좌담회')

쌍용차 해고 노동자들의 변론을 맡았던 김태욱 변호사의 해석이다.

실제로 쌍용차 판결에 앞서 최근 대법원은 "기업의 전체 경영 실적이 흑자를 기록하더라도 일부 사업 부분이 경영 악화를 겪고 있으면 잉여 인력 감축이 불합리하다고 볼 수 없다"(콜텍 정리해고 사건·2014.06.12. 2014다12843), "기업의 잉여 인력 중 적정 인원이 몇 명인지는 경영 판단의 문제에 속하는 것이므로 특별한 사정이 없는 한 경영자 판단을 존중해야 한다"(동서공업 정리해고 사건·2013.06.13. 2011다60193)는 등의 판결을 잇따라 내놓았다.

민변은 '2014년 최악의 걸림돌 판결'로 대법원의 쌍용차 판결을 뽑았다.

"대법원의 저울은 기업의 정리해고를 쉽게 허용하는 쪽으로 점점 기울어져왔다. 쌍용차 판결은 경영 위기와 경쟁력 강화라는 이름으로 무분별한 정리해고를 하려는 기업들에는 '이보다 더 좋을 수 없는' 판결이었지만, 노동자들에게는 정리해고를 단행하는 기업들을 '웬만해선 막을 수 없게' 만드는 판결이었다."

사법부가 멍석을 깔자, 정부는 기다렸다는 듯 "정규직에 대한 보호가 과도한 수준"(최경환 경제부총리)이라는 등의 발언을 쏟아내며 해고 요건 완화나 해고 절차·요건 등을 담은 가이드라인 제정 작업 등을 저울질하고 있다. '해고는 살인이다, 함께 살자'던 쌍용차 노동자들의 외침이 2015년 거리 곳곳에서 또다시 울려 퍼지게 될지도 모르겠다.

- "해고 노동자에 대한 사법적 살인이다." 2014년 11월 13일 대법원이 "쌍용차 정리해고 는 정당하다"고 판결한 직후 김득중 금속노조 쌍용차지부장이 기자들 앞에서 이야기 하고 있다. 사진 박승화

대법원 2014.11.13. 선고 2014다20875, 2014다20882 판결

[해고무효 확인]

3부 주심 박보영

20년의 진전,
3년 만의 후퇴?

—

- 업무방해죄 적용 '2009년 철도노조 파업'을 유죄 취지로 파기환송…
- 파업을 업무방해죄로 형사 처벌하는 유일한 나라

"근로자는 근로조건의 향상을 위해 자주적인 단결권·단체교섭권 및 단체행동권을 가진다."

헌법 제33조는 파업이 노동자의 기본권이라고 명시하고 있다. 그러나 헌법 조항이 무색할 정도로 파업은 처벌을 피하기 어려웠다. "위력으로써 사람의 업무를 방해한 자는 5년 이하의 징역 또는 1500만 원 이하의 벌금에 처한다"는 형법 제314조 업무방해죄 때문이다.

1991년 파업을 업무방해죄로 처벌한 첫 대법원 판결(90도2852 등)이 나온 뒤 '파업=업무방해' 공식이 성립됐다. 다만 법원은 파업의 주체, 목적, 절차, 수단과 방법이 '정당'한 경우에는 예외적으로 처벌하지 않는다고 밝혔다. 문제는 정당한 파업으로 인정받기가 쉽지 않았다는 점이다. 가장 논란이 된 건 파업의 '목적'이었다. 법은 임금·근로시간·복지 같은 근로조건 개선을 내건 파업만 목적의 정당성이 있다고 봤다. 정리해고나 정부 정책에 반대하는 파업은 목적의 정당성이 없다고 판단했다.

2010년 헌법재판소는 파업이 "헌법상 기본권이므로 원칙적으로 불법이 아니다"라는 결정을 내렸다. 2011년 대법원 전원합의체도 "파

파업에 대한 업무방해죄 적용 기준

	파업은 업무방해?	어떤 경우에 업무방해죄가 적용되나?
1991년 등 기존 대법원 판결	원칙적으로 업무방해다	파업의 주체, 목적, 절차, 수단과 방법이 정당하면 적용하지 않는다
2010년 헌법재판소 결정	헌법상 기본권이므로 원칙적으로 불법이 아니다	
2011년 대법원 전원합의체 판결	원칙적으로 업무방해가 아니다	1. 사용자가 예측할 수 없는 시기에 전격적으로 이뤄진 경우 2. 심대한 혼란 또는 막대한 손해를 초래한 경우
2014년 대법원 판결		1. 파업을 예고했어도 부당한 목적을 위해 실제로 하리라고 예측할 수 없는 경우 2. 심대한 혼란 또는 막대한 손해를 초래할 위험이 있는 경우

업은 원칙적으로 불법이 아니다"라며 기존 판례를 뒤집었다. 목적이 정당하지 않아도 '사용자가 예측할 수 없는 시기에 전격적'(전격성)으로 이루어져 '심대한 혼란이나 막대한 손해를 초래한 경우'(막대한 손해)에만 예외적으로 업무방해죄를 적용한다고 기준을 좁힌 것이다. 어떤 경우가 예측 불가능한지, 얼마나 피해를 입어야 막대한 손해인지 여전히 과제는 남았지만 '불법 파업'을 업무방해죄로 처벌해오던 관행에 제동을 걸었다.

그러나 20년 만의 진전은 3년 만에 뒤집혔다. 2014년 8월 20일에도과 8월 26일 세 차례에 걸쳐 대법원은 까다롭게 해석했던 업무방해죄 적용 기준을 다시 넓혀 '2009년 철도노조 파업'을 유죄 취지로 파기 환송했다. 가장 극적으로 유무죄가 바뀐 사건은 8월 26일 선고된 철도노조 간부 9명에 대한 판결이었다.

2011년 2월 1심 재판부인 대구지방법원은 철도노조 간부들에게 업무방해죄를 인정해 100만~300만 원의 벌금형을 선고했다. 2009년 철도노조의 순환파업(11월 5일~7일)과 전면파업(11월 26일~12월 3일)이 '공기업 선진화 반대' 등을 요구했으므로 기존 판례대로 '불법 파업'이라고 봤다. 2012년 12월 대구지방법원 2심 재판부는 2011년 대법원 전원합의체 판결에 따라 무죄를 선고한다.

하지만 2014년 8월 26일 대법원 3부(주심 박보영)는 "한국철도공사(코레일)로서는 철도노조가 부당한 목적을 위해 순환파업과 전면파업을 실제로 강행하리라고는 예측하기 어려웠다"는 이유로, 무죄를 선고한 원심을 파기 환송했다. 한국철도공사가 파업 전에 파업 날짜와 대책을 언급한 내부 문서를 작성하고, 직전에는 보도자료까지 배포해 파업 대비 상황을 알린 것은 인정되지 않았다.

앞서 8월 20일에도 대법원 2부(주심 신영철)는 같은 취지의 판결을 내리면서, 심대한 혼란이나 막대한 손해를 초래할 '위험'만 있어도 업무방해죄가 적용된다고 판단했다. 세계에서 파업을 업무방해죄로 기소해 형사처벌을 하는 나라는 우리가 유일하다.

심사위원 20자평

김성진 | 예고된 파업을 예견할 수 없다? 무슨 논리?

문병효 | 파업은 업무방해를 당연히 수반합니다. 노동 후진국의 전형적 판결!

이광수 | 법원의 시계는 벤자민 버튼의 시계인가?

− 서울 서초동 대법원 대법정에서 2011년 1월 전원합의체 심리가 열리고 있다. 사진 한겨레

대법원 2014.08.20. 선고 2011도468 판결 [업무방해]

2부 주심 신영철

대법원 2014.08.26. 선고 2013도875 판결 [업무방해]

3부 주심 박보영

: 파업의 예측 가능성뿐 아니라 파업의 '목적성' 역시 따져야 전격성 여
부를 판단할 수 있다는 해석

대법원 2014.08.26. 선고 2012도14654 판결 [업무방해]

3부 주심 이인복

판결 이후

2009년 철도노조 파업을 주도했던 김기태 철도노조 위원장은 파
기환송심에서 감형됐다. 서울중앙지방법원 형사항소8부(재판장 황현
찬)는 2015년 1월 30일 업무방해 혐의로 기소된 김위원장의 파기환
송심에서 일부 혐의를 무죄로 보고 징역 1년 6월에 집행유예 2년을
선고했다. 그 뒤 대법원에서 유죄가 확정됐다.

2006년 철도노조 파업 김영훈 민주노총 위원장 사건의 대법원 판
결에 대해선, 2011년 올해의 판결 '노동운동 탄압의 감초인 업무방해
죄를 남용하는 관행에 제동을 건 판결' 참조.

2013년 철도노조 파업 김명환 위원장 사건의 대법원 판결에 대해선, 2017년 올해의 판결 '2013년 철도노조 파업에 업무방해 무죄 판결' 참조.

"미성숙 학생들"?
10년째 미성숙 헌법재판소

—

• 교원노조법상 정치 활동 금지 조항에 '합헌'…
• 헌법재판소가 낸 논집에는
"공무원의 정치적 기본권 확대는 이론의 여지 없다"

2011년 가을, 미국만이 아니라 전 세계를 떠들썩하게 한 월스트리트 점거 농성에는 1퍼센트의 부유층을 제외한 99퍼센트를 대표하는 다양한 얼굴들이 모여들었다. 공립학교 교사들도 그중 한자리를 차지했다. 교사들은 '공교육을 살리자' '우리가 99퍼센트다' 따위의 구호를 적은 피켓을 들고 시위대에 합류했다. 미국교원연맹(AFT)과 전미교육협회(NEA) 같은 교원 단체들은 공식적으로 월스트리트 점거 농성에 연대했다. 교실에서는 '누가 99퍼센트인가' 같은 연계 수업을 진행했다. 집회에서 발언을 하고 교실에서 아이들에게 '정치적' 메시지를 담은 교육을 한 교사들이 그 이유만으로 정부로부터 징계를 받았다는 소식은 외신에 등장하지 않았다.

"공권력 남용으로 민주주의의 보루인 언론·집회·표현·결사의 자유가 심각하게 훼손되고 인권이 유린되고 있다."

"'사교육비 절반, 학교 만족 2배'의 약속은 지켜지지 않고 오히려 무한 입시 경쟁을 부추기는 교육정책이 강화돼 사교육비가 폭증하고 있다."

2009년 여름 전교조가 정부를 비판하며 발표한 '민주주의 수호 교사선언'의 일부다. 한국 정부의 대응은 달랐다. 교육과학기술부는 시국선언에 앞장선 교사들을 민첩히 중징계했다. 성실·복종·품위유지 의무와 집단 행위 금지를 규정한 국가공무원법 조항과 교원노조법상 정치 활동 금지 조항이 징계의 근거였다.

"'일체의' 정치 활동을 금지함으로써 학생을 상대로 한 당파적 선전 교육, 정치 선전만 금지하는 것이 아니라 교원의 경제적·사회적 지위 향상을 위한 정치적 의사 표현의 자유까지 제한하고 있다."

당시 시국선언을 주도했다는 이유로 정직 3개월 처분을 받은 김 모씨 등 전교조 교사 3명이 낸 행정소송에서 서울행정법원은 2011년 2월 헌법재판소에 교원노조법 제3조의 위헌성을 가려달라고 했다. "교원의 노동조합은 일체의 정치 활동을 해서는 안 된다"고 규정한 교원노조법 제3조에 대해 헌법재판소는 이미 2004년 재판관 전원 일치 의견으로 합헌 결정을 내린 바 있다.

헌법재판소는 10년 동안 한 걸음도 진보하지 못한 것으로 보인다. 2014년 8월 28일 헌법재판소는 교원노조법 제3조에 대해 제기한 위헌법률심판 제청 사건에서 재판관 4(기각)대 3(각하)대 2(위헌)의 의견으로 합헌 결정을 냈다. 합헌 결정을 내린 이유는 이렇다.

"미성숙한 학생들에게 교사의 영향력은 매우 크기 때문에, 시국선언 같은 정치적 표현 행위를 한다면 학생들의 인격 형성에 지대한 영향을 미칠 수 있다. 학생들의 교육받을 권리가 중대한 침해를 받을 수 있기 때문에 이 같은 제한이 과도하다고 볼 수 없다."

김이수, 이정미 재판관은 반대 의견을 통해 "국가정책에 대한 공무원 집단의 비판 행위라 하더라도 그것이 국가 전체의 공익을 위한 건전한 비판 행위로서 부분 이익을 꾀하는 파당적 행위라고 볼 수 없는 경우에는 이는 장려되고 보호되어야 한다"고 지적했다.

"공무원의 정치적 기본권이 확대되어야 한다는 당위에 대해서는 이론의 여지가 없다."

전교조와 공무원 노조의 주장이 아니다. 2012년 12월 헌법재판소가 간행한 〈정책개발연구〉 논집에 실린 글 '공무원의 정치적 기본권 연구'의 한 대목이다. 이 간명한 당위를 인정하면서 '이론'의 여지만을 밀어붙인 것은 자기기만이다. 헌법재판소야말로 '이론의 여지가 없는 당위를 정치 논리로 미뤄 둔 것'이 아닌가.

심사위원 20자평

김성진 | 교원의 정치적 기본권은 제한 없이 제한해도 되는 기본권?
박 진 | 어르신들의 중독성 강한 꼰대질

– 교사를 포함한 공무원의 정치적 기본권은 십수 년째 뜨거운 감자다. 헌법재판소는 2014년 또다시 교사의 정치적 발언은 제한되어야 한다는 취지의 결정을 내렸다. 사진 류우종

헌법재판소 2014.08.28. 선고 2011헌가18, 2011헌바32,

2012헌바185(병합) 결정 [교원노조법 제3조,

국가공무원법 제66조 1항 등 위헌소원 등]

'희대의 악법'이 정당,
말이냐 막걸리냐

—

• "유신 시절 긴급조치 수사·재판 자체는 불법행위 아니다" 판결…
• 점점 국가 범죄에 관대해지는 '최후의 보루'

민간인 학살, 고문과 조작 간첩…. 과거 국가 폭력의 피해자들은 정부의 방치 속에 수십 년간 억울함을 안고 살아왔다. 1999년 김대중 정부가 들어선 뒤에야 여러 과거사 진상 규명 기구가 만들어지면서 그들의 피해가 세상에 드러나기 시작했다. 노무현 정부 때까지 과거사위원회 활동은 이어졌지만, 피해자 명예 회복과 손해배상을 책임질 제도적 장치는 마련되지 못한 채 2010년 '진실·화해를위한 과거사정리위원회'를 끝으로 과거사 진상 규명 활동은 퇴장했다. 피해자들은 또다시 과거사위 결정문을 손에 쥐고 각자 재심과 손해배상을 받기 위해 법원 문을 두드려야 했다.

법원을 통하는 길이 유일한 명예 회복 방법이었다. 하지만 '피해자들에게 지급하는 배상금이 지나치게 많다'는 목소리가 보수 언론을 중심으로 고개를 들기 시작했다. 불완전한 과거사 정리 문제는 뒤로 빠지고 수억, 수십억 원의 배상금을 놓고 왈가왈부했다. 2011년 1월 13일 대법원 민사3부(주심 박시환)는 "과잉 배상 문제"를 언급하며, 아람회 사건 피해자와 간첩 누명을 쓴 납북 어부 유족 등이 받을 지연손해금(이자) 기산 시점을 바꿔(2심 변론이 종결된 날부터 계산) 배상액을 대폭 깎았다(2009다103950 등). 이 여파로 인혁당 재건위 사건 피해자들은 미리 받은 배상금 일부를 반납해야 하는 일까지 벌어졌다.

양승태 대법원장이 취임한 뒤 손해배상을 까다롭게 인정하는 움직임이 거세졌다. 2013년 5월 16일 대법원 전원합의체(주심 박병대)는 진도군 민간인 희생 사건에서, 국가의 불법행위에 대해 손해배상을 청구할 수 있는 기간을, 과거사위 결정이 난 뒤 3년에서 6개월로 대폭 줄이는 판결을 했다(2012다202819). '과거사위 결정이라고 무조건 증거로 삼으면 안 된다'는 판례도 함께 내놓았다. 2014년 3월 13일 대법원 민사3부(주심 민일영)는 민주화보상법(민주화운동 관련자 명예회복 및 보상 등에 관한 법률)에 따라 생활지원금을 받았다면 따로 국가를 상대로 손해배상을 할 필요가 없다고 판단하기도 했다(2012다45603).

이 와중에 2014년 10월 27일 대법원 2부(주심 이상훈)는 "유신정권 시절 긴급조치를 적용한 수사·재판은 그 자체로는 불법행위가 아니어서 손해배상 대상으로 삼을 수 없다"는 판결을 내놓아 시민사회를 '충격'에 빠트렸다. 긴급조치는 '유언비어 날조·유포' 행위를 처벌한 다는 명분으로 영장 없이 체포하고 구금할 수 있게 한 '희대의 악법' 으로 불린다.

하지만 재판부는 "당시 유신헌법은 '긴급조치는 사법적 심사의 대 상이 되지 않는다'고 규정했고, 긴급조치 9호가 위헌·무효임이 (당시 에) 선언되지 않았기 때문에, 긴급조치에 따라 수사를 집행한 것 자 체는 불법행위로 볼 수 없다"고 밝혔다. 고문 등 가혹 행위가 입증돼 야만 국가의 손해배상 책임이 생긴다는 것이다. 대법원이 최근 수년 간 과거사 사건에서 국가 책임을 덜어주는 것도 모자라 이제는 초헌 법적 긴급조치가 정당하다고 선언하기에 이른 것이다.

이번 판결로 앞으로 하급심에서 고문 등 가혹 행위가 있었음을 입 증하기 어려운 피해자들은 배상 대상에서 제외될 가능성이 높아졌 다. 이보다 더 큰 문제는, 인권을 지키는 최후의 보루인 사법부가 점 점 국가 범죄에 관대해지는 것이다.

남아프리카공화국에서 넬슨 만델라와 함께 인종 차별에 저항하다 인권과 평등의 가치를 담은 헌법을 만든 알비 삭스(남아공 헌법재판소 초대 재판관)는 그의 과거사 진실 규명 활동을 담은 저서 〈블루 드레 스〉에서 다음과 같이 말했다.

"판사가 판결로써 국가의 존재 이유를 말하지 않는다면, 판사로서 의 소임을 다하지 못한 것이다."

국가 범죄에 면죄부를 주는 2014년 한국의 사법부가 새겨야 할 말 이다.

문병효 | 나치의 법을 따른 공무원들은 모두 용서받았나?

장완익 | 국가 그 자체가 저지른 폭력이 불법행위가 아니라니!

최은배 | 국가권력이 모두 옳다고 보지 않으셔도 될 텐데

− 2014년 11월 긴급조치 9호 피해자들이 '악법에 따른 수사나 재
판 그 자체는 불법행위가 아니다'라는 대법원 판결에 항의하
고 있다. 이정아 기자

대법원 2014.10.27. 선고 2013다21762 판결 [손해배상]

2부 주심 이상훈

져야만 하는
선수의 탄생

—

- 강제적 셧다운제 인정한 헌법재판소…
- 청소년을 통제하는 '후견 국가'를 법원이 승인한 결정

"통금 제도 부활이다."

강제적 셧다운제 합헌 결정에 대해 이원재 문화연대 문화정책센터 소장은 그렇게 말했다. 그는 "이것은 법률적 판단이 아니라 청소년 보호 이데올로기에 바탕을 둔 판결"이라고 강조했다.

2011년 10월 15일 이날 프로 게이머 이승현 선수는 국제대회 진출 권이 걸린 한국대회 예선 결승에서 시간에 쫓기다가 지고 말았다. 이 날 경기는 외국인 시청자를 배려해 밤 12시가 돼서야 결승전이 열렸 다. 이승현 선수는 결승전 2세트 경기 중 "아, 맞다, 셧다운 당하는데" 라는 글을 남기고 무리한 공격을 해서 패배를 자초했다. 그가 당시

중학교 3학년 선수여서 밤 12시가 지나면 셧다운제로 게임 접속이 강제로 차단되기 때문이다.

당시는 '16세 미만 청소년에게 오전 0시부터 오전 6시까지 인터넷 게임의 제공을 금하는' 청소년보호법 제23조 3항 등이 시행되고 있었다. 이를 위반하면 2년 이하의 징역형 또는 1000만 원 이하의 벌금에 처해진다.

시행되기 전부터 논란이 일었던 이른바 '강제적 셧다운제'에 대해 문화연대와 법무법인 정진 등이 2011년 일부 청소년과 학부모의 위임을 받아 '강제적 셧다운제'가 헌법상 행복추구권, 교육권, 평등권 등을 침해한다는 내용의 위헌 소송을 냈다. 넥슨과 엔씨소프트 같은 게임 회사도 뒤이어 유사한 내용의 위헌 소송을 제기했다.

헌법재판소는 2014년 4월 24일, '강제적 셧다운제'가 헌법에 어긋나지 않는다는 합헌 결정을 내렸다. 재판관 7명이 합헌, 2명이 위헌 의견을 냈다.

"이 사건의 금지 조항은… 우리나라 청소년의 높은 인터넷 게임 이용률, 인터넷 게임에 과몰입하거나 중독될 경우에 나타나는 부정적 결과 및 자발적 중단이 쉽지 않은 인터넷 게임의 특성 등을 고려할 때… 인터넷 게임을 금지하는 것이 과도한 규제라고 보기 어렵다."

이렇게 헌법재판소 결정문은 '과도한 규제'가 아니라고 했지만, 논란은 끊이지 않는다. 우선 청소년의 자기결정권뿐 아니라 부모들의 교육권도 침해했다는 비판이 나온다. 위헌 소송을 낸 청구인들은 "인터넷 게임을 통해 자신의 소질과 취미를 살리고자 하는 청소년의 행동자유권, 프로 게이머 선수로 자아를 실현하려는 청소년의 자유로

운 인격발현권을 침해하고, 부모의 자녀교육권도 침해한다"고 주장했다.

기준도 문제다. 게임 이용 시간의 총량도 아니고 특정 시간대를 정해 금지하는 것이 과연 기준이 되는지 의문이다.

표현의 자유를 규제하기 위한 현재형 판결로 셧다운제 합헌 결정을 보기도 한다. 이원재 소장은 "게임 이전에는 영화, 영화 이전에는 방송을 규제하려 했다"며 "지금은 게임이 가장 '핫한' 문화 콘텐츠여서 국가가 게임을 규제하려 한다"고 말했다. 이렇게 법적 규제를 통해 청소년을 통제하는 '후견 국가'를 법원이 승인한 결정이라는 것이다.

'청소년 보호 산업'의 흥행은 '4대 중독 법안'으로 이어졌다. 게임을 알코올·도박·마약과 함께 4대 중독 물질로 규정하는 '중독 예방 관리 및 치료를 위한 법률안'이 2013년 말에 발의돼 논란이 일었다. 이렇게 끝없이 중독의 영역을 넓혀서 이익을 확장하려는 '치유 산업, 클린 산업'의 이해관계가 이런 법률안 뒤에 숨어 있다.

심사위원 20자평

이광수 | 심야 시간에 청소년보다는 어른들이 훨씬 더 문제임

문병효 | 국가는 밤새도록 청소년을 지켜야 해요? 정작 필요할 때는 못 지켜주고

— 심야 시간대 16살 미만 청소년의 게임 이용을 금지하는 '강제적 셧다운제'가 실효성이 있는지도 의심된다. 실제 적잖은 청소년이 다른 사람의 아이디를 도용할 수 있기 때문이다. 사진 윤운식

헌법재판소 2014.04.24. 선고 2011헌마659, 2011헌마683(병합) 결정

[청소년보호법 제23조의3 등 위헌확인]

어떤 플레이어가 카지노를
이기리

—

• 거액 잃은 남자의 강원랜드 상대 소송, 8년 만에 대법원 판결…
• 8년간 판결은 점점 개인에게 책임 지우는 방향으로 흘러와

개인과 개인 간의 대결이 아니다. 카지노는 개인과 카지노가 벌이는 도박이다. 강원랜드는 외국인 전용 카지노가 아니다. '폐광 지역 살리기'를 목적으로 범죄(국내법은 도박을 범죄로 규정)를 예외적으로 허용한, 국내에서 유일하게 내국인이 출입 가능한 카지노다.

강원랜드에서 거액을 잃은 한 남자가 카지노의 책임을 물으며 소송을 냈다. 2006년 소송을 제기한 때부터 1심 판결(2008년 11월)을 거쳐 대법원 최종심(2014년 8월)이 나올 때까지 8년이 흘렀다. 강원랜드 메인 카지노가 개장(2003년·스몰 카지노는 2000년 오픈)한 지 5년 뒤 서울중앙지방법원 판결이 있었다. 다시 2년 뒤인 2010년 10월 서울고등법원이 2심 판결을 내렸다.

대법원의 마지막 판단은 강원랜드가 정식 개장한 지 11년 만에 나왔다. 강원랜드의 임무와 역할을 강조했던 판결문은 8년이 흐르는 동안 개인에게 전적인 책임을 돌리는 결론으로 바뀌었다. 사회적 책무를 지고 특권적 지위를 누려온 강원랜드를 법이 어떻게 바라보고 해석해왔는지 시각과 논리의 변천을 읽을 수 있다. 우리 사회는 그렇게 흘러가고 있다.

강원랜드엔 'VVIP'룸이 있다. VVIP 고객과 그의 동행자만 입실(6명까지만 가능)할 수 있다. 룸 안엔 메인 바카라 테이블이 1대 있다. 고객은 2억 원 이상을 가져야 게임을 할 수 있다. 회당 베팅 금액은 최소 50만 원부터 최대 1000만 원(일반 영업장은 10만~30만 원)까지다.

강원랜드엔 '병정'(베팅 규정을 피하려는 사람에게 돈을 받고 대리 베팅 해주는 사람을 뜻하는 은어)이 있다. 중소기업 대표 장 모 씨는 도박 중독자였다. 가끔 병정 5명을 고용했다. 자신을 포함한 6명이 1회 6000만 원을 걸었다. 2003년부터 2006년까지 VVIP룸에서 333차례 베팅했다. 모두 231억 원을 잃었다.

아들이 있었다. 강원랜드에 아버지의 출입을 금지해달라고 서면 요청했다. 아들은 이튿날 전화를 걸어 철회했다. 강원랜드는 아버지의 출입을 허용했다. 앞서 강원랜드 직원은 아들이 자진 철회하면 금지가 풀린다고 아버지에게 조언했다.

장씨는 거액을 탕진한 뒤 손해배상 소송을 냈다. 병정을 고용한 초과 베팅을 강원랜드가 알면서 묵인했다고 주장했다. 출입 제한 규정

(서면 요청을 받아 실시하고, 해제할 땐 재심의를 거쳐야 함)을 어겨 고객 보호 의무를 저버렸다고도 했다.

강원랜드는 반박했다. 병정을 고용한 사실을 몰랐다고 했고, 아들의 요청을 받아 출입을 허용했다고 맞섰다. '도박으로 쾌락을 얻으려는 고객의 손해를 카지노가 책임질 의무는 없다'는 논리도 제시했다.

1심과 2심 법원은 원고 일부 승소 판결했다. 대법원은 뒤집었다. "(개인은 행위의) 결과를 다른 사람에게 전가하지 않고 스스로 감수해야 한다는 자기 책임의 원칙"을 강조했다. 법의 추는 강원랜드 주장 쪽으로 기울었다.

카지노엔 시계가 없다. 실내는 주야로 발광發光하고, 도박장은 연중 무휴다. 숙식도 원스톱으로 제공된다. '꽁지꾼'(사채업자)이 공공연히 드나들며 고리대로 돈을 댄다. 붙박아 앉아 도박하도록 만드는 구조다. 카지노는 고객의 돈을 딸 목적으로 운영되는 '도박의 플레이어'다. 또 하나의 플레이어인 셈이다. 베팅 금액과 횟수가 늘어날수록 승률도 높아지도록 카지노는 설계돼 있다.

대법관 13명 중 각각 6명(출입 제한 규정 위반 여부)과 2명(초과 베팅 묵인 여부)이 강원랜드의 '책임 없음'에 손을 들어준 다수 판단에 반대했다.

"카지노 사업자가 이용자의 초과 베팅을 허용하는 것은 사업자가 스스로 베팅 한도액을 초과해 게임에 참여하는 것과 다를 바 없다. 이렇게 취한 이익을 카지노 사업자가 전적으로 보유하도록 용인하는 것은 도박에 관한 우리 법제의 기본 태도나 사회 통념상 도저히 받아들이기 어렵다."

강원랜드는 폐광 뒤 일자리를 잃은 광부와 주민들의 생계를 돕기 위해 옛 광부 사택과 그들 자녀의 초등학교 터에 지어졌다. 전직 광부 중 단 한 명도 강원랜드 정규직이 되지 못했다.

심사위원 20자평

김성진 | 공적 기업의 국민 도박 중독 방조~

오정진 | 누군가의 쾌재 '기어코 도박장에 들어온 걸 어쩌라고'

− 국내에서 유일하게 내국인이 출입 가능한 카지노인 강원랜드(강원도 정선군 사북읍) 내부가 게임을 하러 온 사람들로 북적이고 있다. 사진 이정용

대법원 2014.08.21. 선고 2010다92438 전원합의체 판결

[손해배상]

주심 김소영

2013년 올해의 판결

최고의 판결

- 서울서부지방법원, 성기 형성을 하지 않은 성전환자에게도 성별 정정을 허가한 결정

주목할 판결

- 대법원, 실질적인 부부간에도 강간죄가 성립함을 처음 인정한 판결
- 서울행정법원, 고용노동부가 전교조에 내린 법외 노조 처분의 효력을 정지시킨 판결
- 서울중앙지방법원, 탈북자 출신 서울시 공무원의 간첩 혐의에 무죄를 선고한 판결
- 대법원, 금성출판사 역사 교과서에 대한 교육부의 수정 명령은 부당하다는 판결
- 서울행정법원, 삼성전자 반도체 공장 노동자의 백혈병이 산업재해임을 또다시 인정한 판결
- 서울행정법원, 대형 마트의 영업을 규제하는 지방자치단체 조례는 적법하다는 판결
- 대법원, 연세대는 등록금 인상의 근거 자료를 공개하라는 확정판결
- 서울중앙지방법원, 촛불 집회에 참가한 시민단체는 손해배상 책임이 없다는 판결
- 서울중앙지방법원, 남양유업은 '밀어내기' 피해액을 전액 배상하라는 판결

- 서울행정법원, 취업 허가 없이 일한 난민 신청자에게 내려진 강제 퇴거 명령을 취소한 판결

문제적 판결

- 대법원, 삼성 떡값 검사의 명단을 폭로한 노회찬 전 의원에게 유죄 확정한 판결
- 서울행정법원, KT의 세계 7대 자연경관 선정 의혹을 폭로한 공익 신고자에게 보호조치를 내린 것은 부당하다는 판결
- 헌법재판소, 일반투표의 투표 시간을 오후 6시로 제한하는 공직선거법 조항은 합헌이라는 결정
- 대법원, 집단 괴롭힘을 당하다 자살한 성소수자 학생 사건에서 학교의 책임을 인정한 원심을 파기한 판결
- 대법원, 키코(KIKO)가 환헤지에 적합한 상품이라며 은행의 손을 들어준 전원 일치 판결
- 대법원, 청년유니온의 플래시몹 행사는 집시법 대상이라는 판결
- 대법원, 김형근 전교조 교사의 국가보안법 위반 혐의에 무죄 선고한 원심을 파기한 판결

2012년 올해의 판결

최고의 판결

- 헌법재판소, 인터넷실명제는 위헌이라는 전원 일치 결정

올해의 판결

- 대법원, 일제 강제징용 피해자들에 대한 일본 기업의 배상 책임을 인정한 판결
- 대법원, 베트남 이주노동자들의 파업에 적용된 업무방해 혐의는 무죄라는 판결

- 대법원, 검찰이 용산 참사 철거민에게 수사 기록을 공개하지 않은 것은 위법이라며 국가가 배상하라는 확정판결
- 대법원, 현대차의 사내 하청은 불법파견임을 다시 확인한 확정판결
- 서울고등법원, 수사기관의 요청만으로 인터넷 포털 업체가 개인의 통신 자료를 넘기는 관행에 제동을 건 판결
- 서울중앙지방법원, 기간을 정하지 않고 무제한적으로 전자우편을 압수수색 한 것은 위법하다며 국가가 배상하라는 판결
- 서울중앙지방법원, 1979년 신민당사 점거 농성한 YH무역 농성자들에게 국가가 배상하라는 판결
- 서울행정법원, 재능교육 학습지 교사를 노동조합법상의 노동자로 인정한 판결
- 서울서부지방법원, 김승연 한화그룹 회장에게 실형을 선고하고 법정 구속한 판결
- 제주지방법원, 불법 포획되어 쇼에 동원된 돌고래를 몰수한 판결
- 심사위원들이 지나칠 수 없었던, 의미 크지만 아쉽게 떨어진 판결

2011년 올해의 판결

최고의 판결

- 헌법재판소, 위안부 피해 할머니들의 청구권 문제를 외면해온 정부의 행위는 기본권을 침해한 것으로 위헌이라는 결정

노동 부문

- 대법원, 근로계약에 갱신 규정이 없더라도 갱신 기대권을 인정받을 수 있다는 판결
- 대법원, 노동운동 탄압의 감초인 업무방해죄를 남용하는 관행에 제동을 건

판결

집회의 자유 부문

- 헌법재판소, 서울광장 차벽은 일반적 행동 자유권을 침해한 것으로 위헌이라는 결정
- 서울행정법원, 유령 집회로 집회의 자유를 제한해서는 안 된다는 판결

표현의 자유 부문

- 서울고등법원, 삼성 X파일 떡값 검사의 명단을 공개한 노회찬 전 의원의 행위는 공익성이 인정되므로 손해배상 책임이 없다는 판결

국가 상대 소송 부문

- 대법원, 울산 국민보도연맹 사건에서 국가권력의 소멸 시효는 없다며 국가의 배상 책임을 인정한 판결

형사·사법 부문

- 대법원, 박정희 정권을 보위하고 기본권을 탄압한 '긴급조치 제1호'는 위헌이라는 판결

환경 부문

- 수원지방법원, 4대강 사업 앞에서 삶터를 지키려는 팔당 유기농 농민들의 손을 들어준 판결

여성 부문

- 대법원, 여성 회원이 총회원이 되는 것을 제한한 것은 성차별이므로 서울 YMCA가 배상하라는 판결

행정 부문

- 서울고등법원, 독립운동가에게 유죄 선고한 판사를 친일 반민족 행위자로 인정한 판결

소수자 인권 부문

- 청주지방법원, 반복 처벌받는 '양심적 예비군 훈련 거부자'에게 실형 대신 벌금형을 선고한 판결
- 서울고등법원, 동성애를 다룬 영화 〈친구 사이?〉에 '청소년관람불가' 등급을 매긴 영등위의 결정을 취소한 판결

경제 정의 부문

- 대법원, 임대주택 분양 전환가를 높게 매기면서 건설 원가 자료를 공개하지 않은 LH공사에게 제동을 건 판결

생활 속의 권리 부문

- 대구고등법원, 부양 의무자가 있어도 실제 부양받지 못하는 이들의 기초생활수급권을 인정한 판결

2010년 올해의 판결

최고의 판결

- 서울중앙지방법원/서울고등법원, 〈PD수첩〉의 광우병 쇠고기 보도에 무죄를 선고한 판결

디딤돌 판결

- 대법원, 현대차의 사내 하청 노동자도 2년 이상 근무하면 직접 고용된 것으로 간주해야 한다는 파기환송 판결
- 서울남부지방법원, 교원 노조 가입 현황 자료는 민감한 정보이므로 보호돼야 한다는 판결
- 대법원, 납품 업체를 속여 부품 단가를 깎은 대기업에게 하급심보다 더 엄격한 잣대를 댄 판결

- 서울고등법원, 발암 우려 물질이 들어간 생수를 판매한 업체의 이름을 공개하라는 판결
- 서울중앙지방법원, 검찰이 용산 참사 철거민에게 수사 기록을 공개하지 않은 것은 위법이라며 국가가 배상하라는 판결
- 대법원, 성(姓)과 본(本)의 변경을 당사자의 복리 차원에서 허가한 판결
- 창원지방법원, 특수목적고 출신 지원자를 우대한 고려대에게 배상 책임을 물은 판결
- 서울고등법원, 환경영향평가 절차의 중요성을 강조한 판결
- 서울고등법원/대법원, 촛불 집회에 참여했다는 이유로 정부가 보조금 지급을 중단한 것은 위법하다는 판결

최악의 판결

- 서울행정법원, 군대 내 불온서적 지정은 위헌이라며 헌법소원 냈다는 이유로 군법무관들을 징계한 것은 적법하다는 판결
- 헌법재판소, 국방부가 불온서적 지정한 것은 합헌이라는 결정

걸림돌 판결

- 서울행정법원, 전국공무원노동조합의 노조 설립 신고를 반려한 고용노동부의 처분은 정당하다는 판결
- 서울행정법원, 청년유니온의 노조 설립 신고를 반려한 고용노동부의 처분은 정당하다는 판결
- 의정부지방법원, 기무사의 민간인 사찰 현장을 잡아 카메라를 뺏은 행위에 강도상해죄를 적용한 판결
- 서울행정법원, 공안 사범 자료 등을 공개하지 않은 경찰의 처분이 적합하다는 판결

- 대법원, 조사 과정에서 변호인의 참여권을 제한한 것은 위법이라는 원심을 파기한 판결

- 대법원, 집회 주최 측이 집회로 인한 손해액 전체를 배상하라고 파기환송한 판결

- 헌법재판소, 국회 앞에서의 집회를 금지하는 집시법 조항은 합헌이라는 결정

- 서울행정법원, 일제강점기에 독립운동가에게 실형 선고한 판사를 친일 반민족 행위자로 볼 수 없다는 판결

- 서울행정법원, 4대강 사업에 대한 집행정지 신청을 기각한 판결

2009년 올해의 판결

최고의 판결

- 서울중앙지방법원, 야간 옥외 집회 참가자에게 무죄 선고한 판결

집회와 표현의 자유 부문

- 서울중앙지방법원, '미네르바'에게 무죄를 선고한 판결

- 대법원, 삼보일배 행진은 합법적인 시위 방식이라는 판결

국가 상대 소송 부문

- 서울행정법원, 검역에서 불합격 판정을 받은 미국산 쇠고기의 작업장을 공개하라는 판결

- 서울고등법원, 병사의 자살 이유를 허위로 알린 경우 소멸 시효가 다했더라도 국가가 책임져야 한다는 판결

여성·가족 부문

- 헌법재판소, 혼인빙자간음죄는 위헌이라는 결정

노동 부문

- 인천지방법원, '긴박한 경영상의 필요'라는 해고의 요건을 엄격하게 따져볼 때 콜트악기의 해고는 부당하다는 판결

형사·사법 부문

- 대법원, 압수수색 영장을 집행하는 데 엄격하고 구체적인 기준을 제시한 판결

경제 정의 부문

- 서울고등법원, 조합원 부담금의 구체적 산정 기준을 제시하지 않은 재개발 조합 설립은 무효라는 판결
- 서울고등법원, 시장금리가 하락했는데 대출금리는 기존대로 유지한 은행의 불공정 행위에 책임을 물은 판결

생활 속의 권리 부문

- 헌법재판소, 교통사고 처리 특례법의 종합보험 가입자 면책 조항은 위헌이라는 결정
- 서울동부지방법원, 출입 제한이 요청된 도박 중독자를 출입시킨 강원랜드에게 손해배상 책임을 물은 판결

2008년 올해의 판결

최고의 판결

- 대법원, 법 개정 전의 불법파견도 2년을 넘기면 원청 업체가 직접 고용한 것으로 간주한다는 판결

소수자 보호 부문

- 대법원, 난민 신청자에게 요건과 증명 책임을 완화해준 판결
- 헌법재판소, 시각장애인 안마사 독점권은 합헌이라는 결정

집회와 표현의 자유 부문

- 대법원, 금지 통보를 받은 집회라도 상경하려던 농민을 원천 봉쇄한 것은 불법이라는 판결

- 헌법재판소, 접수 순위를 정하기 어렵다는 이유로 집회신고서를 반려한 경찰의 관행은 위헌이라는 결정

행정 부문

- 서울행정법원, 사면심사위원회 위원의 명단과 약력을 공개하라는 판결

여성 부문

- 대법원, 직장에서 성희롱한 지점장을 해고한 것은 정당하다는 판결

노동 부문

- 대법원, 요양 승인 기다리다 뒤늦게 휴업급여를 신청한 경우 시효 소멸을 적용해서는 안 된다는 판결

가족·가사 부문

- 서울서부지방법원, 회복 불가능한 환자가 요구할 경우 인공호흡기를 제거하라는 '존엄사' 판결

- 대법원, 친권과 양육권은 아이의 복리를 우선적으로 고려해 결정하라는 판결

형사·사법 부문

- 대법원, 조사 과정에서 변호인의 참여권을 제한한 것은 위법이라는 판결

손해배상 부문

- 대법원, 폭설로 고속도로에 고립된 피해자에게 한국도로공사가 배상하라는 판결

- 대법원, 성매매 밀집 지역의 화재로 질식사한 것에 대해 국가와 지방자치단체가 배상하라는 판결

경제 정의 부문

- 대법원, 자금 차입에 의한 기업 인수(LBO 방식)는 불법이라는 판결
- 서울고등법원, 하청 업자에게 미분양 아파트를 떠넘긴 것은 불공정 거래라

  는 판결

찾아보기

사건 및 쟁점

올해의 판결 2014~2017년 64선

: 박근혜 정부 3년과 문재인 정부 7개월

발행일 초판 1쇄 2018년 4월 11일

지은이 한겨레21
펴낸이 임후성
펴낸곳 북콤마
편집 김삼수
표지 디자인 sangsoo
본문 디자인 Miso

펴낸 곳 북콤마
등록 제406-2012-000090호
주소 (413-756) 경기도 파주시 문발동 파주출판단지 534-2 201호
전화 031-955-1650 **팩스** 0505-300-2750
이메일 bookcomma@naver.com **페이스북** facebook.com/bookcomma
블로그 bookcomma.tistory.com **트위터** @bookcomma

ISBN 979-11-87572-07-7 (03300)

, BOOKCOMMA